Telejornalismo no Brasil

Dados Internacionais de Catalogação na Publicação (CIP)
(Câmara Brasileira do Livro, SP, Brasil)

Rezende, Guilherme de
    Telejornalismo no Brasil : um perfil editorial / Guilherme
Jorge de Rezende. São Paulo : Summus, 2000.

    Bibliografia
    ISBN 978-85-323-0743-9

    1. Telejornalismo – Brasil 2. Telejornalismo – Linguagem I.
Título.

02-2852   CDD-070.1950981

Índice para catálogo sistemático:

1. Brasil : Jornalismo 070.1950981

Compre em lugar de fotocopiar.
Cada real que você dá por um livro recompensa seus autores
e os convida a produzir mais sobre o tema;
incentiva seus editores a encomendar, traduzir e publicar
outras obras sobre o assunto;
e paga aos livreiros por estocar e levar até você livros
para a sua informação e o seu entretenimento.
Cada real que você dá pela fotocópia não autorizada de um livro
financia o crime
e ajuda a matar a produção intelectual de seu país.

Telejornalismo no Brasil

Um Perfil Editorial

Guilherme Jorge de Rezende

summus
editorial

TELEJORNALISMO NO BRASIL
Um perfil editorial
Copyright © 2000 by Guilherme Jorge de Rezende
Direitos desta edição reservados por Summus Editorial

Capa: **Tomaz Borger**
Editoração eletrônica e fotolitos: **JOIN Bureau de Editoração**

Summus Editorial
Departamento editorial:
Rua Itapicuru, 613 – 7º andar
05006-000 – São Paulo – SP
Fone: (11) 3872-3322
Fax: (11) 3872-7476
http://www.summus.com.br
e-mail: summus@summus.com.br

Atendimento ao consumidor:
Summus Editorial
Fone: (11) 3865-9890

Vendas por atacado:
Fone: (11) 3873-8638
Fax: (11) 3873-7085
e-mail: vendas@summus.com.br

Impresso no Brasil

Apaixonadamente

À Lúcia, amiga e mulher.
Aos meus pais, Zeca e Anita.
Aos filhos Anita, Fernando e Vítor.

Gastei uma hora pensando um verso
que a pena não quer escrever.
No entanto ele está cá dentro.
Inquieto, vivo.
Ele está cá dentro
e não quer sair.
Mas a poesia deste momento
inunda minha vida inteira.

Carlos Drummond de Andrade

Agradecimentos

- ✓ Ao professor Marques de Melo, pela luz constante, dedicação e amizade
- ✓ Aos jornalistas Armando Nogueira, Boris Casoy, Maria Lins, Mário Marona, Milton Jung e Sérgio de Castro, pela gentileza da colaboração tão valiosa

Lista de Tabelas

1 Estrutura dos telejornais 188
2 Escalada dos telejornais 190
3 Passagens de blocos 193
4 Blocos de matérias do *Telejornal Brasil* 195
5 Média do número de matérias e de duração dos blocos do *Telejornal Brasil* 195
6 Blocos de matérias do *Jornal Nacional* 196
7 Média do número de matérias e de duração dos blocos do *Jornal Nacional*....................... 196
8 Blocos de matérias do *Jornal da Cultura* 197
9 Média do número de matérias e de duração dos blocos do *Jornal da Cultura*...................... 197
10 Relação tempo/número de palavras 198
11 Matérias jornalísticas...................... 199
12 Matérias jornalísticas comuns aos três telejornais 202
13 Matérias jornalísticas comuns ao *Telejornal Brasil* e ao *Jornal Nacional*....................... 209
14 Matérias jornalísticas comuns ao *Telejornal Brasil* e ao *Jornal da Cultura*...................... 211
15 Matérias jornalísticas comuns ao *Jornal Nacional* e ao *Jornal da Cultura*...................... 212
16 Matérias exclusivas de cada telejornal 213

17	Classificação por formatos do *Telejornal Brasil*	219
18	Porcentual por formatos do *Telejornal Brasil*	228
19	Classificação por formatos do *Jornal Nacional*	240
20	Porcentual por formatos do *Jornal Nacional*	245
21	Classificação por formatos do *Jornal da Cultura*	256
22	Porcentual por formatos do *Jornal da Cultura*	259
23	A palavra entre os falantes do *Telejornal Brasil*	266
24	A palavra entre os falantes do âncora no *Telejornal Brasil*	267
25	A palavra entre os falantes no *Jornal Nacional*	268
26	A palavra entre os apresentadores no *Jornal Nacional*	269
27	A palavra entre os falantes no *Jornal da Cultura*	270

Sumário

Introdução 15

Primeira Parte — FUNDAMENTAÇÃO TEÓRICA
     Linguagem, Televisão, Telejornalismo ... 21

1 Do problema às hipóteses: os limites do verbal na TV. 23
2 O discurso da TV............................. 31
3 O império das imagens........................ 38
4 O poder da palavra........................... 43
5 A natureza do verbal na televisão 54
6 O domínio da simplicidade.................... 64
7 O jornalismo na televisão.................... 70
8 O estilo telejornalístico.................... 92

Segunda Parte — EVIDÊNCIAS EMPÍRICAS
     Telejornalismo brasileiro: história,
     tecnologia e gêneros 103

9   Retrospectiva do telejornalismo brasileiro........... 105
10 Gêneros e formatos no telejornal................. 144
11 A representação em três estilos 160
12 Passos metodológicos para o estudo comparativo..... 182
13 A palavra na estrutura e no conteúdo 187

14 Perfil comparativo das matérias................... 201
15 Formatos jornalísticos nos três telejornais........... 216
16 De quem é a voz dos falantes.................... 265

Conclusão 271
Bibliografia 278

Introdução

Falar de televisão é falar do Brasil.
Eugênio Bucci

Do volumoso material que li durante a realização deste trabalho, extraí uma reflexão que me tocou profundamente. Não pelo encantamento estético, nem pelo impacto de uma revelação. Tocou-me tão profundamente porque traduzia todo o meu sentimento em relação ao trabalho que pretendia fazer. Não quanto ao tema em si, mas acerca do que me impulsionava nessa árdua e solitária empreitada.

O autor da reflexão é Walter Clark, um dos mentores do sucesso da Rede Globo de Televisão, nos primeiros anos de funcionamento da emissora. Há mais de dez anos, em conversa com Fernando Barbosa Lima, outro pioneiro da TV brasileira, Clark disse:

> Há uma tradição de comunicação muito boa no Brasil. O que falta é conflagrar, confluir o comunicador e o professor. Talvez o Fernando [Barbosa Lima] saiba dar uma aula, eu não sei, e tenho certeza de que o Boni também não. Da mesma forma, tenho certeza de que é raro um professor saber o que é um videoteipe, um NTSC, um Pal, um U-Matic [...] Falta haver essa cumplicidade. (Clark & Barbosa Lima, 1988: 39)

Ressalvados alguns pontos um tanto vagos — e o objetivo do autor nem parecia ser o de aprofundar-se no exame da questão —, essa declaração contém a essência do que considero ideal em qualquer trabalho acadêmico, particularmente na área de comunicação: a confluência entre o professor-pesquisador e o profissional. Sem essa cumplicidade, compromete-se a validade de uma pesquisa no que ela tem de mais valioso e delicado — a articulação entre a teoria e a prática.

Nessa relação, não se admitem posições privilegiadas que gerem atitudes preconceituosas. Protagonistas desse enredo em questão, o professor e o jornalista possuem uma competência própria, cada qual no seu domínio, que lhes autoriza confiar no que fazem. Mas jamais sem limitações de ordem funcional ou — não necessariamente — pessoal. A humildade para aceitar esses limites e abrir-se para aprender do outro é a condição inicial desse aprendizado permanente.

Não me refiro aqui a toda e qualquer pesquisa. Há aquelas de caráter filosófico que comportam o exercício do pensamento desatrelado de uma realidade tão necessariamente concreta. Mas no campo da comunicação social, em que os fenômenos são cada vez mais públicos, não se concebe a desvinculação teórico-prática, pelo menos como princípio.

Esta tese surgiu, assim, dessa inquietante preocupação: será que estou tratando de um tema de real interesse tanto da academia quanto dos próprios meios de comunicação? O estudo que fizer vai trazer alguma contribuição ao ensino e à prática do telejornalismo? Não fazia dessa ansiedade, tantas vezes angustiante, uma disfarçada pretensão meramente envaidecedora. A busca de respostas a essas perguntas e para outras que se insinuaram depois permaneceram paralelas ao trabalho de pesquisa, ao longo de todo o curso de doutorado. Servia-me delas ao mesmo tempo como meu balizamento e impulso vital para prosseguir na minha tarefa.

Além da satisfação pela possibilidade de descobrir novos conhecimentos, sinto-me também recompensado pelo modo como o trabalho caminhou. De um lado, amparei-me na solidez teórica de meu orientador, professor José Marques de Melo, um contumaz defensor desse diálogo entre universidade e mercado, cujas idéias me inspiravam antes mesmo do mestrado, na Escola de Comunicações e Artes da Universidade de São Paulo, onde tive o privilégio de ser seu orientando.

Nessa perspectiva de trabalho, recebi do professor Marques de Melo, mais do que as pistas para uma fundamentação teórica e um levantamento empírico consistentes, o incentivo para ampliar meu horizonte, pela prática desse diálogo com quem lida no dia-a-dia com a responsabilidade de produzir os telejornais, sobretudo os três que elegi como amostragem de meu objeto de pesquisa. Tive, então, mais uma vez o amparo na acolhida generosa e solidária que me concederam no *Tj Brasil*, no departamento de jornalismo da TV Cultura e junto ao editor-chefe do *Jornal Nacional*. Desfrutei ainda do enriquecedor contato com Armando Nogueira, sem dúvida um dos maiores especialistas em telejornalismo no Brasil.

Dia 24 de março de 1997, depois de contatos preliminares via Internet e telefone, Boris Casoy me recebeu nas instalações recém-inauguradas do SBT, no Complexo Anhangüera. Naquela tarde-noite, acompanhei o fechamento do *Tj* e em seguida observei, no estúdio, toda a apresentação do telejornal. Mesmo depois de sua transferência para a TV Record, Boris Casoy manteve-me abertas as vias de acesso que me permitiram obter depoimentos — reproduzidos na tese — a respeito da linguagem e técnica de produção de jornalismo em televisão.

Por volta desse mesmo período, entendi-me também com o jornalista Armando Nogueira por intermédio de e-mails. Dessa correspondência, resultou uma fita de áudio que ele me enviou contendo suas considerações relativas à interação imagem-palavra no discurso televisivo. A transcrição de tudo o que ele disse, inclusive expressando revisões de pontos de vista, aparece em algumas partes deste trabalho.

Minha visita à TV Cultura aconteceu no dia 3 de junho de 1997. Lá pude também verificar a produção do *Jornal da Cultura* e conversar com os responsáveis pela edição do noticiário: o chefe de reportagem Sérgio de Castro e os editores-executivos e apresentadores, Mílton Jung e Maria Lins. A mesma atenção cordial que recebi no contato direto me foi dispensada posteriormente via Internet. Por intermédio de e-mails, Mílton Jung me enviou seu depoimento e Sérgio de Castro mandou documento escrito sobre o telejornalismo da TV Cultura. Todo esse material foi de extrema utilidade para a execução da pesquisa.

Com a Rede Globo, após sucessivas e malsucedidas tentativas, em novembro de 1997, o editor-chefe do *Jornal Nacional*, Mário Marona, atendeu-me com solicitude. Nosso diálogo também se deu via Internet e em duas oportunidades ele respondeu às perguntas que eu lhe havia feito. Suas declarações integram também o corpo desta tese.

Com cada um desses profissionais, mantive alguma forma de interlocução. Sem exceção, todos se dispuseram a responder às indagações que eu lhes propunha. Demonstravam, daquele modo, não apenas abertura para se comunicar com um alguém da academia, como — para meu alívio — me passaram um atestado de pertinência às reflexões presentes em meu objeto de pesquisa.

Posso confessar que em nenhum momento me senti constrangido ou desqualificado como um ser alienado que se interessava por problemas irrelevantes, do tipo "sexo dos anjos". Trataram-me com o respeito que se dedica a um parceiro, postura, aliás, bem de acordo com a que Walter Clarck sugeriu: confluência e cumplicidade. De minha parte, manifestava o mesmo espírito e disposição sempre atento para não confundir cumplicidade com conivência, gentileza com complacência. Só dessa maneira poderia assegurar-me de que a parceria tão necessária em instante algum traria melindres que afetassem a seriedade do estudo.

Um procedimento que adotei para garantir essa independência — não por desconfiança, mas para ter conhecimento e pleno controle do material — foi o de gravar e transcrever todos os *scripts* das edições dos telejornais transmitidos naquela semana. Apesar do enorme trabalho que tive, especialmente na transcrição, tranquilizava-me com a certeza de que dispunha dos noticiários reconstituídos na sua integralidade, tal como foram transmitidos.

O livro se acomoda em uma estrutura composta de duas partes. A primeira, de *Fundamentação teórica*, dividida, por sua vez, também em duas unidades. Em *Linguagem, Televisão e Telejornalismo*, insere-se o discurso telejornalístico no conjunto da programação televisiva, considerada não como a soma de fragmentos, mas como um todo contínuo. O referencial teórico se desenvolve para focalizar, no âmbito da linguagem da tevê, a questão das interfaces entre informação visual e verbal. Em seguida a essa discussão, o trabalho dá ênfase a uma abordagem crítica sobre as peculiaridades do estilo e da técnica jornalística na televisão brasileira.

A segunda unidade da primeira parte da fundamentação teórica — *Telejornalismo brasileiro: História, tecnologia e gêneros* — compõe-se de dois capítulos. No primeiro, faço uma retrospectiva do telejornalismo brasileiro e no segundo descrevo aspectos técnicos da produção telejornalística e defino os conceitos relativos ao estudo dos gêneros e formatos jornalísticos a ser aplicados no estudo comparativo.

A segunda parte, dedicada às *Evidências Empíricas*, reúne a descrição do objeto e da amostra e o relato e interpretação dos dados do estudo comparativo dos três telejornais nos aspectos já mencionados: a palavra na estrutura e no conteúdo dos noticiários, o perfil comparativo das matérias divulgadas, a incidência de gêneros e formatos jornalísticos e o *status* dos falantes.

Eis, portanto, o livro para apreciação de todos. Ao expô-lo ao julgamento, ainda sob os efeitos da estafante empreitada de concluí-lo, tenho a impressão de que alguma coisa faltou. Não é preciso uma autocrítica rigorosa para comprovar esse irreparável estado de imperfeição. No entanto, mais do que o consolo que a consciência de que tudo está sempre por se completar, socorre-me, nessa aflição, a certeza de um dever cumprido. Dever não com o sentido de uma mera obrigação. Hoje posso dizer com o corpo fatigado, mas de alma leve, que este livro expressa tudo o que pude fazer sempre com uma dedicação extrema que só se justifica por esse misterioso prazer que começa a tomar conta de mim.

PARTE 1

I — FUNDAMENTAÇÃO TEÓRICA

Linguagem, Televisão, Telejornalismo

CAPÍTULO 1
Do problema às hipóteses:
os limites do verbal na TV

*Escreve-se essencialmente mal
na televisão brasileira.*
Eric Nepomuceno

Em qualquer parte do mundo, a televisão ocupa um lugar privilegiado nos meios de comunicação. Nos países que dispõem de meios alternativos de lazer e informação, ela divide a preferência do público com os jornais, as revistas, os livros, o rádio, o cinema e, nos últimos tempos, com a Internet.

No caso brasileiro, a TV não é apenas um veículo do sistema nacional de comunicação. Ela desfruta de um prestígio tão considerável que assume a condição de única via de acesso às notícias e ao entretenimento para grande parte da população.

Vários fatores contribuíram para que a TV se tornasse mais importante no Brasil do que em outros países: a má distribuição da renda, a concentração da propriedade das emissoras, o baixo nível educacional, o regime totalitário nas décadas de 1960 e 70, a imposição de uma homogeneidade cultural e até mesmo a alta qualidade da nossa teledramaturgia.

No cenário que envolve e condiciona a produção telejornalística no país, mesmo os poucos jornais de grande circulação nacional, com tiragens acima de 500 mil exemplares, têm um público muito menor se comparado ao dos principais noticiários veiculados no horário nobre.

O telejornalismo cumpre uma função social e política tão relevante porque atinge um público, em grande parte iletrado ou pouco

23

habituado à leitura, desinteressado pela notícia, mas que tem de vê-la, enquanto espera a novela. Em relação aos meios impressos, acontece o contrário: o leitor só lê o que lhe interessa. É justamente por causa desse telespectador passivo que o telejornalismo torna-se mais importante do que se imagina, a ponto de representar a principal forma de democratizar a informação.

Cioso do extraordinário poder de influência a serviço de quem produz os telejornais, Boris Casoy alerta para a necessidade de se atribuir à TV um papel de conscientização do telespectador, especialmente daquele que não conta com formas opcionais para obter informações. A partir do argumento de que a cidadania tem sido "bem ou mal" levada à população pela TV, ele diz que é preciso "tomar muito cuidado com o que diz e o que faz" (Casoy apud Tramontina, 1996: 73-4).

É improvável que o telejornalismo esteja cumprindo satisfatoriamente essa missão social, uma vez que está atrelado às grandes corporações que controlam as estações de TV, motivadas muito mais por seus interesses econômicos e políticos do que pelas necessidades das camadas populares da audiência. De uma forma ou de outra, porém, razões mercadológicas impelem a produção telejornalística, como de resto toda a programação televisiva, a procurar atender aos desejos e às expectativas de um expressivo contingente de telespectadores que se situam no outro extremo do processo de comunicação. E essa fatia da audiência de baixo nível instrucional, tão cobiçada pelos departamentos de venda das emissoras, encontra na televisão uma das poucas oportunidades para sonhar com a esperança de tornarem-se verdadeiros cidadãos.

É o caso do analfabeto que, diante da TV, se sente "sabidão e informadão", deixando de ser humilhado por ter "de reconhecer ônibus pela cor, ou gaguejar pedindo informação sobre a localização de uma rua" (Masagão, 1991: 290).

A estreita afinidade que a televisão mantém com esse público analfabeto ou semi-alfabetizado – evidência do predomínio da oralidade sobre a escrita na cultura nacional – explica a correspondência entre linguagem popular e linguagem televisiva, sobretudo nas novelas e programas humorísticos. A busca de uma linguagem condizente com o perfil sociocultural dessa categoria de telespectadores, de modo a proporcionar-lhes uma "compreensão imediata" das mensagens, inspira-se diretamente na língua oral da comunidade, fonte principal do estilo das falas da TV.

A inspiração na oralidade propicia à TV comunicar-se com uma vasta camada do público receptor, mas, para consegui-lo, esta é forçada a uniformizar a sua linguagem. A qualidade alcançada — a compreensão imediata do público — tem, como contrapeso, as deficiências próprias de uma limitação lingüística, conseqüência que atinge principalmente os programas de maior audiência.

Essa situação, descrita de modo tão contundente, ocorre em decorrência da necessidade imperiosa de conquistar índices de audiência cada vez maiores. Sob o controle rígido da ditadura do lucro, os programas e a linguagem que a TV emprega se adaptam, na forma e no conteúdo, ao perfil do público aos quais se dirigem. A fórmula adotada pelo sistema comercial de TV é simples: uma audiência maior aumenta o faturamento publicitário e agrega rentabilidade às empresas de televisão. Tal lógica de produção sacrifica o telespectador-cidadão e exalta o telespectador-consumidor, referência básica de toda essa operação mercantil.

O reinado do consumo e do lucro torna-se mais transparente nos programas de audiência gigantesca e heterogênea, exibidos no horário nobre. À mercê da implacável orientação ditada pelos índices do Ibope, os produtores desses programas se vêem obrigados a agradar "a gregos e troianos", representados por um tipo de telespectador médio, definido pelos departamentos de pesquisa e marketing das emissoras.

Essa mentalidade "considera natural que quase 100 milhões de pessoas estejam autenticamente pensando em ver a mesma coisa ao mesmo tempo, não importa se o telespectador esteja no centro de São Paulo ou no interior da floresta amazônica, não importa se ele seja um grande empresário ou um sem-terra, um intelectual ou um analfabeto" (Hoineff, 1996: 110).

O formato espetacular, comum às emissões de ficção e de realidade, representa a fórmula mágica capaz de magnetizar a atenção de um público tão diversificado. O espetáculo destina-se basicamente à contemplação, combinando, na produção telejornalística, uma forma que privilegia o aproveitamento de imagens atraentes — muitas vezes desconsiderando o seu real valor jornalístico — com um conjunto de notícias constituído essencialmente de *fait divers*.

A prioridade que dá ao componente visual das mensagens, de maneira a causar uma grande fascinação ao público, acentua a progressiva desvalorização do poder expressivo das palavras, levando o jornalista a transformar-se em "[...] menos um perito da linguagem do que um técnico do 'dizer simples'" (Marcondes Filho, 1993: 98). A influência dessa vertente da estética televisiva, com o passar do tempo, transcendeu o campo da TV e repercutiu intensamente no jornalismo impresso. Jornais em todo o mundo seguem esse padrão estilístico, por meio da prática do que tem sido chamado de "televisão impressa". Esses jornais, diante da falta de imagens em movimento, trabalham com uma diagramação ágil, tentando, de alguma forma, resgatar a atenção do leitor, muito mais acostumado a decodificar imagens visuais do que verbais.

De acordo com essa mentalidade, atualmente o jornalista ideal é o que melhor se adapta ao princípio de escrever o mínimo necessário, naquele estilo "curto e grosso". Em um desabafo contra a "nefasta influência" do jornal norte-americano *USA Today,* pela crença que difunde "de que no 'mundo moderno' as pessoas não têm tempo para ler textos mais longos", o jornalista cultural Sérgio Augusto enfatiza que "o papel do jornal é forçar as pessoas a ler e não a ver jornal" (Augusto, In: Vieira, 1991: 137).

A disseminação crescente dessa técnica jornalística tem provocado efeitos no próprio hábito de leitura do público dos jornais. Ao se atribuir precedência à imagem, as culturas contemporâneas acionam um processo de "dislexia", reduzindo nas pessoas a capacidade de ler textos longos ou que envolvam certa abstração.

Imagine-se, então: se no jornalismo impresso, destinado à parcela mais instruída (mais "letrada") da população, a palavra vem perdendo sua expressão, que lugar estaria reservado ao código verbal no telejornalismo em face do papel concedido às imagens na confecção da mensagem jornalística?

O jornalismo na televisão padece ainda mais da limitação lingüística pelo fato de que, (es)premidos pelo tempo, os telejornais — sobretudo os do horário nobre da programação — são forçados a condensar ao máximo o noticiário. A divulgação do maior número de notícias no menor tempo possível, lema dessa mentalidade de produção telejornalística, transforma os informativos quase numa mera seqüência de manchetes, o que torna inevitável a redução vocabular. Segundo um levantamento realizado pela revista *Veja* na edição comemorativa dos 15 anos do *Jornal Nacional*, este noticiário se utilizou de cerca de mil palavras, quantidade irrisória se comparada à usada numa página de um jornal diário, em torno de 4 mil palavras (Squirra, 1990: 67).

No início da década de 1990, Eric Nepomuceno denunciou a qualidade dos textos dos telejornais, sujeitos a uma pobreza vocabular "estarrecedora", conseqüência do "consenso de que a audiência majoritária não teria alcance para qualquer coisa além das mesmas cem ou 120 palavras utilizadas na redação" de um noticiário. Apesar de advertir que não era o caso de se propor o emprego de uma linguagem "acadêmica" ele questionava com veemência a prática de confundir "pobreza de vocabulário com clareza", "indigência criativa com simplicidade" (Nepomuceno, 1991: 211).

Essa mesma indignação contra as restrições lingüísticas impostas ao telejornalismo levou outros críticos a qualificar o ato de assistir TV como algo tedioso, "uma afronta às pessoas inteligentes" (Arnt, 1991: 175).

A surpresa inicial despertada pela afirmação de Nepomuceno — a possibilidade de redigir um telejornal com 100 ou 120 palavras — alimentou a curiosidade deste autor. A partir da observação de edições do *Jornal Nacional*, da Rede Globo de Televisão, e do *Telejornal Brasil*, do SBT, transmitidas no dia 22 de novembro de 1994, uma exaustiva contagem permitiu verificar a ocorrência de resultados não muito diferentes.

Constatou-se que apenas 147 palavras diferentes (não repetidas), no *JN*, e 212, no *Tj*, foram suficientes para compor dois terços dos telejornais estudados. Os números poderiam até ser mais baixos caso excluíssem da contagem as conjunções, as preposições, os artigos e os numerais, os nomes próprios e as palavras derivadas (Rezende, 1995).

O estudo registrou ainda uma outra conclusão bastante ilustrativa a respeito da repetição lingüística. Três verbos — *ser, estar* e *ter* — responderam por 27,3% do total de utilização dessa classe de palavras no *JN* e 26,6% no *Tj*. Ainda com relação aos verbos, 12 deles — já incluídos os três mais importantes citados — apareceram em cerca de metade de todas as conjugações verbais presentes nos dois noticiários. É interessante ressaltar que desses 12, 10 (entre os quais ser, estar e ter) foram comuns aos dois informativos: *haver, ir, fazer, acabar, dizer, poder, querer* (id. ibid.).

Em tom mais de lástima do que de autocrítica, o jornalista Armando Nogueira reclama que "a pobreza da expressão da televisão contribui demais para empobrecer a língua dos repórteres de um modo geral". Atribui o aviltamento lingüístico a uma concepção equivocada de linguagem televisiva baseada no "falso conceito de que a televisão é imagem". Segundo o ex-diretor de jornalismo da TV Globo, a desvalorização da palavra em benefício de uma estética que superestima a expressão visual é tão nociva que leva "qualquer telejornal a se expressar numa linguagem de mendigo, achando que o povo não sabe ler, que o povo não gosta de palavra difícil". Nogueira lamenta que apesar de dizerem que a televisão deve usar uma linguagem coloquial, muitas pessoas parecem não saber "a diferença entre coloquial e vulgar, entre vulgar e chulo, entre chulo e indigente" (In: Vieira, 1991: 88).

Alguma coisa, porém, mudou no panorama do telejornalismo brasileiro nos últimos anos. A televisão por assinatura avançou bastante, criando canais exclusivos de notícia, dos quais a *Globo News* é o exemplo mais significativo. Passou-se inclusive a observar mais freqüentemente a incidência de notícias calcadas no critério do valor jornalístico e não somente no impacto das mensagens, próprio do estilo do telejornalismo como espetáculo. Mas quem tem acesso a esses canais? Somente uma pequena parcela da população, porque a grande maioria se liga mesmo nas chamadas TVs *abertas*. (A dificuldade de acesso ultrapassa a instância da condição socioeconômica e se manifesta em decorrência também dos desníveis culturais.)

Nas TVs abertas, no entanto, as transformações foram mais tímidas. Se houve progressos no jornalismo investigativo — que em alguns casos enveredou para o lado do "denuncismo" —, e se, em nome da credibilidade, o jornalista ganhou mais prestígio nos telejornais, ocupando inclusive a função de apresentador, antes reservada a locutores, os noticiários não sofreram modificações profundas.

Por essa razão, as críticas de Nepomuceno — enriquecidas pelas reflexões de Armando Nogueira — permanecem atuais. Ou melhor, mantém-se a preocupação que essas críticas despertam. Mas não se trata de uma preocupação voltada exclusivamente para a limitação vocabular, na repetição lingüística presente no telejornalismo brasileiro. O problema tem horizontes mais amplos.

A análise do papel da palavra no noticiário de TV constituiu o ponto de partida desta pesquisa. E nesse sentido, as avaliações de

Nepomuceno funcionam como um incitamento à reflexão, nada mais. A *priori*, não se considera a limitação e a repetição lingüística ou a pobreza estilística eventualmente constante dos programas jornalísticos nem como qualidade, nem como defeito. Qualquer preconceito poderia trazer prejuízos irrecuperáveis.

Isso não significa, por outro lado, um descompromisso com o objeto estudado. A energia, o interesse que move o pesquisador descende do fascínio que a questão lhe provoca. A palavra no telejornalismo em suas múltiplas vinculações com o modo como o cidadão comum fala em seu cotidiano é um assunto apaixonante. Ainda mais quando, independentemente do fato de se usar sempre as mesmas 100 ou 120 palavras nos telejornais, se realiza a proeza de se comunicar prontamente com uma audiência tão numerosa e heterogênea.

E a despeito do inegável poder expressivo das imagens, a palavra se impõe como suporte imprescindível do visual. Não somente a palavra falada, para milhões de telespectadores, mas também a palavra escrita para os deficientes auditivos que, por meio de um dispositivo técnico, *closed caption*, explica o que as imagens dos fatos noticiados na maioria das vezes não conseguem esclarecer, por elas mesmas.

Na verdade, porém, a pesquisa se situa em um contorno mais aberto. Pretende-se identificar um perfil estilístico do telejornalismo brasileiro. Nesse sentido, o estudo se circunscreve a uma das modalidades do jornalismo na TV, o telejornal apresentado no horário nobre, representado em amostra de seis edições consecutivas (de 19 a 24 de agosto de 1996) de três modelos distintos de noticiário: o *Jornal Nacional*, da Rede Globo de Televisão, o *Telejornal Brasil*, do SBT e o *Jornal da Cultura*, da TV Cultura de São Paulo.

Na demarcação do perfil estilístico, a análise comparativa abrange os seguintes aspectos: a incidência dos formatos jornalísticos informativos (nota, notícia, entrevista, reportagem e indicadores) e opinativos (comentário, crônica e editorial), a identidade e o *status* do enunciador-falante (locutor, repórter, comentarista, a fala das autoridades, dos especialistas e populares inseridas nas matérias) e as variedades de atuação da palavra na composição da mensagem jornalística.

A partir da descrição do problema, definiram-se as hipóteses de trabalho para o estudo comparativo dos três telejornais, assim colocadas: 1) Não obstante a preponderância da informação visual no telejornalismo, nenhuma matéria jornalística dispensa a expressão verbal. 2) Não há uma hierarquia fixa de códigos na linguagem telejornalística. Se a imagem ocupa, na maioria das vezes, uma posição de precedência em relação à palavra, há casos em que o relato verbal constitui por si a notícia em TV. 3) Os gêneros no telejornal correspondem aos do jornal diário, mas os formatos jornalísticos nem sempre coincidem. 4) A incidência dos formatos jornalísticos varia conforme o estilo de cada telejornal. 5) A identidade e o *status* dos *falantes* se manifestam de acordo com a diretriz editorial dos telejornais. 6) Nos formatos opinativos, observa-se que a mensagem jornalística se constitui, na maioria das vezes, exclusivamente do relato verbal, sem contar com o concurso de imagens dos fatos ou dos problemas enfocados.

O discurso da TV

> *A televisão é este contínuo de imagens...*
> *Os programas mal se distinguem um dos outros.*
> Nélson Brissac Peixoto

Inegavelmente, a TV é o principal veículo de comunicação do sistema de comunicação de massa brasileiro. O fascínio que a TV suscita não se deve, porém, a fatores circunstanciais relativos à realidade brasileira. Parece que advém da própria natureza do meio televisivo.

O esclarecimento para essa questão encontra-se na tese de que "o meio é a mensagem", na qual o midiólogo canadense Mcluhan relevava o papel da *forma*, da *técnica* em detrimento da função desempenhada pelo *conteúdo* da mensagem. João Rodolfo Prado toma a premissa de Mcluhan e transfere-a para o estudo da televisão, ao destacar que "o importante não é o que se vê na televisão, mas o próprio ato de vê-la" (Prado, 1973: 21).

Afinado com essa concepção, Meyersohn comenta que "os telespectadores parecem divertir-se com o brilho e o fluxo, não importando que se apresente um anúncio, um filme cômico de segunda classe ou um antigo 'western'" (Meyersohn, 1973: 402).

Essa ação hipnótica exercida pela TV pode fazer com que um telespectador, inicialmente com a intenção de ver só um programa determinado, passe toda uma tarde ligado em um fluxo de imagens de gêneros de programas diferentes. A sensação de encantamento despertada pela experiência visual seria, por si, suficientemente compulsiva para mantê-lo preso diante do televisor.

31

Essas observações induzem a admitir que as pesquisas sobre TV antes de analisar gêneros e formatos devem apreciar a programação como um todo. Não obstante seu caráter fragmentário, a TV apresenta um conjunto de programas de vários gêneros, que, conjugados, propiciam a continuidade da emissão num certo padrão técnico. O discurso da TV, sem desconhecer as particularidades dos diversos tipos de programas, manifesta-se, portanto, na integridade estrutural da programação. É o que um pesquisador espanhol classifica de "pansincretismo", ou seja, a capacidade de integrar e articular gêneros discursivos e sistemas semióticos de referência extremamente variados (Requena, 1995: 21).

Esse fluxo audiovisual ininterrupto constitui-se de uma seqüência indistinta de programas. Com o efeito *zapping*, a aparência fragmentária da programação televisiva se acentuou ainda mais. De posse do controle remoto, o telespectador realiza instantaneamente uma edição do espetáculo televisivo, fundindo imagens de um anúncio publicitário de um canal a trechos de uma novela de outra emissora e a *flashes* de um telejornal emitido por uma terceira estação de TV.

A alternância de gêneros ocorre de tal forma que para muitos telespectadores fica difícil identificar os limites entre a realidade e a ficção:

A inocência de um desenho animado pode ser interrompida subitamente por um segmento de discurso sobre as propriedades de um biscoito, ao qual se segue um trecho de *trailler* de um filme da sessão da noite mostrando cenas de sexo e violência, uma chamada para o telejornal anunciando outras cenas de violência real mais sem que nada as diferencie da violência fictícia mostrada há pouco, volta-se a uma propaganda de *lingerie*, a uma apresentadora de minissaia e finalmente ao desenho animado interrompido. (Kehl, 1991: 67)

Interrupção, conforme já se disse, é um conceito que o discurso televisivo não comporta. Seu principal traço distintivo é o ritmo frenético e incessante da sucessão de fragmentos encadeados. Por esse motivo, a programação televisiva funciona, para muitas pessoas, como um marcador de tempo, um relógio, que serve para definir horários para compromissos profissionais e sociais (depois da novela das oito, antes do *Fantástico* etc.).

Mas a ação da TV vai muito além de sua função definidora do tempo. A forma de mosaico já não se circunscreve ao modo de produção televisiva; estende sua influência sobre toda a criação cultural, da literatura ao cinema, em uma interferência que se dá tanto "pela junção de partes, períodos, cenas curtas, quanto pelo imperialismo da imagem, que está tornando ilegível o trabalho em profundidade, de análise, de "essência", de fundo" (Marcondes Filho, 1993: 36-7).

Fragmentação e aceleração. Em ensaio sobre cultura brasileira, Alfredo Bosi compara o ritmo da mídia com o "ritmo da produção e do mercado da sociedade capitalista". Assinala que esse tempo se regula pela processo de "fabricação ininterrupta de signos com vistas a um consumo total" em que a TV funciona 24 horas por dia, tal como um posto bancário eletrônico (Bosi, 1987: 8).

No ritmo da mídia, o que prepondera é "A lei do maior número, no prazo mais breve e com o lucro mais alto", em que a produção dos bens simbólicos segue o "modelo de tempo cultural acelerado" (Bosi, 1987: 9). Esse modelo exige a permanente substituição de signos em busca do "sempre novo", não necessariamente o "sempre original", porque, na maioria das vezes, repete-se o "sempre velho" com uma nova embalagem.

A redundância, aliás, é um dos traços mais notáveis da indústria cultural e particularmente da televisão, como recurso indispensável para manter o espectador ligado à programação. Nas telenovelas, por exemplo, a repetição "de enredo, episódios, situações, caracterizações de personagens, cenários, falas..." é usada, às vezes exaustivamente, como estratégia para atrair e conservar a fidelidade dos telespectadores (Crescitelli, 1995: 87).

Na verdade, ao contrário de alguns críticos de TV que a consideram uma falha imperdoável de linguagem, a repetição é necessária não apenas nas telenovelas, mas também nos programas jornalísticos. Não por acaso, portanto, os manuais de telejornalismo recomendam-na em nome da simplicidade e da clareza exigidas de um jornalismo feito para ser ouvido.

Em uma aparente contradição, a TV exalta, como mandamento máximo da indústria cultural, a idéia de que tudo deve ser descartável, de modo a impingir a impressão de que se deve estar sempre em busca do novo. A TV opera, então, a troca compulsiva de notícias, de cenas, de personagens, sempre subordinada ao tempo, elemento básico de sua estrutura de produção.

A onipotência do tempo decorre da necessidade de adequar a produção televisiva ao imperativo dos "reclames" (lembrando Faustão) publicitários, cuja unidade é o segundo. Entende-se, então, porque a linguagem da TV "[...] busca sempre acomodar-se ao 'timing' agilíssimo de seus comerciais e *jingles*" (Pignatari, 1991: 142). Surge daí um dos pressupostos soberanos da produção em TV, proclamado pelos publicitários "[...] tudo o que vale a pena ser dito deve ser dito em 30 segundos" (Teixeira Coelho, 1991: 117). As evidências da prática desse princípio estão em todos os programas televisivos: as cenas das novelas, as notícias dos telejornais do horário nobre duram em média o tempo gasto por um comercial.

O comercial de TV incorpora a substância essencial do discurso televisivo "em sua irrefreável tendência à espetacularização absoluta" (Requena, 1995: 111), à medida que o domínio do gênero publicitário espelha a condição da publicidade como fonte principal de financiamento da indústria televisiva.

A dominância da categoria publicitária se concretiza por meio da influência que exerce sobre o discurso da televisão de um modo geral. Ao eleger o *spot* publicitário como referência para todos as demais programações, a TV introduz uma "nova economia visual", mais ágil, que suscita um "hábito da recepção em ritmo de excitação, de ansiedade, de constantes apelos para segurar a audiência" (Marcondes Filho, 1993: 36).

Em reforço a essa constatação, deve-se reportar à pesquisa comparativa que foi feita em cinco capitais latino-americanas entre as quais — São Paulo — para identificar, entre outras coisas, a imagem institucional que os telespectadores tinham da TV. Uma das constatações a que se chegou é a de que os telespectadores menos dotados de meios para uma recepção crítica "[...] não conseguiam discernir o bloco do programa do bloco publicitário" (Micelli, 1991: 196-7). A pesquisa verificou ainda que parte do público, principalmente crianças, demonstrava inclusive preferência pela publicidade em relação ao bloco de programas.

Afora a evidência do extremo valor concedido à publicidade, os resultados dessa pesquisa trazem à tona uma indagação: qual é o ponto comum entre programas e anúncios, tão forte que impede que parte significativa do público os distinga? A resposta aparece explicitamente no comentário sobre o discurso televisivo, quando faz menção "à irrefreável tendência à espetacularização".

Nas emissoras comerciais de TV — predominantes no Brasil — a programação adota um caráter primordialmente diversional que afeta, inclusive, as produções telejornalísticas. Motivada por essa ideologia do entreter para conquistar maiores níveis de audiência e faturamento, a televisão privilegia a forma do espetáculo.

Aliás, convém assinalar que um dos efeitos da espetacularização é o sincretismo da realidade-ficção no discurso televisivo. Fenômeno já também exaustivamente estudado, embora sempre revele um aspecto novo a ser examinado, a abolição das fronteiras entre o real e o imaginário são freqüentes na televisão brasileira.

Recorde-se no final de 1996, durante a exibição da novela *O rei do gado*, a participação de dois senadores "de verdade" — Eduardo Suplicy e Benedita da Silva — no velório do senador Caxias, interpretado pelo ator Carlos Vereza. Meses antes, ocorrera o inverso. Em uma das edições do *Jornal Nacional*, o telejornal de maior audiência no Brasil, o "fictício" senador Caxias aparece ao lado do presidente real do Brasil, Fernando Henrique Cardoso, pedindo-lhe para acelerar o processo da reforma agrária (o principal tema de fundo da telenovela) e ao mesmo tempo manifesta apoio ao projeto da reeleição (proposta que o Congresso estava apreciando e, se aprovada, permitiria que Fernando Henrique se candidatasse novamente à presidência).

A partir da convicção de que o telejornalismo no Brasil "se organiza como melodrama", o crítico de TV, Eugênio Bucci (1996: 29), relembra que "a ascensão e queda de Collor, por exemplo, funcionou como uma grande telenovela, desde o nascimento do personagem jovial, vitorioso, empreendedor, galã etc., até sua decadência, metido em corrupção, com a série *Anos rebeldes* (realidade dos anos 60 refeita em ficção dos 90) dando o contexto" (Bucci, 1996: 146).

Não interessa aqui nos alongarmos nas considerações sobre esse tema. Devemos registrar somente que a complexa dimensão do sincretismo da realidade-ficção e seus efeitos sobre a audiência precisa ser encarada sem passionalismo. Não se recomenda superestimar a função alienante do espetáculo da realidade-ficção, que colocaria o espectador na condição de "participação por procuração", ou até de "viver por procuração", experiência concedida por delegação aos protagonistas dos fatos reais ((jornalistas e radialistas) ou da ficção (atores/personagens de filmes e telenovelas).

De volta ao que fundamentalmente nos interessa, requer-se esclarecer o conceito de espetáculo como elemento integrador do discurso televisivo. Tem-se aqui o espetáculo, seja de que gênero for, como expressão absoluta, permanente e onipresente, imediatamente acessível no tempo e no espaço. Nos últimos anos, essa tendência ganhou ainda maiores proporções com a proliferação das emissoras (monotemáticas ou não) que transmitem suas programações 24 horas por dia. Hoje se cumpre o velho ditado do circo: o espetáculo não pode parar. Na televisão, o espetáculo se desenrola continuamente hora após hora, dia após dia. Sempre.

Ao promover uma percepção mais sensorial e afetiva do que racional, o discurso da TV abriga, em sua essência, uma íntima e constante ligação entre destinador e destinatário mediada pelo espetáculo. A partir da classificação de funções da linguagem, proposta por Jackobson (1995), nota-se a preponderância da função fática no discurso televisivo, secundada pelas funções expressiva, conativa e referencial.

Ao cumprir a função fática, o discurso da TV se estabelece como um contato permanente entre o emissor e o receptor, por meio de um espetáculo contínuo levado diretamente ao telespectador que o recebe no aconchego do meio familiar. Mediante essa interpelação que instaura um clima de familiaridade, de conversa íntima, o telespectador passa a esperar "que a TV ultrapasse os efeitos de mero espetáculo ou de pura informação e se invista da atmosfera de simpatia e camaradagem, característica ideal de grupos primários, como a família" (Sodré, 1977: 59-61).

O mais importante nesse processo é que, por meio dessa interação, induz-se à convicção de que sempre tem alguém conversando "comigo" (telespectador), exibindo-se ou mostrando alguma coisa. E embora no instante em que ocorre, possa se ter consciência da artificialidade desse contato, o espetáculo consegue quebrar a sensação de unilateralidade da comunicação, no sentido emissor-receptor. A impressão de diálogo, de conversa pode ser tão intensa que não são raros os telespectadores que respondem às interpelações dos apresentadores de TV: "Boa noite", "um abraço para você", "venha comigo", "você não pode perder essa oportunidade". Mas, como reagir ao olhar simpático, amistoso, solícito que penetra a casa do telespectador, convidando-o para um contato contínuo? Nessa hora, é difícil para o telespectador resistir ao convite de interação que a telinha companheira lhe propõe.

Essa estratégia de diálogo, e conversa, perpassa toda a programação e muitas vezes se exprime de modo explícito para o público. O *slogan* da Rede Globo — "Globo e você, tudo a ver" — não é um simples jogo de palavras. Carrega em si toda essa ideologia do espetáculo como intermediário de um contato interminável entre a Globo e o telespectador. Embora essa relação seja presidida por interesses mercantis, não se deve julgar essa conversa dissimulada como simples manipulação (mesmo quando este for de fato o único propósito do emissor). Nessa interação que mantém com a TV, o telespectador interpõe seu "imaginário pessoal *único* e *indevassável*, o sonho, o devaneio e as representações" que "constrói a partir do que vê e do que imagina" (Fraga Rocco, 1991: 254).

Em todos os programas, todavia, a função fática predomina. Em alguns casos se manifesta de maneira mais sutil e em outros de modo escancarado, como nas numerosas inserções de venda de toda espécie de produtos que tomam conta da programação das emissoras, em que os apresentadores-vendedores não poupam fôlego e volume de voz para convencer o espectador. A interlocução que se estabelece entre o comunicador e o seu público não se restringe a um determinado gênero televisivo. Sua influência alcança inclusive o modo de produção dos programas jornalísticos, quando "a enunciação ensaia simuladamente o exercício do diálogo televisual, como se pretendesse compartilhar a construção do sentido entre o jornalista e seus interlocutores" (Fausto Neto, 1995: 46).

Esse "diálogo televisual" exige do comunicador um alto grau de empatia e a capacidade para sustentar o clima de conversa. A forma de condução desse contato, no entanto, varia de apresentador para apresentador. Alguns, que conduzem programas populares, dirigidos a grandes audiências, se utilizam de um estilo vibrante, mais próximo do meio radiofônico, como se quisessem, o tempo todo, sacudir o telespectador. Outros, a exemplo de Pedro Bial, já preferem "um tom mais baixo de voz", por ajudar na "conquista de uma certa intimidade com o ouvinte" e "diminuir o desagrado de se ter alguém berrando na noite de domingo" (Bial, 1996: 26).

O império das imagens

CAPÍTULO 3

*Telejornalismo ideal é telejornalismo sem palavras.
Só com imagens.*

Mário Marona

Até o momento em que não se tem disponível uma TV olfativa e tátil, a linguagem televisiva resulta da combinação de três códigos: o icônico, o lingüístico e o sonoro (Eco, 1973: 365-386).

O código icônico reporta-se à percepção visual. Por intermédio da visão, uma forma pode tanto ser denotadora de si mesma (uma figura geométrica, por exemplo) quanto de outra forma que o receptor reconhece pertencente ao quadro referencial de sua realidade física (um animal) ou cultural (um eletrodoméstico).

Nessa segunda categoria, o código é sempre figurativo ou icônico, isto é, todas as figuras expostas revelam características estruturais homólogas às conhecidas pelo receptor. Caso lhes sejam desconhecidas, o receptor perceberá as figuras apenas pelo seu senso de percepção comum (uma forma sem significado) ou, intuindo e aprendendo o seu sentido, poderia acrescentá-la ao seu acervo de conhecimentos.

O código lingüístico, referente à língua que se fala e se escreve, abrange uma ampla variedade de palavras e combinações de palavras (frases). No modelo de Eco, o código lingüístico se divide em dois subcódigos. O primeiro é o dos "jargões especializados", os vocábulos próprios de uma linguagem técnica. Os "sintagmas estilísticos", o outro subcódigo, expressam-se por meio de figuras retóricas que correspondem às imagens estéticas do código icônico.

Quanto ao código sonoro, relativo à música e aos efeitos sonoros, os signos se manifestam também isolados ou como parte de uma montagem. Esses signos se diferenciam em dois tipos: os sons que denotam a si mesmos (uma vinheta sonora) e os que reproduzem ruídos da realidade (um latido, o disparo de uma arma). O código sonoro compreende três subcódigos. No "emotivo" — por exemplo, a música-tema de um programa ou de um personagem — tem-se o objetivo de transmitir determinadas sensações. O "sintagma estilístico" consiste numa tipologia musical (sertaneja, clássica, romântica de ação). Os "sintagmas de valor convencional" (toque fúnebre de sino, sirenes de ambulância) denotam o significado que lhes é atribuído ou, de acordo com as circunstâncias, traduzem valores conotativos.

A soberania do icônico

A mensagem visual — televisiva ou cinematográfica — é "multidimensional" quanto à forma e "multissensorial" em relação aos sentidos, distinguindo-se da mensagem impressa e radiofônica. Por não ser arbitrária, a ligação imagem-signo dispensa o referente e prende-se diretamente ao seu significado. Se, no vídeo, aparece uma "estrela" do cinema ou dos esportes, o telespectador poderá identificá-lo prontamente. A informação impressa requer o conhecimento da língua para operar a construção do sentido, a partir do signo oral ou escrito, indispensável para a compreensão da mensagem que se recebe.

Roland Barthes, em artigo sobre a fotografia — cujas observações podem ser estendidas ao cinema e à televisão — define a imagem como "uma mensagem sem código" (Barthes, 1978). Essa constatação permite afirmar que, ao menos no nível da denotação, o componente visual da mensagem televisiva prescinde, em princípio, do domínio prévio de algum código pelo telespectador. Nesse caso, no plano ainda meramente teórico, a televisão resolveria os três problemas básicos da comunicação: o do tempo (pelo imediatismo), o do espaço (pela instantaneidade e ubiqüidade) e o do símbolo (pela universalidade da linguagem visual).

Baseada na capacidade expressiva da imagem, a linguagem televisiva, seguindo essa linha de raciocínio, torna-se universal. Pressupondo-se que a imagem é a reprodução análoga do mundo concreto, os objetos, os elementos da natureza são imutáveis, guardadas as peculiaridades culturais de cada região ou país. O mesmo não se aplicaria à linguagem verbal, porque cada língua dispõe de palavras próprias para nomear as coisas. O cinema e a televisão dão um passo além da fotografia pela possibilidade de exibir as imagens em movimento. "Índice de realidade suplementar" (Metz, 1972: 19), o movimento confere corporalidade e substância aos objetos, às pessoas, às figuras, de um modo geral, destacando-as do fundo. Ao fornecer consistência a objetos e reproduzir o movimento tal como parece acontecer na realidade, a comunicação audiovisual no cinema e na TV desperta uma participação muito mais efetiva do telespectador.

A mensagem televisiva multidimensional e multissensorial tende a atuar com mais intensidade sobre o receptor, repercutindo quase diretamente em sua afetividade, sem passar pela mediação do intelecto. Na comunicação audiovisual, portanto, registra-se o predomínio da sensação sobre a consciência, dos valores emocionais sobre os racionais.

A TV suplanta os demais veículos de comunicação, porque, além dos códigos lingüístico e sonoro (disponíveis também no rádio), utiliza o código icônico como suporte básico de sua linguagem. Por causa disso, as produções televisivas privilegiam, às vezes em excesso, a força expressiva da imagem, inclusive nos programas jornalísticos.

A primazia do elemento visual requer a aplicação eficiente de recursos não-verbais para atrair e manter constante o nível de curiosidade do telespectador. Por essa razão, Baggaley e Duck asseguram que "sem o complemento de inflexões de voz, expressão facial, postura e todo um sistema de gestos e de senhas não-verbais, aperfeiçoado por gerações de prática, a lógica verbal imaculada de um pronunciamento não funciona" (Baggaley & Duck, 1979: 20).

Os pesquisadores ingleses explicam: a expressividade da comunicação não-verbal é tamanha que o conteúdo de um determinado programa pode, às vezes, ser menos atraente do que a sucessão de imagens que lhe servem como suporte formal. Nessas circunstâncias, o nível de atenção do telespectador dependerá muito mais das motivações intelectuais que encontrar no conteúdo transmitido. Eles são categóricos ao afirmar que "Quando o conteúdo verbal e o não-verbal [...] entram em conflito pode-se predizer [...] que é provável que os efeitos duradouros sobre o telespectador sejam exclusivamente os elementos não-verbais, as imagens de televisão que surgem das técnicas de argumentação utilizadas pelos produtores" (Baggaley & Duck, 1979: 103).

Até que ponto existe a apregoada predominância dos elementos não-verbais e especialmente os relacionados à imagem, se ampara em bases científicas irrefutáveis? Há quem atribua aos olhos (à visão) o *status* de ser o sentido mais puro pelo fato de, "aliados naturais da luz", se localizarem na parte mais elevada do corpo e "[...] porque têm a percepção das coisas sem necessidade de se aproximar delas" (Novaes, 1991: 87). No entanto, seria isso suficiente para justificar o privilégio que a TV — melhor dizendo, um certo modelo de produção televisiva — concede à imagem?

Michel Chion aponta para outra direção ao alertar que em um espetáculo audiovisual, a audição e a visão "suscitam percepções específicas" — que ele chama de "audiovisão" — o que impediria determinar, com segurança, que um sentido seja mais importante do que o outro. Por essa concepção, substitui-se a idéia de hierarquia pela de intercomplementação dos sentidos: "se o som faz ver a imagem de modo diferente do que esta imagem mostra sem ele, a imagem, por sua parte, faz ouvir o som de modo distinto ao que este ressoaria na obscuridade" (Chion, 1993: 31).

Ao se examinar as diferenças entre os dois sentidos, observa-se maior habilidade espacial na percepção visual e temporal na audição. Leonardo Sá destaca outro tipo de distinção entre as duas percepções. Enquanto "a visual tem um aspecto fortemente analítico" a "auditiva é essencialmente sintética", começando com "a apreensão das partes até chegar, pouco a pouco, ao todo" (Sá, 1991: 124).

O ouvido, no entanto, em sua tarefa particular, processa a operação perceptiva com mais rapidez do que a visão. Essa melhor *performance* da audição, nesse aspecto, deriva da condição do som como veículo da linguagem verbal e pode ser comprovada, verificando que se gasta menos tempo na decodificação de uma determinada frase quando falada e captada pelo ouvido do que pela leitura, em que se usa a palavra no código da escrita.

A questão ganha mais profundidade pela comparação dos efeitos dos dois tipos de comunicação. Segundo Régis Debray "É mais fácil fechar os olhos do que tapar os ouvidos, e os Big Brothers trabalham as massas com alto-falantes. O olho tem a faculdade de discriminar, comparar. Reconstruir. A escuta flutua, embala ou excita — sem distanciamento e sobretudo sem voltar atrás" (Debray, 1993: 397).

De novo, porém, deve-se fugir das formulações simplificadas que procuram atribuir, de modo generalizado, maior importância a um sentido do que a outro. A percepção é um fenômeno "transensorial", no qual intervêm, interativamente, diferentes fontes de estímulos (visuais, sonoros, olfativos, táteis). Quanto à comunicação audiovisual, por exemplo, dificilmente se identificam sensações exclusivamente visuais ou auditivas.

Com base nessa capacidade "transensorial", o rádio compensa os limites da unisensorialidade. Por meio do "poder de sugestão", a música, os efeitos sonoros e a fala alimentam a imaginação do ouvinte, propiciando-lhe a formação de "imagens auditivas" (Kaplun, 1980: 59). Para aqueles que viveram no apogeu do rádio, é fácil relembrar as viagens e os desenhos que a imaginação traçava na audiência atenta das tramas das radionovelas, dos programas de auditório, das transmissões esportivas (até hoje é possível experienciar essa sensação).

O atrofiamento da capacidade imaginativa é, portanto, de certa maneira, proporcional ao tempo de exposição à comunicação pelas imagens. Por essa razão, o jornalista Marco Antônio Gomes acusa a televisão de fascista: "[...] ela impõe, não permite imaginação" (Gomes, In: Vieira, 1991: 97).

O saudável e prazeroso hábito de ler e ouvir histórias funciona como um poderoso antídoto contra esse atrofiamento, porque com a falta do sentido da visão "[...] a outra dimensão é acrescentada na própria mente do leitor ou ouvinte, quando a imaginação compõe o quadro" (Dines, 1974: 58). Desse argumento, pode-se concluir que "[...] a expressão sonora dá-se em condições nas quais as imagens sonoras vivenciadas compõem um conjunto de possibilidades que transitam pelo imaginário dos indivíduos e da cultura, espaço este que a imaginação cria e recria a depender das condições de seu exercício e desenvolvimento" (Sá, 1991: 128).

Não é sem fundamento que alguns autores reagem, contundentemente, à presença hegemônica do código icônico na comunicação de massa. Para Debray "uma civilização da imagem acabaria construindo um mundo sem imaginação [...] sem história, nem relevo e desprovido de símbolos, um mundo impossível pois sem possibilidades, abstrato à força de concretude e tal modo pleno que acabaria por estar vazio" (Debray, op. cit.: 405).

CAPÍTULO 4

O poder da palavra

> *Uma imagem muda é perigosa,*
> *porque a busca de seu sentido fica livre.*
> Eduardo Coutinho

Tudo o que já se expôs e comentou até aqui refere-se à linguagem da TV de um modo geral. Interessa saber agora como a relação verbal *versus* icônico se expressa em circunstâncias mais específicas, particularmente no campo do telejornalismo. A esse respeito, convém inicialmente recordar que, em termos sensoriais, o que distingue a TV (e o cinema também) dos demais veículos de comunicação de massa é o fato de dispor do código icônico como suporte básico de sua linguagem. A prioridade concedida, às vezes excessivamente, ao elemento visual transparece também nos programas jornalísticos.

Conforme certa concepção de telejornalismo, predominante no Brasil, à imagem se confere uma função primordial no processo de codificação das notícias, enquanto a palavra cumpriria um papel secundário, quase de mero complemento e suporte da informação visual. Embora ressalte que a "TV funciona a partir da relação texto/imagem", a jornalista Vera Iris Paternostro justifica a soberania do icônico, afirmando que "É com a imagem que a televisão compete com o rádio e o jornal, exercendo o seu fascínio para prender a atenção das pessoas" (Paternostro, 1987: 41).

A função prioritária que a imagem ocupa na comunicação telejornalística requer uma preparação especial do jornalista de TV para que ele tire maior proveito das potencialidades expressivas do veículo.

43

É indispensável o conhecimento de todo o processo de codificação e decodificação de mensagens visuais, especialmente no que diz respeito às características semânticas das imagens em movimento.

Ao analisar o conceito de notícia, verifica-se que a TV adota critérios próprios na seleção do fato noticioso, conferindo prioridade ao aspecto visual das informações que se pretende divulgar.

Nesse contexto de soberania do icônico, a palavra assume um lugar de submissão à imagem, sobretudo quando o jornalismo adquire a aparência de show.

> A televisão precisa da imagem, o texto é secundário e fica à mercê da imagem. Mesmo no noticiário internacional, por causa do pequeno espaço que recebe, acaba prevalecendo a imagem do espetacular, do sensacional, sem muita preocupação em situar o fato num contexto, explicar o que provocou tudo aquilo, as conseqüências. De vez em quando, dá para acrescentar alguma coisa e, quando isso acontece, é muito bom. (Bial, apud Outsuka, 1997: 15)

A fonte de inspiração para esse modelo que atribui lugar de comando ao código das imagens é o manual de telejornalismo da Rede Globo de Televisão que, por sua vez, se espelha nas normas do *Television News*, receituário do telejornalismo norte-americano que a TV brasileira adaptou à nossa realidade.

> Respeitar a palavra é muito importante no texto da televisão. Imprescindível, no entanto, é não esquecer que a palavra está casada com a imagem. O papel da palavra é enriquecer a informação visual. Quem achar que a palavra pode competir com a imagem está completamente perdido. Ou o texto tem a ver com o que está sendo mostrado ou o texto trai a sua função. (Rede Globo de Televisão, 1984: 11)

Indagado por este autor sobre o lugar da palavra no telejornalismo, Boris Casoy afirmou:

> Trata-se de um assunto controvertido na televisão brasileira. A tendência tem sido dar ênfase à imagem em detrimento do conteúdo, da palavra. Existe até um jargão que vive sendo repetido

e é visto como postulado nas redações: "entre uma boa imagem e uma boa notícia, fique com a imagem". Na verdade, essa supremacia não ocorre em todas as áreas. Por exemplo, na narração de futebol, basta constatar que os narradores considerados de primeira qualidade, prestigiados por suas chefias e por patrocinadores, superpõem sua narração às imagens, descrevendo minuciosamente os lances. Há quem atribua isso à necessidade de animar a transmissão. Ou mesmo a um resquício do rádio. Entretanto, no geral, a TV, repito, tende mesmo a marginalizar a palavra, o texto, em benefício da imagem. (Casoy, 1997)

Apesar de ressaltar a preponderância da imagem, o manual de telejornalismo da Globo abre uma pista para que se possa ter uma compreensão mais abrangente desse problema ao afirmar que "[...] imprescindível é não esquecer que a palavra está casada com a imagem". Tal como no casamento entre duas pessoas, na dinâmica das relações cotidianas, tudo é possível. Ora a imagem impõe-se em sua plenitude, ora basta a palavra para a transmissão de uma notícia televisiva. Entre esses pólos, desponta uma grande variedade de alternativas, todas elas se constituindo como expressões legítimas do telejornalismo. Em vez de se proclamar o império do icônico no discurso televisivo, parece mais factível a hipótese de que a construção da mensagem da TV reflete uma complexa intervenção de signos de natureza diversa e em contínua interação.

Nessa medida, por mais que a mensagem transmitida pela TV seja banal, superficial e esquemática, sua complexidade semiótica é sempre grande. Tudo se dá ao mesmo tempo: som, verbo, imagens que podem adquirir feições as mais diversas e multifacetadas, além do ritmo, dos cortes, junções, aproximações e distanciamentos que provavelmente se constituem num dos aspectos mais característicos dessa mídia. (Santaella, 1992: 28)

Rádio ilustrada

Embora nada possa assegurar, com certeza absoluta, que um sentido — visão ou audição — impõe-se ao outro, não deixa de ser no mínimo instigante a afirmação de que "A televisão é fundamentalmente uma rádio 'ilustrada', além disso com imagens, onde o som já tem o seu lugar fixo, que é fundamental e obrigatório (uma televisão muda é inconcebível ao contrário do cinema)" (Chion, 1993: 155).

O autor francês esclarece que nessa modalidade de rádio "ilustrada", o som da palavra em especial exerce um papel central na condução da narrativa, sobretudo quando·a programação televisiva se estende por todo o dia e é captada em diferentes situações, no trabalho, em casa. O "clip" musical é o formato que melhor se aproveita desse potencial radiofônico da TV, pois favorece que se ouça uma música, enquanto se trabalha ou lê, com a possibilidade de dar rápidas olhadelas no vídeo, de tempo em tempo.

Com base em outras referências, o diretor de TV, Walter Avancini, salienta que, por privilegiar o gesto e a palavra, as bases do modelo brasileiro de produção televisiva estão muito mais enraizadas "nas expectativas histriônicas do circo e discursivas do rádio" do que no cinema e no teatro (Avancini, 1988: 162-3).

Apesar de desvinculadas, as observações de Avancini encontram reforço no comentário de Ciro Marcondes, quando este confronta a função da palavra na linguagem da tevê e do cinema.

Na narrativa da tevê, o que importa é o diálogo, a fala, as palavras. Há um atrofiamento das demais formas expressivas (o silêncio, a linguagem dos ambientes, das paisagens, das cenas por si) em favor do texto. No cinema é diferente: os efeitos visuais podem até desprezar as palavras já que o ambiente (e a concentração) da exibição permite que se ampliem as formas de expressão. (Marcondes Filho, 1994: 16)

Ao se considerar a palavra na condição de condutora da narrativa televisiva, fica mais fácil entender a definição de "rádio ilustrada" que Chion atribui à TV. Para se ter uma idéia clara disso, basta recordar passagens de nosso cotidiano. Quem ainda não testemunhou, em sua própria casa, a irmã, a mãe ou o pai, entretidos na cozinha, com a leitura de uma revista ou tricotando uma peça para o netinho e ao mesmo tempo acompanhando programas de TV "com os ouvidos". Ao serem estimulados por uma motivação sonora — música, ruído ou fala de alguém — ou por ato mecânico, de vez em quando se rendem à atração das imagens correspondentes.

[...] diante de um vídeo que transmite, sem som, cenas de uma novela ou de uma entrevista; não haveria condições de continuarmos mais que meio minuto sem o apoio das vozes. Pensando agora, no contrário: teríamos o som mas estaríamos *sem as imagens*. Apesar de certamente termos perda de várias circunstâncias da emissão, estaríamos, no entanto, em totais condições de seguir os lances ficcionais de uma novela, como também conseguiríamos seguir o processo de interlocução de uma entrevista. (Fraga Rocco, 1991: 242)

De uma lembrança à outra, sob o pretexto de exemplificar a função da palavra no discurso da TV. A palavra escrita (quando repete a falada) em alguns comerciais de televisão (Coca-Cola, por exemplo) se transforma no elemento vital da forma — e conteúdo — da mensagem. Nesse caso, a palavra, além de essencial na comunicação sonora, constitui-se na própria imagem exibida pelo vídeo.

Novamente se é transportado para uma outra situação. Em filmes ou programas de TV em língua estrangeira, assistidos no cinema ou pela televisão, "perder" uma pequena seqüência de palavras da narração ou de um diálogo deixa o espectador confuso e atônito: "o que tal personagem falou", "Eu não estou entendendo, porque não ouvi o que ele disse" — são frases sussurradas ao companheiro ao lado, no cinema, ou pronunciada em tom normal de voz, na sala de casa, diante do vídeo.

Esse incômodo explica a razão da dublagem de novelas e programas humorísticos mexicanos — sem mencionar os filmes e as séries americanas — que as TVs brasileiras transmitem diariamente. O bloqueio na percepção provocado pelo ruído de uma língua estrangeira pode comprometer o entendimento da trama e afastar o telespectador. Por isso, prefere-se o recurso da dublagem, insuportável para muitos espectadores, mas indispensável para a conquista e manutenção da audiência. Mas, às vezes, chega-se ao extremo de se dublar a fala não do personagem, mas do próprio ator estrangeiro, entrevistado em algum programa da TV brasileira.

Todas essas reflexões encaminham-se à conclusão de que apesar de ter no código icônico o componente básico de sua linguagem, a TV não pode prescindir do verbal. A palavra "'ancora' o visual, completando-o, ambigüizando-o ou desambigüizando-o. O verbal completa a narrativa por imagens que como já dissemos por si só não se sustenta" (Fraga Rocco, 1991: 242).

Mas para Muniz Sodré, a palavra, embora sobreponha-se às imagens, não se limita a complementar o visual.

> A comunicação real (a conversa, o diálogo) atribui tal importância ao elemento verbal que este termina impondo-se, na tevê, ao visual [...] Por isso até agora, a tevê tem estado mais próxima do rádio do que do cinema. É que o compromisso com o real histórico ([...] com a informação jornalística) impele a tevê a uma lógica de demonstração, de explicação, que percorre todas as suas possibilidades expressivas. Ela pode mostrar qualquer coisa, mas tem de explicar, de esclarecer o que mostra. E nesta operação, as palavras [...] impõem seu poder ao elemento visual. (Sodré, 1977: 74)

Existem ainda posições mais radicais, enfatizando a importância do verbal no dia-a-dia da televisão brasileira.

> [...] nenhuma imagem no jornalismo pode entrar pura, sem o comentário que a explique, sem a música que lhe dê sentido. Uma imagem muda é perigosa, porque a busca de seu sentido fica livre, o mundo pleno de significado oscila em sua base. Em conseqüência dessa compreensão, acredita-se que o espectador tende a mudar de canal ou a supor que haja uma falha técnica da emissora. Isso prova um pouco, de maneira caricatural, que esse papo de "TV é imagem é mais uma frase feita do que outra coisa". Eu diria até que, num certo nível, a TV tal como se pratica aqui, depende tanto do som quanto da imagem, ou mais do som do que da imagem. (Coutinho, 1991: 281-2)

O perigo de uma imagem muda é tanto maior em razão do grau de precisão e clareza da mensagem que se pretende transmitir. Em um programa de ficção, um especial inspirado em uma obra literária, por exemplo, que está mais próximo da estética cinematográfica, o sentido livre, a polissemia é uma qualidade desejável. O mesmo, contudo, não se deve esperar de um telejornal ou de um programa educativo, em que se exige o máximo de precisão, de clareza, na elaboração da mensagem, justamente para impedir que ela desencadeie um caos sígnico, ao se abrir a uma infinidade de alternativas de leituras e interpretações.

Na condição de editor-chefe do *Jornal Nacional*, Mário Marona, ponderou, no entanto, em entrevista a este autor, que, apesar de concordar com Eduardo Coutinho, não tinha medo de correr o risco de usar uma imagem muda. Justificou a sua opinião com a ressalva de que a expressão verbal sujeita-se a essa mesma limitação.

> Trabalhei, como já disse, mais de duas décadas em jornalismo impresso e poucas vezes encontrei alguma fonte que se sentisse satisfeita com a forma como suas declarações foram reproduzidas. Num curso de jornalismo para jovens profissionais, que implantei no jornal *O Globo* fizemos um exercício interessante. Os oito alunos fizeram uma entrevista coletiva e nenhuma matéria que resultou dessa entrevista era igual. Todas tinham diferenças de interpretação. Ou seja, o mesmo medo que o Coutinho tem da imagem como informação excessivamente "aberta", podemos ter, todos nós, até mesmo da palavra transcrita. (Marona, 1997)

De fato, Marona tem razão ao lembrar que a capacidade expressiva da palavra vai muito além da mera função de esclarecer, de explicar uma imagem. Em determinadas situações, a mensagem verbal pode, inclusive, ser mais rica de significações do que uma imagem.

A imagem televisual, como de resto, acredito, todas as demais, não se basta a si própria, não se esgota em si mesma, já que não é auto-explicável. Se "uma imagem pode valer por mil palavras", *há momentos em que, talvez, nem 10 mil imagens consigam expressar o poder polissêmico de uma única palavra.* (grifo nosso) (Fraga Rocco, 1991: 240)

O provérbio chinês — "uma imagem vale mais do que mil palavras" — incitou Armando Nogueira, com sua experiência de 25 anos só na direção de jornalismo da TV Globo, não ao jogo de palavras, mas ao protesto em tom de brincadeira: "[...] ah! se esse chinês entrasse um dia na redação da televisão, ele ia ver o estrago que provocou na cabeça do telejornalista brasileiro" (In: Vieira, 1991: 88).

Em depoimento exclusivo a este autor, em agosto de 1997, Nogueira retoma a sua análise e aproveita até para revelar como mudou, em sua trajetória profissional, sua concepção de telejornalismo como imagem.

> Desde o primeiro momento, em que comecei a me envolver em telejornalismo, eu também me deixei seduzir pelo fascínio da imagem e difundia muito entre meus companheiros a idéia de que a gente devia ser muito contido no uso da palavra para valorizar a imagem. Ao longo do tempo, eu repensei esse meu juízo, porque cheguei à conclusão, simplificando o meu pensamento, de que *se a imagem mostra, só a palavra esclarece*. (grifo nosso) [...] Então, eu passei a rever o meu conceito, achando o seguinte: que ao contrário do que dizia e do que diz a máxima chinesa — "uma boa imagem vale mais do que mil palavras" — eu prefiro dizer *uma boa imagem vale mais associada a uma boa palavra*. (grifo nosso) (Nogueira, 1997)

Na posição de diretor de jornalismo da TV Globo de 1967 até 1989, Nogueira provavelmente sempre reconheceu o poder insubstituível da palavra, e sua mudança de "juízo" pode ser interpretada muito mais como uma pequena variação de nuança, ainda mais quando partia de alguém que se notabilizara pela apurada habilidade em manejar a palavra escrita no jornalismo impresso.

Pois bem, uma prova do valor que Armando Nogueira dava à palavra no telejornalismo, é a constatação de Luís Gleiser, em meados da década de 1980, baseado em sua experiência jornalística na própria Rede Globo.

> O telejornalismo brasileiros em geral e o JN (*Jornal Nacional*) em particular usam a base de áudio como principal, pois é ela *quem amarra e diminui o impacto que as imagens*, por si sós, poderiam causar. Se mais vale uma imagem que mil palavras, *mil e uma palavras são usadas no esforço de controlar e ordenar o material visual*. (grifos nossos) (Gleiser, 1983: 48)

Gleiser ressaltava a importância da base de áudio, descrevendo-a como "[...] um *continuum* ordenado de significados fácil e imediatamente apreensíveis" que orientava a edição da informação visual de modo a não só evitar prejuízos à narrativa verbal como propiciar "sustentação visual do que está sendo dito" (id. ibid.).

Hierarquia oscilante

Na cobertura da Guerra do Golfo Pérsico, o repórter da rede de TV CNN, Peter Arnett, demonstrou o poder da palavra no telejornalismo. Conforme lembrou Lucas Mendes, "a CNN superou as limitações eletrônicas com um procedimento técnico elementar que lhe deu a dianteira na transmissão de informações sobre a guerra: uma simples linha de áudio, também chamada de '4 fios'" (Mendes, 1997: 36). Com isso, a emissora norte-americana conseguiu prender a atenção de milhões de telespectadores em todo o mundo, que passaram a dispor da voz de Arnett, pelo telefone, casada com uma fotografia fixa do jornalista, como o único testemunho ao vivo do confronto entre Estados Unidos e Iraque.

O uso desse recurso "banal no telejornalismo" levou alguns críticos a considerar que a televisão regredia à era do rádio ao abdicar da imagem em movimento para dar lugar apenas à voz, exagerando no peso dado ao discurso verbal.

Machado qualificou a crítica como equivocada justamente por ignorar que "[...] o telejornalismo é fundamentalmente voz, mais precisamente uma polifonia de vozes, e a imagem não consiste, via de regra, em outra coisa senão a apresentação dos corpos que suportam essas imagens" (Machado, 1993). Em seu comentário, alega ainda que no caso de Peter Arnett só não houve mesmo a sincronização da fala com o movimento labial (impossível em se tratando de uma ilustração fixa), deficiência plenamente compreensível por se tratar de uma cobertura fora do convencional.

As circunstâncias de emissão e recepção de mensagens fortalecem, portanto, a idéia da intercomplementação de sentidos e desfaz a convicção de uma hierarquia imutável, pelo menos na TV. Segundo Santaella, "há casos de mídia em que a hierarquia entre os códigos é sempre móvel, oscilante, dominando, num momento o código verbal oral e, logo a seguir, o imagético, que cede lugar à interação eqüitativa do imagético e sonoro e assim por diante, como é o caso da TV" (Santaella, 1992: 27).

Não existe uma fórmula única para se produzir telejornalismo. Fatores de natureza diversa — horário do telejornal, características da audiência, condições de cobertura de um fato — influenciam a confecção da notícia. Entretanto, nem mesmo a evolução tecnológica na área da televisão é capaz de eliminar a forma talvez mais simples de apresentação de notícias no vídeo: o locutor lê um texto.

Isso não acontece por acaso nem por deficiências técnicas ou limitações financeiras. Por trás de tudo, permanece como princípio a experiência de, em um dia, ouvir o telejornal sem as imagens e, no dia seguinte, ver as imagens dos fatos sem as palavras correspondentes. Não há dúvida de que o telespectador ficará muito mais bem informado no primeiro do que no segundo dia. Quem não acredita nisso, que experimente.

Por isso mesmo, nos noticiários dos canais por assinatura e em alguns telejornais das televisões abertas talvez seja hoje tão comum deparar com uma notícia em que o repórter, tal como Arnett, tem seu relato verbal coberto por uma imagem fixa. Isso para não mencionar que em informativos do GNT, a utilização de reportagens da CBN é a literal tradução do que Michel Chion chama de "rádio ilustrada".

De sua experiência como âncora da CBN de São Paulo e apresentador do programa *Opinião Nacional*, na TV Cultura, o jornalista Heródoto Barbeiro registrou diversos exemplos de como, no início da década de 1990, o telejornalismo encarna essa concepção de "rádio ilustrada".

> E a televisão faz rádio na tevê, quando não tem imagem para apresentar. O exemplo mais bem-sucedido do telejornalismo, a rede americana CNN, usa e abusa do "rádio na tevê". Foi o que fizeram durante boa parte da cobertura da Guerra do Golfo e receberam o reconhecimento internacional. Quando o apresentador do *Bom dia Brasil*, da TV Globo, fala com um entrevistado pelo telefone vermelho, está fazendo rádio na tevê. Quando entra um boletim do repórter coberto por um *slide* com a foto dele e um mapa de onde fala, no *Jornal Nacional*, também é rádio na tevê. Estas técnicas do rádio também estão sendo exploradas no programa *Opinião Nacional*, da TV Cultura de São Paulo, onde sou um dos âncoras. (Barbeiro, 1994: 12)

Isso, na verdade, só vem comprovar que, apesar de indiscutível o fato de que o telejornalismo é primordialmente imagem, há várias maneiras de praticar essa vocação da TV como veículo de informação. Em todas, nada justifica que se sacrifique uma notícia importante porque dela não se dispõe de nenhuma imagem em movimento de boa qualidade.

Nada justifica também que uma imagem de impacto emocional ou estético prevaleça como critério de seleção de notícias, em detrimento do valor jornalístico. Nessa hora, como o próprio manual de telejornalismo da Globo recomenda "[...] é melhor fazer um bom texto e dar, ao vivo, ao locutor", porque "Imagem só pra disfarçar, sem peso de notícia, não vale" (Rede Globo de Televisão, 1984: 7).

Boris Casoy também se manifesta favorável a uma integração mais flexível entre palavra e imagem, mediante uma variedade de formas de conjugação dos dois elementos básicos da linguagem televisiva.

Basicamente acho que se deve procurar o equilíbrio entre fundo e forma, entre imagem e texto. Além do mais, a questão não deve ser tratada de maneira rígida: cada caso é um caso, demanda tratamento específico. Muitas vezes a palavra deve ou pode prevalecer. Tenho constatado, por exemplo, que o emprego do texto em lugar da imagem, à maneira do contador de histórias, tem ampla receptividade do público telespectador de todos os níveis culturais. Entretanto, nas TVs, o preconceito contra o uso de "notas peladas" (veja o preconceito embutido na denominação) é forte. Se não houver orientação exaustiva e permanente em sentido contrário, o natural é fazer a imagem prevalecer sobre o texto a qualquer custo. (Casoy, 1997)

CAPÍTULO 5

A natureza do verbal na televisão

> *A comunicação real atribui tal importância ao elemento verbal que este termina impondo-se, na tevê, ao visual.*
>
> Muniz Sodré

A premissa de que existe uma mobilidade na hierarquia dos códigos utilizados pela televisão sugere algumas indagações: qual a natureza que o verbal assume de modo a torná-lo tão afinado e compatível com as imagens, no processo de construção do discurso televisivo? Que espécie de código lingüístico é esse que as emissoras de TV empregam com tanta eficácia para se comunicar com uma audiência tão diversificada?

A linguagem é o pressuposto da existência da dimensão humana. É pela linguagem que o homem transcende a sua solidão e descobre o outro. Esta é a marca fundamental da humanidade: um homem fala com outro homem. A situação do "falar com o outro" remete ao conceito de oralidade, trilha que se deve percorrer para responder às perguntas formuladas no parágrafo anterior. O conceito de oralidade, por sua vez, está intimamente associado à antítese do escrito e do falado.

Entre os lingüistas é consensual a posição que considera a escrita uma derivação da linguagem oral:

> A rigor, a linguagem escrita não passa de um sucedâneo [...] da fala. Esta é que abrange a comunicação lingüística em sua totalidade, pressupondo, além da significação dos vocábulos e das

frases, o timbre da voz, a entoação, os elementos subsidiários da mímica, incluindo-se aí o jogo fisionômico. Por isso, para bem se compreender a natureza e o funcionamento da linguagem humana, é preciso partir da apreciação da linguagem oral e examinar em seguida a escrita como uma espécie de linguagem mutilada, cuja eficiência depende da maneira por que conseguimos obviar à falta inevitável de determinados elementos expressivos. (Câmara Jr., 1983: 16)

Enquanto não se tem notícia da existência de comunidades, por mais primitivas que sejam, que não dominem a linguagem oral, a História está repleta de exemplos de civilizações que nunca tiveram acesso à escrita. Com base em levantamentos feitos, das mais de 3 mil línguas faladas no mundo pouco mais de cem, apenas 3%, desenvolveram a linguagem escrita, entre as quais não mais que oitenta produziram literatura.

Segundo Dino Pretti, "Muitas e variadas são as relações entre a linguagem da televisão e seu referente imediato, a língua da comunidade" (Pretti, 1991: 232). Mas em que consiste essa "língua da comunidade" em que se baseia a linguagem da televisão? (Fraga Rocco, 1989: 29) aclara a questão, apontando a oralidade "como o canal de transmissão" da TV.

A questão, porém, não se esclarece assim tão simplesmente. Requer que se trace um paralelo entre a comunicação oral e a escrita e seus efeitos na prática da elaboração do discurso televisivo.

Normalmente executado em situação de isolamento destinado a um leitor em potencial, o ato de escrever é um trabalho planejado que se submete a regras gramaticais mais ou menos rígidas. Por isso mesmo

[...] a escrita é descontextualizada no sentido que não depende de uma *situação de comunicação* que incida diretamente sobre o ato de escrever no momento em que ele ocorre, embora não se possa esquecer que deve existir um sistema referencial comum entre escritor e leitor que extrapole os limites do texto, sem o qual a comunicação se torna difícil e até impossível. (Pretti, 1991: 233)

No mesmo caminho, Fraga Rocco (1989: 31) afirma que, na escrita, "só temos acesso ao produto final, reelaborado e que, ao refazer-se, acaba por apagar as marcas do próprio processo de produção".

A comunicação oral se concretiza em condições bem diversas. O binômio falante-ouvinte consolida uma situação real de comunicação, em que emissor e receptor se encontram em uma relação de proximidade quase visceral.

Quem fala tem presente seu interlocutor numa interação face a face em que pode observar as reações dele. Em função disso, pode dosar a densidade das informações, repetir quando necessário para a boa comunicação; interromper frases e abandonar fragmentos delas, quando perceber que o entendimento pelo ouvinte já se deu; usar variações entonacionais, mudar ritmo de fala, gesticular para reforçar a expressão do pensamento etc. (Pretti, 1991: 232)

As palavras de Dino Pretti tornam-se esclarecedoras do que Baggaley e Duck preconizam ao enfatizar, conforme mencionado no capítulo anterior, a necessidade de uso de recursos não-verbais para o êxito da comunicação televisiva. Apesar de não fazerem referência explícita à questão da linguagem oral — uma vez que o objetivo deles era assinalar a preponderância do código lingüístico — os pesquisadores ingleses indiretamente ressaltaram-na, sobretudo quanto ao reforço que recebe de recursos expressivos complementares gestuais, faciais, vocais etc.

Tem-se que o oral é mais espontâneo e menos planejado que a escrita. O oral realiza-se em menos tempo e mostra-se mais fragmentado que a escrita, visto não sofrer os processos de reedição da escrita. Se o oral é "evanescente", a escrita é permanente. E sendo "evanescente" o oral não permite que se retenha mesma quantidade de informação que a escrita. O oral lança mão de freqüentes seqüências justapostas, omitindo muitas vezes os operadores de conexão. Observe-se, no entanto, que os apoios situacionais, a interlocução face a face, os elementos extralingüísticos e supra-segmentais... podem, de certa forma, suprir, os conectivos na explicitação de relações. (Fraga Rocco, 1989: 30)

No cotidiano, é possível, a qualquer pessoa, experimentar as diferenças entre a língua falada e a escrita. No meio acadêmico (exemplo que poderia ser aplicado também à comunicação pública: comícios, inaugurações), são evidentes as diferenças de reações que um palestrante provoca na platéia conforme sua forma de expressão. Nesses casos, o tom da fala, as hesitações, as pausas, importam mais do que o uso irretocável das normas gramaticais, até mesmo para aquele conferencista que sabe dar à leitura do que redigiu a aparência de um pronunciamento improvisado. Comprova-se, assim, que uma fala espontânea tende a ser mais agradável do que um discurso lido.

Em situações não tão solenes e cerimoniosas, o efeito da expressão falada torna-se ainda mais poderoso. Na conversa dos namorados, da declaração de amor sussurrada à eloqüente, apaixonada, a palavra parece que vem de dentro, espontânea como um gemido ou um grito, carregada de indecifráveis sentidos que os elementos extralingüísticos e supra-segmentais ajudam a criar. A mesma paixão jamais se consegue transmitir por um bilhete, por uma carta. Por mais que a imaginação procure suprir a ausência do ser amado, a palavra se arrasta no papel à procura daquela espontaneidade que só a interlocução propicia.

O mesmo se poderia comentar a respeito da expressão de outros sentimentos entre duas pessoas, ou em um grupo. A palavra escrita, até para o mais hábil escritor, é sempre difícil de arrancar, de expulsar, de se materializar em um suporte. Já com a palavra falada, a impressão que se tem é que ela, de tão livre, não se contém na sua compulsão de comunicar sobretudo emoções.

De olhos fechados, você se entrega ao insidioso prazer de apalpar esse furtivo objeto que vimos chamando de fala. Tão logo os veios da superfície insinuam algum desenho, seus dedos revelam e se rendem ao chamado de uma textura. A fala é fugaz, traiçoeira, mas diante dela você se excita, se exalta, como se estivesse tocando a pele dessa grande esfinge que é a linguagem. (Maia, 1991: 71)

Nessa citação, a fala, mais do que um meio de comunicar emoção, torna-se o próprio objeto de paixão, quando a autora compara a intimidade entre linguagem e fala com a que o ser humano tem com a sua própria pele para depois perguntar: "Seria a fala de fato lugar por onde a linguagem toca, acaricia, apreende e captura tudo o que lhe é externo?" (id. ibid.).

Parece que sim, porque enquanto "a escrita separa e distancia", "a voz cria laços, faz participar" (Debray, 1993: 396). O pensador francês aprofunda a justificativa da distinção ao acentuar que "na enunciação oral, o emissor gira em torno do receptor, ao passo que, no escrito, o receptor gira em torno do receptor" (id. ibid.: 401).

De outra perspectiva, ao enfatizar que "[...] quase todas as pessoas falam melhor do que escrevem", Enzensberger compara o aprendizado da fala — que se dá geralmente em circunstâncias bem favoráveis — ao da escrita — "parte importante da socialização autoritária através da escola" (Enzensberger, 1974: 63).

Cabe, neste momento, observar que não se propõe aqui, de modo algum, uma reflexão sobre as circunstâncias ideológicas e lingüísticas que condicionam a produção do discurso próprio da fala ou da escritura. O que se quer é unicamente traçar um rápido paralelo entre o processo da língua falada e da língua escrita no âmbito da prática televisiva, de um modo geral, e, especificamente, do telejornalismo.

Feita a observação, pode-se concluir, com base nas referências teóricas apontadas até então, que as peculiaridades do processo comunicativo pela tevê são mais compatíveis com a oralidade do que com a escrita. Isso acontece porque "há no ouvinte (telespectador ou não) uma expectativa para a *linguagem oral* com suas repetições, autocorreções, hesitações, segmentos sintáticos truncados ou abandonados e outras marcas típicas da língua falada" (Pretti, 1991: 234).

A linguagem oral contribui, então, para que o discurso televisivo cumpra uma de suas vocações básicas, descrita anteriormente: a função fática. Sem dúvida quanto maior a exigência de simulação de diálogo para se estabelecer e manter o contato com o telespectador por meio de um programa de TV, maior é a necessidade de emprego de uma comunicação oral. A adequação da mensagem a esse tom de conversa, que reduz consideravelmente os efeitos negativos próprios de uma relação unilateral, aplica-se a qualquer tipo de programas, entre os quais os jornalísticos.

Não é por acaso que o formato dos programas de auditório continue funcionando tão bem, tenha-se o talk-show de Jô Soares como exemplo. O clima descontraído das entrevistas, com intervenções freqüentes dos músicos do quinteto e do auditório presentes às gravações, flui espontaneamente pelo recurso à linguagem oral, indispensável para mobilizar os telespectadores que acompanham o programa participativamente, como se estivessem plenamente envolvidos naquela interlocução.

Porém, quando se proclama o uso imperativo da linguagem oral, recomenda-se a atitude prudente de refletir também sobre como se constitui a oralidade no discurso televisivo. Cabe, então, perguntar, em que medida os programas de televisão utilizam uma linguagem oral autêntica, pura?

Embora possuam especificidades gramaticais próprias, a comunicação oral e a escrita são interpenetrantes. Essa interação, que se dá a partir da dependência da escrita como estágio decorrente do processo simbólico primário do oral, torna-se cada vez mais complexa pelas influências mútuas que ocorrem entre a comunicação popular (centrada na oralidade) e a comunicação erudita (alicerçada na cultura escrita).

Ao satisfazer os objetivos de lazer dos telespectadores, a adoção de uma linguagem oral, mais próxima do modo natural de falar, poderia levar à conclusão de que a tevê usa a oralidade em seu estado puro, sem contaminações da escrita. Não é bem assim que pensam os teóricos que estudam o assunto. Dino Pretti, por exemplo, destaca que o código verbal na TV apresenta um caráter híbrido.

O estilo do discurso da televisão, escrito para ser lido, resulta, antes de mais nada, num impasse: ora se revela elaborado, segundo as convenções mais rígidas da gramática, aproximando-se da língua escrita, ora demonstra claramente sua intenção de aproximar-se da língua falada, na sua sintaxe mais livre, na alta incidência de gírias e até de vocábulos chulos. (Pretti, 1991: 234)

Fraga Rocco reconhece esse hibridismo e contesta a hipótese que considera que o verbal na TV seja de natureza mais oral do que escrito.

O verbal da televisão é oralidade e é escrita, sendo também, e a um só tempo, um outro tipo de verbal em que ambas as modalidades são submetidas a rigorosos e diferentes processos de construção conforme as regras do veículo [...] O que existe, a nosso ver, é uma situação de oral *produzido* [...] e presença de uma escrita oralizada (à medida que o escrito precisa ser coloquial e informal para garantir o envolvimento do receptor). (Fraga Rocco, 1989: 34)

Mais uma vez, emerge reinante a função fática como fator determinante na composição do discurso da televisão. De intensidade variável conforme o gênero de programa, esse oral "produzido" ou "escrita oralizada" é condição essencial para o êxito de um espetáculo de tevê junto aos telespectadores. E os telejornais não são exceção: buscam nas estratégias do coloquial os recursos para uma comunicação eficaz, decisão que se justifica pela presença intensa do coloquialismo na realidade cultural brasileira.

[...] uma das causas dessa tendência para o coloquial que hoje se observa não só na TV, mas também no rádio e nos jornais. Talvez decorra, entre outras razões, de uma tendência natural de país pouco letrado, com baixo nível de escolarização, onde a escrita ainda não tem primazia sobre a fala, não apenas em função do fato de ler pouco, mas principalmente em função do fato de se escrever menos ainda. Somos um país voltado predominantemente para a comunicação oral, o que nos permite praticar habitualmente uma linguagem despreocupada com as regras gramaticais. (Pretti, 1991: 238)

Apesar de enfatizar que o uso do coloquial se consolida no Brasil justamente em razão do baixo nível de escolarização da população, Dino Pretti ressalva que a prática da oralidade não é de domínio exclusivo das camadas populares menos instruídas: "[...] os próprios falantes letrados" em determinadas circunstâncias "preferem consultar alguém, oralmente, a esclarecer pela leitura, como poderiam fazê-lo, por exemplo, consultando guias, manuais de instruções, leis e regulamentos, enciclopédias, livros técnicos etc." (Pretti, 1991: 238).

Esse também seria o motivo pelo qual a maioria das pessoas, diante de um conferencista que lê um texto que foi escrito para leitura e não para ser ouvido, tem forte propensão a ficar dispersa, distraída, muitas vezes não importando sequer se o conteúdo da palestra é de seu interesse. Provavelmente, o nível de atenção da platéia será bem maior caso o conferencista leia um texto produzido para a audição e não para leitura ou fale mesmo de improviso. Guardadas as particularidades circunstanciais, prevê-se que situações semelhantes ocorram no âmbito da comunicação de massa. Fenômenos como esses contribuem para que se compreenda a utilidade primordial da língua no relacionamento humano. Já ninguém contesta que a habilidade na utilização da língua seja condição essencial para que se estabeleça uma comunicação em que se obtenha o máximo de entendimento entre os participantes do processo comunicativo.

Como esclarece Celso Pedro Luft, "Se a gente fala (ou escreve) para comunicar algo, o que conta é fazê-lo da forma mais clara possível" (Luft, 1994: 17). Na polêmica obra *Língua e liberdade*, o filólogo gaúcho ressalta ainda que uma expressão clara e eficiente não depende só do conhecimento de regras gramaticais. Mais do que isso, é preciso saber servir-se da língua de acordo com o contexto inerente a cada veículo de comunicação para criar uma relação interlocutória.

A identificação dessas regras deve considerar, além do meio de comunicação, o público que se busca atingir. O perfil da audiência interfere na escolha das formas de expressão e, para se alcançar o máximo de eficácia, a comunicabilidade deve ser o principal atributo de um texto. O emprego de uma linguagem incompatível com o nível cultural da maioria do público receptor pode comprometer a compreensão de uma mensagem.

O profissional de comunicação deve, então, preocupar-se em elaborar mensagens que sintetizem valores de uma linguagem dita "culta" e o tom coloquial do falar cotidiano, mas sem ignorar as características da audiência a que se destina. Se assim não fizer, estará sempre fadado ao insucesso. Esse pensamento que considera língua sinônimo de meio de comunicação e nunca escravizada às regras gramaticais é o critério que deve nortear até mesmo a comunicação escrita na literatura. Segundo Luft, "Os mais bem-sucedidos escritores [...] são os que conseguem falar ao povo, não necessariamente na variedade de língua própria das camadas menos privilegiadas, mas com clareza e fluência, de modo que todos possam entender" (Luft, 1994: 27-8).

Se essa recomendação vale para o livro, meio de comunicação ainda acessível a um público restrito, a camada mais letrada da população, no caso da comunicação de massa — o rádio, a televisão em especial, "[...] quanto maior o público consumidor [...] quanto mais diferenciados os receptores, mais simples e direta deve ser a linguagem" (Sodré & Ferrari, 1987: 11).

Por meio dessas palavras pode-se tentar entender melhor por que a linguagem usada nos programas mais populares da televisão, consumidos por uma audiência numerosa e heterogênea, parece ser tão pobre e indigente, conforme denunciam Ricardo Arnt e Eric Nepomuceno. A exigência de centrar o discurso no receptor obriga o comunicador a procurar linguagem mais adequada, mais compatível com as características da audiência.

Afora esse aspecto, a crítica à qualidade da linguagem da televisão pode, às vezes, atingir o próprio estilo coloquial que, em sua essência, nada mais representa do que a reprodução de como um cidadão comum fala no seu dia-a-dia. Conscientemente ou não, será que essa postura em relação à tevê não significa uma atitude preconceituosa em relação à linguagem popular?

A partir do pressuposto de que "o povão é dono de sua língua", Celso Pedro Luft afirma que as palavras são "propriedade pública", pois "vivem na boca do povo, soma de todas as camadas socioeconômico-culturais" (Luft, 1994: 27).

Em sintonia com esse pensamento, Iván Tubau enfatiza que "falar bem [...] não é necessariamente fazê-lo de acordo com a gramática normativa [...] mas dizer o que se quer dizer de modo mais eficaz para ser entendido pelo maior número de pessoas" (Tubau, 1993: 78). Por essa razão, o jornalista e ensaísta espanhol recomenda aos redatores de rádio e televisão que se inspirem no linguajar da "rua" e, após "ordená-lo e limpá-lo um pouquinho, devolvê-lo levemente melhorado a seus emissores primários, de modo que eles o reconheçam como seu" (Tubau, 1993: 66).

O respeito ao patrimônio lingüístico popular anima Dino Pretti a rebater os ataques ao coloquialismo desferidos pelos vigilantes da gramática, pelos patrulheiros das normas cultas, pelos caçadores da expressão coloquial.

A chamada "crise lingüística", levantada ingenuamente por alguns mal informados, nada mais é do que o reflexo das transformações sociais que se projetaram na comunidade. As próprias alterações políticas que se processaram no país, de cunho mais democrático, abriram um grau de aceitabilidade muito maior para a linguagem popular. Daí um natural repúdio ao purismo gramatical, à "gramatiquice", índice inequívoco de um formalismo que parou no tempo. (Pretti, 1991: 239)

Baseado nesses argumentos, Pretti acha que sujeitar a televisão aos rigores das normas gramaticais próprias da linguagem culta, de maior "prestígio social", "[...] poderia torná-la desinteressante (ou até ininteligível) à maior parte dos telespectadores [...]" (Pretti, 1991: 239).

Nem mesmo uma suposta oposição "padrão elite" *versus* "padrão popular" demonstra ter consistência suficiente para justificar uma delimitação dos domínios de uma instância culta e de outra não-culta. O coloquial está presente nas duas linguagens.

Toda essa argumentação não pode ser interpretada como um manifesto de apoio irrestrito à televisão brasileira. Alguns programas denominados inadequadamente de populares (não vou mencioná-los porque a cada dia surge mais um e uma lista poderia ser injusta ao omitir títulos) constituem um desrespeito não somente à língua, mas ao próprio ser humano, que muitas vezes lhes serve de matéria-prima em numerosos quadros aviltantes. Popularesco não é o adjetivo mais conveniente para esse tipo de produção televisiva que, em nome da audiência, em busca do lucro, passa por cima dos princípios mais elementares de humanidade.

Não se reclama, portanto, para essa linguagem uma liberdade total em relação à gramática e à criatividade. Só se adverte que a observância rígida das normas gramaticais está longe de garantir a confecção de mensagens claras e eficientes.

O domínio da simplicidade

As palavras são do povo. Vivem na boca do povo.
Celso Luft

De um lado, prevalece o coloquial, o caminho da comunicação rápida, do entendimento imediato. De outro, prepondera a expressão artística, solta, mágica, capaz de suscitar os mais inesperados sentimentos e reações graças à larga amplitude de leituras que comporta. A partir da oposição dos dois campos, da compreensão dos traços que os distinguem, começa a se aclarar uma definição do que se denomina de estilo ou linguagem jornalística.

Sobre o assunto, em seu livro *Crônicas de um repórter*, Pedro Bial faz menção às duas funções da linguagem, expressão e comunicação, descritas por Walter Benjamin, para frisar que "[...] em jornalismo ninguém se expressa e que não é elogio chamar repórter de poeta" (Bial, 1996: 177).

Se o texto jornalístico se diferencia tão radicalmente do texto poético, nem por isso a linguagem empregada no jornalismo há de estar confinada ao limite do mero informar. A mensagem informativa deve aliar o compromisso prioritário com a inteligibilidade, com o objetivo de proporcionar, à audiência que a recebe, além da assimilação, a possibilidade de uma reelaboração crítica dos conteúdos transmitidos.

A linguagem jornalística, o estilo jornalístico, o discurso informativo, formas que exprimem praticamente o mesmo sentido, se constituem, portanto, na soma dos registros formal — "próprio da modalidade escrita e das situações tensas" — e coloquial — "as expressões correntes na modalidade falada, na conversa familiar, entre amigos" — da língua (Lage, 1986: 36). Enquanto a linguagem formal, aprendida na escola, baseia-se na preservação de usos lingüísticos tradicionais da modalidade escrita, a coloquial se caracteriza pela espontaneidade da modalidade falada, própria de uma comunicação comunitária. Por isso mesmo, quando se quer aumentar o grau de eficiência da comunicação, para tornar fácil o acesso a mensagens a qualquer tipo de público, principalmente as pessoas menos escolarizadas, é sempre aconselhável recorrer ao coloquial, desde que ele também se acomode nos parâmetros da linguagem formal.

É essa, por sinal, a recomendação do Manual de Redação da *Folha de S.Paulo*, ao prescrever que "O texto de jornal deve ter estilo próximo da linguagem cotidiana, sem deixar de ser fiel à norma culta", escolhendo "a palavra mais simples e a expressão mais direta e clara possível, sem tornar o texto impreciso" (*Folha de S.Paulo*, 1992: 86).

A mesma preocupação em compatibilizar linguagem coloquial e indicações da linguagem culta está presente nas palavras de Nílson Lage, quando diz que "A conciliação entre esses dois interesses [...] resulta na restrição fundamental a que está sujeita a linguagem jornalística: ela é basicamente constituída de palavras, expressões e regras combinatórias que *são possíveis no registro coloquial e aceitas no registro formal*" (Lage, 1986: 38).

Orientação aplicável em qualquer época ou região, a técnica jornalística processa a adaptação da linguagem comum de acordo com certas regras básicas da gramática. Daí, mesmo que se utilize a expressão linguagem jornalística, convém destacar que o jornalista não escreve em uma língua especial, diferente da usada por todas as pessoas. Para que seu texto seja assimilado facilmente, sua linguagem, nem medíocre nem rebuscada, "deve conciliar o domínio da língua e a improvisação" (Bahia, 1990: 82-3).

Em outros termos, Lago Burnett endossa a mesma conclusão de Bahia, ao assegurar que "o jornalismo não tem um glossário próprio" e que sua linguagem — se é que existe alguma — "se identifica mais pelo que despreza do que pelo que busca" (1991: 39).

E o que o jornalismo "despreza", ou melhor, reduz mais intensamente do que a literatura são os registros formais da língua, do vocabulário às construções sintáticas, de modo a facilitar o trabalho de redação e obter o controle de qualidade dos textos produzidos.

A idéia de controle de qualidade, que reforça a imagem do jornalismo como processamento em escala industrial de informações destinadas a um consumo imediato e ininterrupto, desperta críticas severas. Ciro Marcondes Filho diz que ao se servir de sistemas de computação para realizar revisões ortográficas e ordenações estilísticas, a técnica de produção jornalística transforma o jornalista "[...] menos em perito da linguagem do que um técnico no 'dizer simples'" (Marcondes Filho, 1993: 98).

Uma das aparências desse "dizer simples" se manifesta no formato das matérias jornalísticas. Elaboradas com referência a um consumidor típico das grandes metrópoles, que vive em ritmo acelerado e dispõe de pouco tempo para se informar, as notícias enquadram-se em moldes gráfico-editoriais. O importante é prover o consumidor de notícias-produtos compatíveis com os limites de suas disponibilidades.

A necessidade de embalar a notícia nesses formatos para facilitar o consumo de informações deve ser vista, no entanto, como uma estratégia comercial. Por si só essa prática — que não é extensiva a todo o conteúdo dos jornais — não invalida o princípio, já exposto neste trabalho, de se utilizar uma linguagem simples que proporcione uma comunicação jornalística acessível (não indigente) ao público.

Para se conseguir um contato direto com o cliente-leitor, o texto informativo tem de se ajustar ao estilo jornalístico que se propõe a converter a informação bruta em notícia compreensível. Essa tarefa exige do jornalista não a qualidade que Marcondes Filho atribui pejorativamente a um técnico no 'dizer simples' (o que não deixa de ser um fato, no caso de muitos jornalistas). O profissional capacitado para manejar a linguagem preenche um perfil que alia responsabilidade ética à habilidade lingüística e criatividade para transmitir mensagens que satisfaçam o mercado consumidor. Se não é um trabalho literário, também não é uma rendição aos clichês, à gíria: "É um ato de redigir no qual a linguagem interfere para racionalizar, padronizar, identificar" (Bahia, 1990: 83).

Sob discreto domínio da simplicidade, não estaria o jornalismo se consolidando como técnica e arte e, ao mesmo tempo, exibindo toda a sua oposição, toda sua negação ao que se propõe ser essencialmente espetáculo, show, mero sensacionalismo?

A simplicidade na linguagem é um talento que, como qualquer outro dom natural, precisar estar em um constante processo de aprimoramento. Ao jornalista, não basta o domínio da linguagem. Dele se requer a capacidade de, por meio da linguagem, divulgar informações inteligíveis a todo o público. E aí entra a necessidade de se conhecer um pouco da técnica de comunicação jornalística. Cada órgão de imprensa apresenta suas recomendações específicas quanto à técnica de comunicação jornalística. No entanto, parece haver uma certa unanimidade quanto ao conceito de jornalismo como "uma conversa simples e atual entre um veículo de comunicação e seus leitores" (*ouvintes telespectadores*) (Erbolato, 1985: 94). Realça-se, novamente, a função fática como elemento essencial dessa interação indicada por Mário Erbolato. O saudoso (não para todos) jornalista Paulo Francis defendia a adoção do coloquialismo como estratégia ideal para se alcançar o máximo de sucesso na comunicação jornalística: "[...] é útil que possamos nos entender e nos comunicar com os outros, estabelecendo uma linguagem comum, que em jornalismo precisa ser, só pode ser coloquial" (Francis apud Lins da Silva, 1991: 109).

A partir da década de 1950, a imprensa brasileira passou a receber uma influência cada vez maior do modelo norte-americano de jornalismo. Uma das contribuições mais importantes proveniente dos EUA foram os *stylebooks*, os manuais de redação que, entre outras recomendações, prescreviam a utilização da técnica do *lead* e da pirâmide invertida como recursos de simplificação da comunicação jornalística. Desde então, os *stylebooks* tornaram-se indispensáveis à uniformização das formas de redação das notícias. Assim, mesmo para os que dominam a arte de escrever, as orientações oferecidas são extremamente úteis para construir mensagens com simplicidade e clareza, como manda a linguagem jornalística.

Os manuais de redação, entretanto, enfrentam também (e não são poucos) críticos ferrenhos. É, por exemplo, bastante freqüente a acusação de que a rigidez das regras inibe a espontaneidade de expressão, quando não chega mesmo, em nome de uma perspectiva estritamente funcional, a desfigurar a personalidade dos jornalistas, sobretudo os mais jovens. Desse modo, as empresas jornalísticas, na ânsia de criar um estilo lingüístico próprio, muitas vezes se excedem a ponto de fazer com que todos os seus jornalistas tenham o mesmo texto, parecendo até que uma única pessoa escreveu todas as matérias publicadas.

Não se pode, porém, acusar os *stylebooks* indiscriminadamente. O *Manual de Redação e Estilo* do jornal *O Globo*, por exemplo, alerta que não basta seguir com fidelidade absoluta as normas técnicas.

Explica que, bem aprendidas, elas ajudam o jornalista em seu trabalho de artesão "competente, aplicado, honesto", mas não dispensam a habilidade pessoal quanto ao apuro literário, sobre o qual "nenhum manual tem muito a ensinar". E ressalta que "só escreve bem, acima da pura habilitação técnica, quem lê muito e escolhe bem o que lê" (*O Globo*, 1992: 15).

A mesma posição favorável aos *stylebooks*, o *Manual da Editora Abril* explicita, frisando que as normas de redação "nasceram do bom senso, da inteligência, da experiência e do sofrimento de jornalistas e escritores que já passaram pelo pior" e "contribuem para resolver problemas, abrir e encurtar caminhos" (Maranhão, apud Editora Abril, 1990: 11).

Mesmo assim, houve movimentos contrários à padronização imposta pelos *stylebooks*, que tomaram mais corpo na década de 1980 com o surgimento do *New Jornalism*. Da mera eficiência técnica para construir textos justapostos, passou-se a esperar do jornalista uma postura mais criativa, "transformando-o num tipo de jornalismo literário". Para o "novo jornalismo"

> Redigir um texto informativo com maior liberdade significaria descentralizar o poder decisional na empresa, permitir ao maior número a gratificação psicológica que traz todo processo de escolha e tirar a audiência da monotonia piramidal. Liberar o estilo significaria dar ao trabalho informativo uma dimensão estética. (Barros Filho, 1995: 58)

Embora se deva evitar, conforme adverte Burnett (1991: 41), que as formas atuem como "fôrmas" que constranjam a iniciativa criadora, o manual de redação ainda pode ser um guia necessário e construtivo. Usado para melhorar e não para restringir a expressão, favorece a concepção de mensagens claras e eficazes, sem que se tenha de se sujeitar a um empobrecimento da linguagem.

As "Instruções Gerais" do *Manual de Redação e Estilo* do jornal *O Estado de S.Paulo* representam muito bem essa abertura de caminho para uma redação apurada. Do manual do "Estadão", entre os numerosos aconselhamentos úteis, um se destaca pelo conteúdo — de conceituação de linguagem jornalística — e especialmente pela forma como é escrito, verdadeiro modelo do que deve ser um texto comunicativo. "A *simplicidade* é condição essencial do texto jornalístico. Lembre-se de que você escreve para *todos os tipos* de leitor e *todos*, sem exceção, têm o direito de entender qualquer texto, seja ele político, econômico, internacional ou urbanístico" (destaques do original). (*O Estado de S.Paulo*, 1990: 16)

Convém enfatizar, porém que as normas de redação se aplicam principalmente às matérias informativas, não se ajustando aos formatos do gênero opinativo. O editorial, o comentário, a crônica não seguem regras, apesar de não poderem, por mais original que seja o estilo do autor desses textos, deixar de ser acessíveis pelo menos àquela faixa de público a que se destinam.

O jornalismo na televisão

> *É preciso respeitar a força da informação visual e descobrir como uni-la à palavra.*
>
> Vera Iris Paternostro

Comparados, os veículos eletrônicos de comunicação (rádio e TV) levam algumas vantagens sobre os meios impressos. A primeira delas, talvez a principal virtude da comunicação eletrônica, advém da capacidade de abolir a barreira do tempo. Imediatos, rádio e televisão noticiam os fatos no mesmo tempo em que eles ocorrem. Tem-se, então, a possibilidade de eliminar o intervalo que separa o acontecimento de sua divulgação pela mídia.

A perda do privilégio de transmitir uma notícia em primeira mão possibilita, no entanto, que os jornais e as revistas exerçam aprimoradamente sua potencialidade mais significativa: aprofundar-se na divulgação e análise dos acontecimentos. Enquanto o rádio e a televisão podem informar com o máximo de imediatismo, os meios impressos dispõem de tempo e espaço suficientes para mostrar os fatos em seus múltiplos aspectos: causas, conseqüências, acontecimentos paralelos.

O espaço é outro obstáculo superável pelo rádio e a TV. Graças às transmissões via satélite, milhões de pessoas, nos mais distantes recantos, podem acompanhar o desenrolar de um evento. A comunicação eletrônica propicia, assim, o rompimento das fronteiras lingüísticas e culturais, tornando viável o sonho da "aldeia global". A transmissão ao vivo do ritual do enterro da *lady* Diana foi, por exemplo, uma demonstração impressionante da conjunção planetária operada pela televisão, como já tivera sido o conto de fadas televisivo encenado no próprio casamento da princesa com o príncipe Charles, na década de 1980.

Custos operacionais mais baixos e aparelhagem técnica simples e barata permitem, contudo, ao rádio realizar coberturas jornalísticas mais ágeis do que a televisão. Além da capacidade de divulgar a notícia em primeira mão, antes de qualquer outro meio de comunicação, a mensagem radiofônica leva a vantagem de poder ser recebida em várias situações: na rua, em casa, no automóvel, no trabalho. Em compensação, a TV tem um trunfo — a imagem — que a qualifica como o meio de comunicação mais fascinante. Por sua íntima afinidade com a emoção, a TV possui um potencial de mobilização afetiva inigualável.

As diferenças entre rádio e TV são, porém, por demais complexas para ser resumidas em tão poucas palavras. Antes de pensar em termos de uma concorrência, há que se considerar a cada vez maior atuação intercomplementar dos meios de comunicação. Outro aspecto já mencionado merece ser observado novamente: razões financeiras, operacionais e tecnológicas motivam a TV a se utilizar com freqüência da técnica jornalística radiofônica. Notícias são transmitidas pelo relato verbal que cobre imagens fixas, exemplificando o que Michel Chion chama de "rádio ilustrada" e Heródoto Barbeiro classificou de "o rádio na tevê". Os noticiários das televisões abertas e de canais por assinatura atestam, diariamente, o uso desse recurso.

Outra questão a ser destacada refere-se ao próprio processo de captação e transmissão de notícias. A ostensividade da aparelhagem de TV (hoje menos acentuada por causa da miniaturização dos equipamentos) contribui senão para tumultuar pelo menos para dificultar o trabalho jornalístico. Enquanto algumas pessoas se inibem diante da equipe de TV, outras — na condição de entrevistadas ou meras figurantes (os "papagaios de pirata") — posam diante das câmeras como se fossem "estrelas" de um programa de ficção. A situação se agrava ainda mais quando os fatos ocorrem em locais públicos. A presença da televisão desencadeia comportamentos imprevisíveis, despertando, nas pessoas focalizadas, um impulso irresistível para a vocação de interpretar personagens de uma peça ou de um filme. Tudo pela possibilidade sedutora de aparecer na telinha, no jornal da noite.

A câmera é uma transformadora da realidade, na medida em que desperta um fascínio muito grande. É muito comum, por exemplo, o repórter chegar em um ambiente onde as pessoas estão envolvidas em uma tragédia e ainda assim ter que desviar dos que querem sorrir, abanar para a câmera, mandar um recadinho engraçado para a família. Nas manifestações de protesto, nos campos de futebol, nos locais de grande aglomeração também é freqüente constatar que, ao ligar a câmera, tudo se transforma. Em geral, mesmo quem estava no maior desânimo, passa a gritar, vibrar como nunca. (Barcelos, 1994: 19)

Apesar dos equipamentos miniaturizados, os jornalistas de televisão ainda encontram dificuldade para realizar reportagens investigativas. Por ser "naturalmente exibicionista", a TV, segundo Armando Nogueira, não se presta "a trabalho de espionagem" (Nogueira, In: Vieira, 1991: 87). Por isso mesmo, as matérias de denúncias que os telejornais exibem geralmente são feitas com câmeras ou gravadores escondidos para conseguir declarações ou flagrantes de comportamento comprometedores. Nesses casos, as eventuais deficiências técnicas do material colhido são compensadas pelo valor jornalístico da reportagem feita.

Na verdade, todos os contratempos desse tipo de cobertura são inerentes ao atributo mais importante do veículo televisão: a possibilidade de exibir imagens dos fatos e não somente uma descrição verbal. Essa particularidade exerce uma influência que se reflete diretamente no modo de produção telejornalístico.

Outra característica própria do veículo é a prevalência da imagem. Por isso, percepção jornalística do câmera é fundamental. O *eu* não existe na televisão. O repórter sozinho não faz nada. A reportagem, para dar certo, precisa do repórter, do cinegrafista, do iluminador e do operador de áudio, a equipe tem que ser a mais entrosada possível. (Passarinho, 1994: 85)

O mesmo entrosamento entre imagem e palavra, que se requer no momento da reportagem jornalística, é imprescindível na construção da notícia. Ao mostrar um fato direto do "palco de ação", conforme expressão cunhada por Walter Sampaio em sua obra pioneira sobre telejornalismo no Brasil (Sampaio, 1971), a televisão opera, com uma intensidade maior do que qualquer outro veículo, "uma relação direta e imediata" com o vivenciado. Dessa maneira, cumpre ao extremo das possibilidades a função referencial própria da narrativa jornalística, ao transportar para a casa do telespectador as imagens do acontecimento acompanhadas dos comentários verbais que as esclarecem.

Com a transmissão direta de imagens e sons, a TV realiza a sua obra jornalística máxima. Permite ao telespectador testemunhar um fato como se estivesse presente no local. Marcelo Giacomantonio ressalta que o que caracteriza a televisão é justamente essa sua capacidade de "retransmissão da mensagem ao mesmo tempo em que esta se cria" (Giacomantonio, 1981: 20).

Pelo processo "aqui e agora" na divulgação e recepção de uma cobertura jornalística, a televisão propicia uma participação instantânea e sem intermediários, que, por si só, constitui-se num elemento de inestimável poder de mobilização. Imagine-se, por exemplo, uma partida de futebol ao vivo, pela televisão: o imprevisível no andamento do jogo é um fator capaz de proporcionar uma emoção incontrolável. Nesses casos a TV

> [...] oferece a "prova da imagem" em movimento como o próprio acontecimento, o enquadramento referencial da palavra e ligação com o espaço e o tempo-transmissão direta. Esses três componentes tornam a televisão o grande documento do cotidiano. A imagem em movimento tem o dinamismo da vida, a perfeita sincronização do acontecimento. As pessoas andam, falam, tropeçam na tela como na realidade. Sendo ao vivo ou um registro imediato de um acontecimento, a TV ganha um altíssimo grau de veracidade, de poder referencial. (Morán, 1986: 21)

O papel da palavra

Mas como o código verbal, no contexto da construção da mensagem jornalística na televisão, representa o interesse primordial desse trabalho, antes de mais nada é preciso fazer uma reflexão sobre o valor da palavra como instrumento de comunicação.

É inconcebível a vida sem a palavra. Dela o homem se utiliza irrestritamente a todo o tempo e nas mais diversas situações. Mais além, no entanto, de sua funcionalidade como instrumento de linguagem, elas também são descritas com um respeito tão intenso que parecem ter vida própria. Ganham uma autonomia que as torna entidades independentes agrupadas em famílias e separadas em estamentos sociais.

> Não é preciso ser sumidade em etimologia para desconfiar que as palavras têm a sua gênese, a sua linhagem, o seu *pedigree*, a sua tradição, sejam de boa cepa ou simples rameiras oriundas dos bordéis. Esse *status*, mormente quando dicionarizadas, lhes confere imunidades, ainda que simbólicas. É ilusão supor que as destruímos. Sensíveis como as plantas, as palavras têm os seus mecanismos de defesa, o ego, a sua vida ontológica, a sua experiência existencial. Quando atingidas, ou ameaçadas, recolhem-se humildemente, à espera de usuário que as compreenda no âmago, na plenitude do seu significado intrínseco. Não as molestemos. (Burnett, 1991: 25)

À primeira vista, pode até ser interpretado como uma atitude de desprezo, de desconsideração ou preconceito. Mas há quem, incapaz de dissimular o tom passional, deixa extravasar todo o sentimento, aparentemente mundano, rasteiro. A convivência diária acaba criando, porém, uma ligação tão afetuosa, de tamanha intimidade, que se tem a impressão de que o objeto do discurso que se lhes refere é um ser amado, a concreta encarnação de um desejo. Em sua crônica "O gigolô das palavras", Luís Fernando Veríssimo combina humor e muito lirismo para externar sua afinidade visceral com as palavras.

> Sou um gigolô das palavras. Vivo à sua custa. E tenho com elas a exemplar conduta de um cáften profissional. Abuso delas. Só uso as que eu conheço, as desconhecidas são perigosas e potencialmente traiçoeiras. Exijo submissão. Não raro, peço delas flexões inomináveis para satisfazer um gosto passageiro. Maltrato-as, sem dúvida. E jamais me deixo dominar por elas. Não me meto na sua vida particular. Não me interessa seu passado, suas origens, sua família, nem o que os outros já fizeram com elas.

Se bem que não tenha também o mínimo escrúpulo em roubá-las de outro, quando acho que vou ganhar com isto. As palavras, afinal, vivem na boca do povo. São faladíssimas. Algumas são de baixíssimo calão. Não merecem o mínimo respeito. (Veríssimo apud Luft, op. cit.: 15)

O que Luís Fernando Veríssimo comenta de modo tão original poderia muito bem servir para ilustrar a importância da palavra no jornalismo. Segundo Carl Warren, "as palavras são o instrumento de trabalho e a matéria-prima do homem que escreve para ganhar a vida e seu trabalho consiste em torná-las simples e claras para seus clientes, os leitores [...]" (Warren, 1975: 70).

Nesse pacto informal que o jornalista celebra com o seu público, a seleção das palavras é condição básica para se obter êxito no processo de transmissão de uma notícia. E o êxito ajusta-se proporcionalmente ao grau de sintonia que se mantém com o repertório lexical da audiência que se busca atingir: "Não perca de vista o universo vocabular do leitor [...] nunca escreva o que você não diria" (*O Estado de S.Paulo*, 1990: 17).

Guiada pelo parâmetro de se fazer claro para o maior número de pessoas, a tarefa de simplificação da linguagem é um desafio permanente no manejo das técnicas jornalísticas. Com senso de humor e ironia, o jornalista econômico Celso Ming indica uma receita para facilitar a operação de adequar um texto às características lingüísticas do público.

A orientação que sempre dou na minha editoria do *Jornal da Tarde* é para que, ao se escrever, o repórter pense em sua tia burra. É para ela que o jornalista tem que transmitir a notícia de modo que ela entenda. Essa tia burra é como uma espécie de leitor padrão. Se a clareza de um texto chega até ela, certamente chegará a todo o mundo. (Ming, 1994: 69)

A receita funciona bem especialmente quando o universo da audiência é numeroso e diversificado. Conforme esclarecem Sodré e Ferrari, "os critérios para a seleção vocabular variam [...] de acordo com a época de produção do texto, com o *"medium utilizado"*, com a intenção pedagógica que se possa ter [...] e com um possível efeito crítico, estético ou humorístico que se pretenda obter" (Sodré & Ferrari,

1987: 19). Nessas situações, o que Lago Burnett disse a respeito da funcionalidade e do *pedigree* das palavras deve ser posto em prática. Para cada circunstância de comunicação existe uma forma de linguagem — aí incluindo escolha lexical — condizente.

No caso da comunicação radiofônica, baseada na oralidade, por exemplo, para receber a mensagem, basta ouvi-la. Essa particularidade representa uma vantagem que o rádio leva em relação à mídia impressa, porque não se exige do receptor que ele seja alfabetizado.

Independentemente, contudo, do grau de instrução do público, ao se elaborar uma mensagem para o rádio, a primeira preocupação deve ser com o nível de adequação entre os códigos de linguagem do emissor e dos receptores.

Essa fórmula nada mais é, na verdade, do que a aplicação do estilo coloquial à comunicação radiofônica. "Se observarmos as formas de conversação cotidiana, constataremos a utilização de estruturas expressivas lineares que são as mais adequadas para a comunicação oral (Prado, 1989: 34).

Não é por acaso, portanto, que o princípio do coloquialismo aparece como requisito fundamental no *Manual de Radiojornalismo da Rádio Jovem Pan*: "Nossa linguagem será espontânea como se fala, e correta, como se escreve [...] Uma linguagem que concilie o bom português com o bate-papo espontâneo" (Porchat, 1986: 92). Com outras palavras, repete-se o que foi dito anteriormente: a necessidade de se obter uma síntese dos padrões da norma culta da língua com as formas do coloquial.

A palavra casada com a imagem

A linguagem jornalística na televisão tem um traço específico que a distingue: a imagem. A força da mensagem icônica é tão grande que, para muitas pessoas, o que a tela mostra é o que acontece, é a realidade. Por isso, a TV ocupa um *status* tão elevado, o que faz com que os telespectadores, especialmente os pouco dotados de senso crítico, lhe dêem crédito total, considerando-a incapaz de mentir para milhões de pessoas.

O fato de ter na informação visual o seu elemento mais expressivo determina que haja um entrosamento sincronizado entre imagem e palavra. A fórmula ideal para esse entrosamento pode ser resumida assim: "Texto e imagem devem harmonizar-se de modo a atrair o máximo interesse do telespectador, sem apelar para qualquer forma de sensacionalismo" (Evandro Carlos de Andrade apud *Imprensa*, 1997, 114: 21).

Maciel alerta, no entanto, que, embora "texto e imagem devam sempre andar juntos, a imagem é mais forte que a palavra", porque "permanece gravada no cérebro do telespectador depois que a notícia já foi esquecida" (Maciel, 1995: 18). Se, ao contrário, houver uma dissociação, o resultado pode ser um verdadeiro "desastre" que atinge todos os "elementos" mensagem, com prejuízos, no entanto, maiores, para a comunicação verbal.

> Em jornalismo de televisão ninguém duvida: a imagem é mais forte que a palavra. Toda vez que num telejornal as falas estão em desacordo com as imagens, produz-se uma espécie de descarrilamento da comunicação: o trem das palavras vai para um lado e o trilho da imagem, para outro. Num caso desses, a informação auditiva se perde, mas a mensagem visual sempre chega ao destino. (Rede Globo de Televisão, 1984: 71)

Esse princípio que atribui prioridade à informação visual impõe características especiais ao jornalismo realizado na TV: "O noticiário televisivo tende a favorecer as notícias que podem ser apresentadas com imagens — em especial, com imagens móveis — em relação àquelas que carecem de imagem" (Green, 1973: 59).

Defensor do primado da imagem, a tal ponto intransigente e preconceituoso, que restringe o direito à crítica à TV apenas aos profissionais do meio, o jornalista Luiz Edgar de Andrade declara que "O problema das críticas que se fazem à tevê é que elas são feitas por gente que não faz televisão". Prossegue em seu argumento com ironia para enfatizar: "Tevê é imagem, por isso defendo a imagem. Caso contrário, chegaremos à conclusão de que o futuro da tevê está no rádio" (*Imprensa*, Encarte especial, 1995: 17).

Andrade sugere que se deve adotar no telejornalismo o princípio de privilegiar "todas as notícias — com imagens — capazes de serem veiculadas". Ele parte dessa premissa para bombardear o jornalismo analítico predominante hoje na TV brasileira, classificando-o como uma "televisão falada".

Em comentário sobre essa questão, Pedro Maciel cita um axioma adotado na produção telejornalística: "[...] se a notícia é boa e a imagem é fraca, o jornalista deve contar a notícia sem mostrar as imagens". O autor conclui o raciocínio, esclarecendo que "[...] se, contudo, a imagem é boa e a notícia é fraca, o mesmo axioma recomenda ao jornalista mostrar a notícia, valorizando a imagem" (Maciel, 1995: 49).

Na qualidade, então, de editor-chefe do *Jornal Nacional*, Mário Marona, em entrevista ao autor, colocou-se em uma posição muito mais radical. Para ele,

> [...] telejornalismo ideal é o telejornalismo sem palavras. Só com imagens. Imagens que tenham significado próprio, que não dependem da palavra — nem escrita, nem falada. Não existe nada mais desnecessário — nada mais intruso — do que repórter sobrepondo seu texto a imagens emocionantes, fortes, reveladoras, mobilizadoras do telespectador. (Marona, 1997)

Ao ressalvar que essa idéia que propugna "não é invenção da TV", Marona diz que a televisão "ainda não inaugurou esta fase de valorização suprema da imagem", ao contrário do que ele imaginava ser antes de entrar na TV Globo. Para embasar seu pensamento, reporta-se ao cinema, por intermédio de dois cineastas, que, na sua opinião, souberam tirar proveito máximo dessa potencialidade expressiva da imagem.

Você talvez já tenha visto algum filme de Jacques Tati. Nas décadas de 1940 e 50 ele fez filmes como *Mon uncle* que são obras-primas de graça e sutileza, ao mesmo tempo. E com uma característica especial. No auge do cinema falado, na época de ouro das comédias americanas escritas por grandes roteiristas, com diálogos teatrais, Tati fazia filmes quase sem palavras. Ele parecia estar reinventando o cinema mudo. Para ficar ainda no cinema, que inventou quase tudo o que a televisão faz hoje: quem viu e gosta dos filmes de Hitchcock, sabe como imagens — e apenas imagens — podem retratar em poucos segundos, poucos *frames*, alguns *takes*, situações complicadíssimas. Ele (Hitchcock) fazia isso. Criava situações de suspense sem texto. Explicava os seus personagens e a sua história, no início dos filmes — às vezes apenas durante os créditos — sem que ninguém precisasse dizer nada. (Marona, 1997)

Mário Marona propõe a transposição do modo de fazer cinema para o telejornalismo. Em sua linha de raciocínio, parte de uma pergunta instigante: "Isto quer dizer que a palavra é inútil no telejornalismo?", a qual responde logo em seguida: "Claro que não. Quer dizer, sim, que a palavra no telejornalismo pode adquirir outra forma: imagem em vez de texto. Cenas que não falem, que se expressem" (id. ibid.).

Apesar da convicção com que expõe essas idéias, Mário Marona, no entanto, admite que, no dia-a-dia da laboriosa confecção da notícia, a palavra se impõe como elemento de linguagem indispensável. Ele explica, assim, essa aparente contradição entre o conceito ideal e as evidências da prática jornalística na TV:

> No dia seguinte às palestras ou instruções à minha equipe em defesa da absoluta supremacia da imagem sobre a palavra, eu mesmo me pegava fazendo o contrário — valorizando o texto em detrimento da imagem. Por quê? Porque nem sempre temos imagens e porque, antes de mais nada e acima de tudo, o que importa mesmo é a INFORMAÇÃO. Assim mesmo, em letras grandes. Nada supera a informação em jornalismo. E aí, não interessa muito como ela chega ao público. Tem de chegar rápido, com precisão, com boa apuração e com cuidados éticos. Mas tem de chegar. No mais, cabe a mim e aos meus colegas que editam o *Jornal Nacional* lutar para que o público receba em casa um resumo agradável, interessante, envolvente das notícias mais importantes do dia. Sempre que possível com lindas/fortes/expressivas imagens se sobrepondo aos textos. Se não for possível, que seja com bons textos, pelo menos. (Marona, 1997)

Não obstante a riqueza de nuances nessas intermináveis reflexões sobre a relação imagem e palavra, é preciso prosseguir para não se encantar com esse debate. E como base de partida, opta-se pela premissa de que a linguagem jornalística na TV fundamenta-se em recursos de visualização e utiliza, como elementos acessórios imprescindíveis, os códigos lingüístico e sonoro. Por esse motivo, o redator de telejornais deve economizar os vocábulos, em primeiro lugar, para que as imagens cumpram a sua função, e para que a fala não ultrapasse o tempo que corresponde à informação visual.

O jornalista da conceituada BBC de Londres resume, dessa maneira, o que denomina de "regras de ouro" da redação de notícias para televisão:

> 1) Palavras e imagens são paralelas. 2) O comentário não deve repetir em detalhes o que o telespectador pode ver e escutar por si só. 3) O comentário não deve descrever minuciosamente o que o telespectador *não* pode ver e escutar por si só. 4) O comentário não deve ser demasiadamente extenso [...] o melhor *script* é aquele que contém a menor quantidade de palavras possível. (Yorke, 1994: 104)

É preciso, porém, ter cuidado com a excessiva ênfase concedida à imagem, sobretudo quando ela é pura emoção, capaz de se comunicar sozinha, sem palavras, na forma de uma notícia espetáculo.

Ardoroso adversário dessa concepção que se baseia no jornalismo como espetáculo, Boris Casoy propõe um modelo de telejornalismo que dê prioridade ao conteúdo. Para ele, esse esmero desmedido na forma, sem um cuidado no mínimo equivalente com a qualidade jornalística, expressa uma interpretação deformada das técnicas do modelo norte-americano de telejornalismo disseminada pela TV Globo.

> Na visão do pessoal que foi viciado pela Globo, que, aliás, formou um grande contingente de jornalistas de televisão, vale mais o show do que a notícia [...] Eu não concordo com esses princípios. Os americanos jamais deixam de dar uma notícia relatada, mais eliminam o relato de um fato importante para dar uma imagem. Aqui isto é levado a extremos. Isto é prejuízo para os telespectadores. (Casoy, apud Squirra, 1993: 168-9)

O jornalista Augusto Nunes opõe-se também à "ditadura dos padrões estéticos" reinante na TV e acusa a televisão brasileira de estar "mais preocupada com a aparência do que com o conteúdo" (*Imprensa*, Encarte 1995: 17). Essa avaliação, contudo, não é feita exclusivamente por críticos brasileiros. No II Seminário Internacional de Telejornalismo promovido pela revista *Imprensa*, em 1995, o jornalista português Joaquim Vieira atacou a "[...] ditadura da imagem cujo principal pecado é valorizar o fútil, levando ao ar muitas vezes as tragédias na íntegra porque geram boas imagens" (id. ibid.).

Outro aspecto dessa questão, já salientado, é que a primazia da imagem não se impõe irrestritamente. O jornalista-apresentador Renato Machado esclarece que a imagem nem sempre é o elemento fundamental em uma edição e que "muitas vezes um bom texto é mais importante" (*Imprensa*, 1996: 88).

Maciel dá um passo adiante nessa linha de argumentação que enfatiza a importância da palavra no telejornalismo. Apesar de reconhecer que imagem exerce um papel fundamental na TV, o autor destaca: "Sem o texto, a maior parte das imagens se torna vazia de sentido e perde qualquer significado como informação relevante para o telespectador" (Maciel, 1995: 44).

A interveniência da palavra tem ainda o poder de, em muitas circunstâncias, orientar até mesmo o público na interpretação das imagens. Quando bem escolhidas, as palavras podem determinar a reação do público, por exemplo, à imagem de um protesto público. A impressão de sucesso ou fracasso da manifestação depende, muitas vezes, mais do que se diz do que das imagens mostradas.

Com anos de experiência acumulada no jornalismo impresso e na TV, Villas-Bôas Corrêa também se insurge contra a supervalorização do icônico ao qualificar a escravização do texto à imagem como "outra desgraça da televisão":

> A meu ver, nada mais ridículo do que esta história de falar da Câmara ou do Senado e ter de fazer obrigatoriamente a tomada da frente do Congresso, às vezes com barulho infernal de trânsito, ou suportando uma ventania que deixa as repórteres descabeladas. Tudo para mostrar a imagem mais batida do mundo. (Corrêa, 1994: 133)

Observadas essas advertências quanto à exagerada importância dedicada à informação visual, permanece o princípio de que o texto — sob forma de notícia, comentário ou outra qualquer — deve se adequar à imagem. Watts ensina: "Não descreva o que você pode ver na imagem [...] mas acrescente algo a ela; dê-lhe um significado adicional com suas palavras" (Watts, 1990: 114).

Texto para ser ouvido

A palavra no telejornalismo tem de se ajustar a outra particularidade imposta pelas circunstâncias de recepção da mensagem televisiva. No livro *Television News*, modelo para os manuais de telejornalismo adotados no Brasil, o autor Irving Fang disserta sobre as diferenças entre jornalismo impresso e telejornalismo, a partir das diferentes reações que o receptor de jornal e televisão manifesta quando recebem uma informação.

O receptor da informação é diferente também, embora, em muitos casos, o telespectador seja também um leitor de jornais diários. Ele é diferente porque o *medium* televisão requer distintos graus de atenção e participação dos exigidos pela imprensa. A imprensa é um meio no qual o leitor deve estar ativamente envolvido ao receber a mensagem. O leitor precisa concentrar-se. Ele precisa dirigir sua atenção para a palavra impressa, e deixar fluir sua imaginação e com o olhar da mente elaborar uma imagem correspondente ao que o texto descreve. Situações opostas são suscitadas pela televisão. O telespectador tem uma atitude passiva. Ele não pode ir até as notícias, como poderia fazê-lo virando as páginas de um jornal. As notícias vêm até ele. Seguem-no se ele levantar-se de sua cadeira. Seguem-no quando ele vai à cozinha tomar lanche; seguem-no onde o som da tevê estiver ao alcance de seu ouvido. Enquanto ele olha para o vídeo, seu sentido de visão é capturado, mas sua imaginação não é despertada. No entanto, as notícias de tevê não demandam atenção total do telespectador. Sua mente pode vaguear. (Fang, 1972: 122)

Por causa dessa tendência a provocar uma atenção tão dispersa, tão vaga, a palavra no jornalismo de televisão (e de rádio também) tem de ser a mais precisa, a mais clara possível. Dispõe-se de apenas uma chance para passar a mensagem para o receptor de modo que ele a entenda sem dificuldades. Ao contrário do leitor de jornal, que pode reler uma matéria quantas vezes quiser até traduzir inequivocamente o seu conteúdo, o telespectador não pode fazer com que o telejornal retroceda para rever e decodificar uma notícia mal compreendida. Se a mensagem não for detectada e decifrada naquele momento, o esforço do comunicador será em vão.

Combinadas, essas duas particularidades do texto no telejornalismo, o casamento da palavra com a imagem e a obrigação de ser entendido de imediato pela impossibilidade de se voltar atrás criam uma terceira característica. Embora alguns autores recomendem que não se deve comentar o que a imagem exibe, a língua falada se utiliza amplamente de repetições lexicais e sintáticas como recurso para dotar de clareza o texto que se deseja comunicar. Mais desastroso do que a mensagem verbal repetir a informação visual, para fortalecê-la e torná-la assimilável, é render-se ao purismo de nunca comentar o que a imagem mostra e fracassar na tentativa de conseguir a compreensão imediata do significado da notícia pelo telespectador.

Esse cuidado com a compreensão imediata do ouvinte, segundo Marc Paillet, "incita ao máximo de redundância em detrimento da originalidade da mensagem" (Paillet, 1986: 77). O empobrecimento do texto teria, portanto, uma justificativa bastante razoável: reduz-se o teor de criatividade em favor do aumento do grau de inteligibilidade da mensagem.

Em depoimento exclusivo ao autor, Armando Nogueira expõe como esse processo de redundância ocorre nos telejornais, atendendo à necessidade de conjugação da palavra com a imagem para se obter uma mensagem inteligível na primeira vez que for captada. O ex-diretor de jornalismo da Rede Globo vale-se também de comparações entre o jornalismo impresso e o telejornalismo para desenvolver o seu raciocínio.

> Como na televisão, você tem primeiro um complicador — essa harmonia na conjugação da palavra com a imagem, ela [a TV] exige que você use a palavra como se usa no jornal [...] para ilustrar uma fotografia. Ou seja, o texto da televisão tem de funcionar um pouco como o texto-legenda. Mas além de ser um texto-legenda, tem de conter uma coisa que é fundamental, que é essa conciliação de duas linguagens, para não perturbar a capacidade de pensar do telespectador, quando se passa para ele uma informação visual acompanhada de palavras que não reforçam aquela imagem que você está mostrando. Ou seja, o conflito das duas linguagens acaba provocando no telespectador um efeito que é o de reter só a informação visual e não reter a informação

sonora, a informação verbal. Por isso, é preciso que você ajuste a palavra à imagem de tal maneira que a televisão acaba dando a idéia de que ela é em si um veículo redundante, porque a imagem está mostrando uma coisa e você está reforçando isso que você está mostrando através de palavras. Por que você deve fazer isso? Não só para ajustar, para harmonizar as duas mensagens, mas também para fixar melhor [...] Porque se o veículo é redundante — porque ele é redundante — ele é redundante porque precisa passar a mensagem integralmente. E você sabe que no rádio como na televisão, as palavras voam e as palavras que voam passam e não voltam. No jornal, é fácil você não entender no primeiro momento uma oração, voltar e reler para reter a informação. Na televisão, você não tem essa chance. Você não tem o "replay" na informação jornalística que você vê e revê. Você vê e já foi embora. *Verba volant, scripta manent.* (Nogueira, 1997)

Por ser um texto para ser lido e ouvido, todos os manuais de telejornalismo pregam que o redator de notícias de TV tem de ler seu texto em voz alta. De preferência para outras pessoas — seus colegas de trabalho. Mediante essa leitura, ele pode identificar as falhas do texto e corrigi-las para evitar que interfiram no trabalho do apresentador do telejornal. Ao descobrir antecipadamente palavras e períodos longos, termos de difícil entendimento, cacofonias e rimas que afetem a qualidade eufônica, o redator estará ajustando a sua mensagem à linguagem televisiva.

Mas a participação do código verbal no telejornalismo não se restringe à palavra falada. Em diversas situações, usa-se a palavra escrita na tela para reforçar a mensagem oral. O *crédito* que identifica pessoas (locutores, repórteres, entrevistados) e locais onde estão ocorrendo os fatos noticiados, é, por exemplo, imprescindível para esclarecer o telespectador. Tem-se a dimensão da importância do crédito, quando, por um equívoco, troca-se a identificação de personalidades ou mesmo de pessoas comuns. As conseqüências podem ser melindrosas e até desastrosas, dependendo do contexto. Se alguém for identificado, por engano, com um marginal, imagine os prejuízos que isso pode provocar.

Requer-se o emprego da palavra escrita também em matérias típicas de "jornalismo de serviço" (mercado financeiro, cotações de produtos industriais e agropecuários, resultados de eleições e de loterias, informações sobre o trânsito e a meteorologia etc.). No caso de "pacotes" econômicos, tão comuns no Brasil, usa-se, também, como reforço às informações faladas, a mensagem escrita sobre as medidas adotadas. Na mesma linha de orientação do consumidor, verifica-se com freqüência a veiculação de matérias em que o texto escrito se sobressai na indicação de procedimentos que o cidadão deve tomar para resguardar seus direitos.

No jornalismo investigativo, de denúncia, quando se reproduzem declarações comprometedoras, gravadas, na maioria das vezes, em condições técnicas precárias, o texto da fala é totalmente transcrito na tela para que o telespectador tenha a compreensão fiel da notícia que está recebendo. Exemplos disso foram as reportagens que o jornalista Marcelo Rezende fez para a TV Globo, em 1997 sobre a ação truculenta da polícia militar paulista em Diadema e os escândalos das arbitragens na Confederação Brasileira de Futebol.

Sem a pretensão de esgotar as alternativas, observa-se a presença da palavra escrita nas seguintes situações: 1) titulação de matérias ou chamadas de passagens de bloco de notícias; 2) registro de pensamentos formulados em ocasiões especiais, como ao se descrever o perfil de alguma personalidade ao mostrar a reação à concessão de um prêmio ou honraria e conquistas e derrota em confrontos esportivos; 3) realçar informações contidas em documentos escritos — bilhetes, cartas, livros, leis — ou em placas e avisos instalados em locais públicos; 4) na reconstituição de acidentes e incidentes, por meio de mapas, desenhos ou qualquer outra espécie de reconstrução dramática do fato; 5) nos *créditos finais* do próprio telejornal, relacionando os nomes dos profissionais encarregados da produção do programa.

De olho no relógio

Veículo de ponta da indústria cultural, a televisão trabalha no ritmo acelerado da produção industrial. Por isso, o tempo que comanda toda a produção televisiva, a começar pela publicidade, interfere também no telejornalismo. Essa dificuldade fica mais evidente quando se considera que o tempo representa na TV muito mais do que o espaço para o jornalismo impresso. Isto é, dispõe-se de muito mais espaço na imprensa do que de tempo na TV no que concerne à produção jornalística.

Além disso, enquanto nos jornais é o gênero mais importante, na TV, o noticiário tem de disputar, sobretudo com os programas de entretenimento, um lugar na programação. Com isso, a duração dos telejornais tem de reduzir drasticamente o número de notícias, por meio de uma rigorosa seleção de matérias levadas ao ar nos programas informativos. Por conseguinte, enfatiza Green, "[...] as notícias de televisão são basicamente notícias de primeira página" (Green, 1973: 57). Os constrangimentos causados pela falta de tempo afetam a produção jornalística também pela influência da ditadura do padrão publicitário: a maioria das notícias em TV tem de caber no formato de 20 a 30 segundos, que, não por coincidência, é o tempo que duram os comerciais exibidos pelas emissoras.

Restrição que se aplica indistintamente, nos 15 a 30 minutos de duração, os telejornais do horário nobre têm um número de palavras inferior ao dos jornais diários. Ultimamente, essa proporção tem mudado um pouco, porque os jornais diários, influenciados pela linguagem televisiva, reduziram o tamanho de seus textos. A mesma situação também não se verifica nas TVs por assinaturas — a cabo ou por satélite — que em seus canais especializados em informação (CNN, Globo News) concedem ao jornalismo e, conseqüentemente, à palavra um espaço — que se mede em tempo — muito mais amplo.

Yorke, porém, não encara as restrições causadas pela limitação de tempo apenas pelo lado negativo. Segundo ele, "a necessidade de condensar obriga a uma constante revelação da transcendência de cada notícia e requer uma utilização comedida e precisa da linguagem falada" (Yorke, 1994: 43). Mais do que nunca, exige-se do texto simplicidade de expressão, que só é possível com um exercício incansável da capacidade de síntese e está muito longe de ser uma coisa fácil de alcançar como muita gente imagina ser.

O comentarista Celso Ming conta que certa vez teve de explicar pela TV um dos muitos pacotes de reforma econômica decretados pelo governo brasileiro (no caso, o Plano Verão). Ao contrário do que se poderia supor em se tratando de um assunto tão árido, ele considerou que o tempo de que dispunha para seu comentário — um minuto e meio — era uma "eternidade" no âmbito da narrativa televisiva. Ciente das restrições peculiares à TV, ele disse que nesses casos dá apenas para "aguçar a curiosidade do espectador, preparando-o para o jornal" (Ming, 1994: 68). Outro jornalista especializado em economia enfrentava freqüentemente o mesmo problema em suas intervenções de 30 segundos, no *Jornal Nacional*, da Rede Globo de Televisão. Para dar conta do recado, sem estourar os limites de tempo, Joelmir Beting planeja exaustivamente o seu texto.

> Num comentário de 30 segundos não se pode desperdiçar uma única palavra, deixar uma idéia não muito clara. E só escrevendo e reescrevendo duas, três, quatro vezes que se consegue chegar a um texto claro e enxuto, que não tenha palavras sobrando e nenhuma idéia confusa. Jamais, de improviso, você conseguirá fazer um bom comentário dispondo de um tempo tão curto. É um exercício diário de desenvolvimento de redação. (Beting apud Tramontina, 1996: 105)

A necessidade de transmitir informações com o máximo de clareza determina que as notícias para TV sejam "[...] escritas em estilo de conversação, a maneira informal através da qual uma pessoa comum fala" (Hall, 1971: 21). Inspirado, então, no discurso falado, o texto telejornalístico cumpre essa função fática, procurando consolidar-se como um contato informal com o telespectador. Ao escrever sua matéria, o jornalista de TV tem de pensar em tornar o texto inteligível para o locutor, a quem cabe lê-lo de forma compreensível para a audiência.

Em sua atuação diante das câmeras, o apresentador de notícias dá vida ao texto. Por meio de gestos, expressão facial, velocidade de leitura, pausas na locução, entonação e ênfase em certas palavras, a informação pode adquirir significados complementares. Acontece no telejornalismo mais ou menos o que se passa em uma telenovela. A palavra ganha novos contornos de sentido ao ser lida pelo apresentador e ouvida pelo telespectador. E, nesse instante, a comunicação entra no campo fascinante do imponderável. É impossível assegurar que determinada mensagem será percebida de acordo com a significação que o seu autor lhe conferiu e deseja transmitir ao público. Por isso mesmo, conceitos como o de manipulação e recepção passiva tornam-se extremamente frágeis.

O apresentador desempenha também um papel muito importante para estabelecer o clima de conversação com o telespectador. Como as notícias na TV não são impessoais, o impacto do noticiário vai depender muito da atuação do locutor, repórter ou comentarista na relação que mantém com a audiência. Nesse sentido, o *teleprompter*, um aparelho acoplado à câmera, que exibe continuamente as notícias a serem lidas pelo apresentador (substituiu a *dália*, rolo de cartolina em que se inseria o texto para facilitar a leitura), é um instrumento precioso que permite que se leia ou comente a notícia de olho no telespectador, por intermédio da câmera. Pelo *teleprompter* obtém-se o "efeito Mona Lisa": "[...] de qualquer ângulo que se olhe para a tela da TV, o olhar do locutor está ligado ao do espectador" (Gleiser, 1983: 35).

O apresentador pode falar diretamente para a pessoa que acompanha o telejornal, em casa, como se falasse de improviso, tal como ocorre em uma relação interpessoal. Dessa maneira, fortalece-se a função fática da linguagem e o telejornalismo quebra a sensação de unidirecionalidade na comunicação e o telespectador reage a esse tratamento pretensamente personalizado, agindo como um interlocutor de um diálogo.

Segundo pesquisas realizadas por Baggaley & Duck, o locutor que aparenta dar uma notícia sem consultar o *script* do noticiário demonstra ter mais autoridade e segurança (Baggaley & Duck, 1979: 22). Para reforçar essa imagem, os apresentadores combinam a espontaneidade — própria da linguagem coloquial e da função fática — com sobriedade, aparente no figurino (terno e gravata) e maquiagem (inclusive no corte de cabelo), símbolo do profissionalismo. Com tudo isso, pelo carisma, pela simpatia, cria-se o clima para se obter, mais do que o consentimento, a cumplicidade do telespectador, nessa conversa íntima, que rompe a barreira da privacidade.

Iván Tubau fornece a fórmula para elaborar a mensagem jornalística com a aparência de uma conversação: "Sempre devemos ter em conta que não falamos para quem nos rodeia na gravação ou na transmissão, nem para uma audiência numerosa e sim para umas poucas pessoas que nos ouvem em suas casas" (Tubau, 1993: 107).

A mesma observação está presente no *Television News* ao recomendar que o redator de notícias deve "[...] olhar a audiência como uma única pessoa e não como uma grande massa sem rosto" (Fang, 1972: 159). Squirra desenvolve essa concepção, esclarecendo que o jornalista no momento de preparar o noticiário televisivo precisa concentrar-se "neste único assistente, que está ouvindo e tentando entender o que ele quer transmitir (Squirra, 1990: 65).

Com um texto desses nas mãos, o apresentador de telejornais pode estabelecer uma relação afetiva com o telespectador. E para facilitar esse clima de conversa íntima, Tyrrel explica que "[...] alguns apresentadores começam imaginando sua mulher ou seus amigos atrás das câmeras" (Tyrrel, 1972: 157).

Dino Pretti ressalva, entretanto, que no telejornalismo, tal como acontece em programas educativos, configura-se "um estilo marcado por um planejamento verbal mais cuidadoso" que leva "a um resultado que definiríamos como uma linguagem falada [...] própria das situações formais". Essa oralidade produzida, já conceituada anteriormente, torna-se mais evidente ao se confrontar a leitura do texto noticioso pelo apresentador de telejornal com "os breves depoimentos colhidos de improviso, que escapam do implacável corte do trabalho final de edição" (Pretti, 1991: 234).

Por outro lado, troca-se a aparência de "naturalidade da fala" pela impressão do "oral lido", quando, em respeito ao mandamento de que se deve cortar as falas que ultrapassem 30 segundos, substitui-se "[...] parte dos depoimentos por uma voz em *off* que resume o que o falante originalmente está dizendo" (id. ibid., 1991: 235).

O modelo norte-americano

No artigo "Brasil, Imprensa e Capitalismo Dependente", José Marques de Melo explica como, logo após a Segunda Guerra Mundial, o jornalismo brasileiro passa a sofrer a influência norte-americana. Sem se libertar da vassalagem ao Estado, a quem sempre a imprensa esteve atrelada, a imprensa nacional passa a subordinar-se "também ao capital estrangeiro que se torna o maior anunciante" (Marques de Melo, 1982: 77).

Desde o financiamento das empresas jornalísticas em suas diversas etapas — agenciamento de publicidade, modernização tecnológica — até a implantação de técnicas de produção jornalística, a intervenção do modelo dos Estados Unidos, a partir daquela data, intensificou-se progressivamente. Embora incontestável, a influência norte-americana sobre o jornalismo brasileiro, no entanto, não se concretiza assim tão automaticamente, como se fosse um simples transplante de conceitos e técnicas. Nessa hora, conforme assinala Carlos Eduardo Lins da Silva, as peculiaridades culturais interferem diretamente nesse processo, promovendo não uma mera transposição, mas um ajustamento. Apesar, então, de assumir, às vezes acriticamente pressupostos do modelo americano, o jornalismo brasileiro "[...] quase sempre os adapta às suas características e conveniências, mas em qualquer circunstância, resulta num produto diferente do modelo" (Lins da Silva, 1991: 147).

Os reflexos dessa dependência não tardaram muito a se manifestar na televisão brasileira. Diversos estudos dedicaram-se ao exame dessa questão. Em Televisão e capitalismo no Brasil, Caparelli (1982) descreve as fases do desenvolvimento da TV em nosso país, destacando a permanente incidência do capital norte-americano. Em outra direção, Sérgio Mattos (1982) ressalta a vinculação entre a revolução militar de 1964 e o crescimento da televisão brasileira. Outros trabalhos referem-se especialmente à história da instalação da Rede Globo de Televisão mediante sua associação com o grupo Time-Life: Herz (1987); Almeida Filho (1976). Ao mesmo tempo, Marques de Melo (1979) explicitou, por um estudo da programação das emissoras nacionais, de que modo a televisão servia como instrumento do neocolonialismo.

Se a TV sofria, assim, de maneira tão eloqüente, a influência dos Estados Unidos, era de se esperar que essa situação se repetisse na área do telejornalismo. Em um dos manuais pioneiros da técnica de redação jornalística para a televisão, o célebre apresentador do *Repórter Esso*, Gontijo Teodoro (1980), já deixava implícita a influência do modelo norte-americano.

O autor indicava a pirâmide invertida e o *lead*, dois conceitos importados dos Estados Unidos, como fórmula única para a construção da notícia. Recomendava também a necessidade de ajustar a informação verbal à visual e o emprego de uma linguagem jornalística baseada em uma sucessão de manchetes, escritas na forma direta e em frases curtas. Sem mencionar o coloquialismo como fonte, Teodoro relaciona 26 regras básicas para o texto de telejornalismo, muitas delas pertencentes ao modelo norte-americano.

Entretanto, as evidências mais notáveis da inspiração do telejornalismo brasileiro no modelo norte-americano viriam a se manifestar mais tarde, no telejornalismo da TV Globo: eram as Normas Básicas de Redação do 'Jornal Nacional', que de forma praticamente inevitável foram copiadas ou adotadas em todos os outros telejornais concorrentes (Squirra, 1993: 115).

Em 1985, a influência norte-americana se consolida com a edição do *Manual de Telejornalismo da Central Globo de Televisão*. Baseado no livro *Television News*, segundo admite a própria Rede Globo na introdução, o Manual adapta princípios do jornalismo americano às peculiaridades culturais brasileiras. Apesar de destinar-se exclusivamente aos profissionais da Rede Globo, "serviu como referência principal para as poucas obras que normatizam a prática do telejornalismo brasileiro" (Squirra, 1993: 116). Uma dessas obras, editada pela mesma Rede Globo (Mello e Souza, 1984), no capítulo especial sobre redação telejornalística enriquece as regras do *Manual* com comentários do autor.

Outra aparência do aproveitamento do *Television News* na transposição do modelo norte-americano para o telejornalismo brasileiro é o *Manual de Repórteres e Editores* da extinta TV Manchete, publicado na revista *Comunicação*, número 29, pelo Departamento de Jornalismo da Bloch Editores. O periódico não indica a data precisa de sua publicação, o que impede de saber se ocorreu antes ou depois da edição do *Manual da Globo*. O que importa, contudo, é o conteúdo dos dois manuais, praticamente idênticos, apresentando diferenças irrelevantes.

CAPÍTULO 8

O estilo telejornalístico

O emprego do texto no lugar da imagem à maneira do contador de histórias tem ampla receptividade no público telespectador.

Boris Casoy

Um dos mandamentos básicos dos manuais de telejornalismo inspirados no modelo norte-americano é o estilo denominado de *hard news*, assim descrito por Evandro Carlos de Andrade, com a autoridade que a função de diretor da Central de Telejornalismo da Rede Globo lhe outorgava, em entrevista concedida à *Folha de S.Paulo*.

Em televisão não se pode ser dissertativo. Um telejornal vale por uma primeira página. Não podemos ser criteriosos nem dar coisas irrelevantes para agradar aqui e ali. Não é sincera essa crítica de que o "JN" não se aprofunda. Porque o povo quer meia hora mesmo. Nos EUA, os jornais entram todos às 19h, todos no mesmo tamanho, porque foi mais do que medido o tempo em que se esgota o interesse por novidades. Necessariamente superficial, baseado na imagem. Isso é um telejornal que é diferente de um jornal impresso. (Andrade apud Padiglione, 1997)

Há alguns anos, Boris Casoy criticou essa característica da televisão brasileira. Para ele, essa superficialidade excessiva no processo de produção telejornalística provinha da adaptação de uma concepção de telejornalismo, muito diferente do modelo europeu e da prática adotada nas emissoras estatais, em que, por disporem de mais tempo, faz-se uma cobertura mais profunda dos fatos. Segundo Casoy, a TV "[...] usa o ritmo, a sintetização, a matéria curta, para evitar que as pessoas pensem", transformando os telejornais brasileiros em uma primeira página mal explicada", porque os repóteres "têm vergonha de explicar um fato" (Casoy In: Vieira, 1991: 71).

Em depoimento a Sebastião Squirra, anos depois, Boris Casoy explicitou mais minuciosamente os equívocos que ocorreram no processo de transposição de princípios do modelo norte-americano ao telejornalismo brasileiro. Sob o argumento de que, ao se inspirar distorcidamente nos receituários estéticos do telejornalismo norte-americano, a TV exacerbou na forma em detrimento do conteúdo, afirmou que durante "[...] o governo militar, esse tipo de jornalismo de televisão salvou as aparências: os repórteres engessados numa pauta rígida, sem qualquer tipo de opinião, cumprindo apenas o restrito papel que lhes era destinado". Conforme Casoy, a busca desse padrão formal interferiu na "escolha a dedo dos profissionais que desempenhariam essas funções, moças e rapazes bem vestidos, bem penteados, sempre muito jovens", os quais "com raras exceções, desempenhavam mais o papel de atores do que de repórteres" (Casoy apud Squirra, 1993: 124).

Equívocos à parte, pelo modelo de telejornalismo vigente no Brasil, o ato de redigir sempre de olho no relógio, constrangido pela limitação do tempo, somado às propriedades de uma comunicação oral, requer que a apreensão do texto telejornalístico deve ser imediata. Por ser impossível voltar atrás e rever a informação, como permite o jornalismo impresso, a notícia em televisão deve ser entendida imediatamente, objetivo que só se concretiza graças à utilização de uma linguagem coloquial.

A jornalista Vera Iris Paternostro, editora do *Globo News*, define as virtudes do estilo coloquial no noticiário de televisão sempre de acordo com o universo cultural do público telespectador.

A busca do coloquial consiste, principalmente, na necessidade de se encontrar um nível comum de entendimento para a mensagem que se vai transmitir. Quanto mais palavras [...] forem familiares ao telespectador, maior será o grau de comunicação. Uma mensagem com um texto simples tem capacidade de atingir um maior público heterogêneo (classes sociais, instrução e idades diferentes). (Paternostro, 1987: 55)

Mas o que é aparentemente um trabalho fácil — escrever de forma clara, simples e precisa — exige talento e muita dedicação para não se perder no imenso emaranhado de palavras que o léxico da língua portuguesa possui. Por esse motivo, Albertino Cunha chama atenção para "esse repertoriado que confunde o redator de telejornais", em que "poucas são as palavras que exprimem uma idéia uninominal" (Cunha, 1990: 77). Esses termos de sentido polissêmico são chamados de *palavras-ônibus*, por terem um "larguíssimo número de acepções, prestando, dentro de uma certa faixa, à expressão de numerosíssimas idéias" (Cunha, 1990: 138).

Atento a essa dificuldade, Pedro Maciel relembra a advertência feita por Eduardo Coutinho quanto à inconveniência de imagens mudas, desacompanhadas de comentários que as esclareçam. Só que no caso, Maciel refere-se aos possíveis prejuízos que uma redação inadequada pode causar pela criação de expressões ambíguas ou até mesmo de sentido totalmente indeterminado: "A informação só tem valor como informação quando permite apenas uma significação" (Maciel, 1993: 34).

Além do mais, Squirra comenta que "[...] ouvido tem menos paciência que os olhos e fica desorientado quando contamos a ele uma história de forma monótona ou rica demais em detalhes" (Squirra, 1990: 66). Por essa razão, o redator de telejornalismo tem de encontrar aquela forma de expressão que torne a mensagem acessível à — senão toda — maior parte da audiência. Tudo pelo motivo crucial de se estar em perfeita sintonia com o telespectador que assiste ao noticiário, todo o discurso jornalístico, do vocabulário mais usual à sintaxe mais simples, deve organizar-se em função de seu destinatário final — a audiência — e de seu intermediário — o apresentador que o lê em voz alta.

A partir das características de um telespectador padrão, tal como Edgar Morin o define na sua obra clássica *Cultura de massa no século XX — O espírito do tempo* (Morin, 1967), seja verbal ou icônica, "a linguagem dos telejornais [...] é simples, buscando um denominador referencial comum à maior parte do telespectador". (Morán, 1986: 27). Aparentemente limitada e empobrecida, "porque não consegue captar todas as dimensões do referente", a linguagem telejornalística tende mesmo a simplificar-se mediante formas estereotipadas que ajudam na decifração instantânea do sentido (Morán, 1986: 27). Justifica-se, assim, o emprego de bordões — "Isto é uma vergonha" — e de rótulos — "neoliberal, "terroristas" — como recurso para uma comunicação rápida e acessível.

Em sua prática telejornalística, Boris Casoy, conduz todo o seu trabalho sintonizado nesse telespectador padrão: "Tudo o que eu faço é pensando no telespectador médio, não faço televisão para os outros jornalistas" (Casoy apud Tramontina, 1996: 66). Boris representa esse espectador médio com base "nas conversas" que ouve "nas ruas" e nas curiosidades que lhe apresentam (id. ibid.: 75).

E qual a linguagem que está ao alcance desse telespectador padrão? Yorke diz que "o público está acostumado a escutar palavras e frases cotidianas" que devem ser expostas "com autoridade, sem perder o estilo amistoso e informal para atrair e manter o interesse" (Yorke, 1994: 43). Por palavras cotidianas, deve-se entender aquelas que Luís Fernando Veríssimo descreveu com tanta graça e propriedade em sua crônica "O gigolô das palavras".

Nessa categoria, não se incluem todo e qualquer termo cujo significado não for de domínio público (estrangeirismos, formas pedantes, gírias, jargões técnicos, termos eruditos ou já em desuso). Os manuais de telejornalismo relacionam, inclusive, uma série de expressões típicas de um linguajar ora rebuscado — evidenciado pela erudição —, ora vulgar — pelo emprego exagerado de clichês. De um modo ou de outro, o resultado que se obtém com a aplicação desse linguajar é um texto confuso, nada objetivo e informativo e desinteressante para o público.

Ivor Yorke ressalva, porém, que em determinadas circunstâncias excepcionais, quando se está pressionado pela urgência de se divulgar uma notícia, é perfeitamente compreensível recorrer a uma frase feita, que vem "mais rápida à mente do redator", no lugar de "um comentário personalizado e elegante" (Yorke, 1994: 103). O autor, no entanto, ressalta que esse procedimento deve ser evitado e seu uso restrito somente a situações extraordinárias.

O uso de um vocabulário acessível e de uma sintaxe simples alcança maior eficácia quando se encaixa no ritmo adequado ao telejornal que se produz. Segundo Paternostro, o ritmo facilita a "captação da mensagem e a apreensão da informação", porque favorece "a concentração de quem está assistindo à TV" (Paternostro, 1987: 46).

A autora indica dois procedimentos para trabalhar o ritmo do texto: frases curtas que, utilizadas em série, dão "um sentido de ação à notícia e passa a informação ao telespectador sem rodeios" e "uma pontuação bem colocada" para determinar "as pausas e o tom que se deseja" (id. ibid.: 43).

O grau de atenção e interesse do telespectador pelo noticiário decorre, assim, diretamente do ritmo narrativo, determinado, em grande parte, pela exposição verbal. Regra que se aplica não só ao telejornalismo, mas em qualquer contexto comunicacional, a apresentação de uma mensagem requer, além da clareza, um *timing* uniforme. É preciso encontrar o tempo certo para impedir que a apresentação das notícias seja lenta, a ponto de irritar e provocar a dispersão, nem demasiado rápida, atropelada, de maneira a prejudicar o entendimento da mensagem transmitida.

Por ser destinado à audição, o texto de TV deve possuir uma outra virtude, a sonoridade das palavras. Em depoimento a Carlos Tramontina, Joelmir Beting conta que, ao longo de sua vida profissional, passou a perceber que um texto que "soasse como música poderia agradar mais facilmente" (Beting apud Tramontina, 1996: 89). Joelmir revela como faz para juntar musicalidade e métrica na construção do ritmo.

> Você tem de falar assim: pá-pá-pá/pa-pá-pá! Com isso as pessoas começam, sem perceber, a sentir o ritmo gostoso da fala. Para chegar a esse resultado eu até forço um pouco a rima em algumas situações. Se eu ponho "economia", eu vou rimar com "carestia" e não com "inflação"; eu faço "taxa cambial" com "ajuste fiscal" [...] Eu uso mesmo e não tenho medo de fazer isso, tenho de botar molho nesse texto porque o material é realmente pesado e o telespectador não agüenta um minuto de conceito econômico. (Beting apud Tramontina, 1996: 90)

Quanto mais coloquial for o tom que o jornalista vier a imprimir na mensagem que elabora, maior será o grau de comunicação afetiva com o telespectador. Segundo Pedro Maciel: "Apesar da força da imagem na televisão, que é capaz de emocionar, é através da palavra, dos gestos e dos sentimentos mostrados no rosto que vamos mexer mais profundamente com a emoção dos telespectadores" (Maciel,

1995: 20). Funciona aí, com toda a intensidade, a aliança entre a palavra e elementos extra-segmentais.

Baseado no *Television News*, o *Manual de Telejornalismo da Rede Globo* dá uma idéia bem clara de como deve ser essa junção da palavra com outros elementos expressivos. A despeito de ser uma tradução do livro norte-americano, a descrição do processo chega a ser quase uma materialização da função fática predominante no discurso televisivo.

[...] é como se a gente abrisse a janela e contasse para o vizinho a novidade do dia. Se a gente fizer assim certamente começará o papo com uma expressão do gênero: Ei, João, sabe o que aconteceu? — esse é um truque que você deve usar na hora de escrever uma notícia. Imagine que você está contando alguma coisa para alguém. Sempre que escrever, imagine uma pessoa — é com ela que você vai conversar, é pra ela que você vai transmitir a sua informação. Não esqueça que é importante motivar a pessoa para que ela receba o seu recado. (Rede Globo de Televisão, 1984: 9)

Pelo coloquial atinge-se, portanto, o propósito máximo da comunicação de massa: uma mensagem acessível ao maior número de pessoas. Uma mensagem acessível do ponto de vista intelectual — pela clareza das informações divulgadas — e emocional — pela simulação de um contato interpessoal, próprio da função fática da linguagem, tocando afetivamente o telespectador.

Uma prática muito comum no estilo de conversação que caracteriza o coloquial é a repetição de palavras. "A repetição é um instrumento usual de redação, particularmente quando se escreve para o 'ouvido' porque a idéia contida em uma palavra é reforçada pela repetição da palavra" (Fang, 1972: 175). Nessa mesma linha, o *Manual de Telejornalismo da Globo* recomenda não se ter receio de repetir nomes de lugar, de repartição ou de pessoas: "Repetir palavra não tem problema. E ajuda, geralmente, a chegar ao coloquial, ao espontâneo" (Rede Globo de Televisão, 1984: 48).

Em nome do ideal da clareza na comunicação, a estrutura sintática direta é a mais compatível com o estilo coloquial. Tubau destaca que "no jornalismo oral a seqüência sujeito + verbo + complemento (há exceções, mas poucas), é a sagrada escritura" (Tubau, 1993: 71).

A ordem direta surge, então, como regra a ser seguida e se admite o uso das frases intercaladas, mas somente quando estas são bem curtas e não prejudicam o entendimento da mensagem, nem o ritmo do texto.
A opção pela ordem direta no jornalismo impresso torna-se ainda mais justificável na televisão, em que a notícia é transmitida em língua falada. "Numa conversa, começa-se a frase com a oração principal, jamais com uma coordenada e, muito menos, com uma subordinada" (Mello e Souza, 1984: 213). Essa é, por sinal, a razão para se rejeitar o uso do gerúndio no início das frases.
A busca da expressão simples, precisa e clara requer do jornalista de televisão, muitas vezes, o recurso a exemplos e comparações. Um recurso muito útil e eficaz para aumentar o grau de entendimento de uma notícia é a metáfora. Para Tubau, "[...] conseguir uma boa metáfora significa captar com justeza o que se corresponde à vida cotidiana" (Tubau, 1993: 75). Green assinala também que "o significado dos acontecimentos complicados se transmite com freqüência de modo mais rápido por meio da metáfora" que "não pode ser obscura [...] mas clara como o cristal" (Green, 1973: 100). Para o jornalista Jorge Pontual, a metáfora representa também uma forma lingüística imprescindível no telejornalismo: "O repórter não precisa ser um poeta, mas tem que saber usar imagens metafóricas, construir um texto atraente" (Pontual, 1994: 104).

Concisão e precisão

Entre muitas outras recomendações detalhadamente relacionadas nos manuais de telejornalismo, outra se sobressai por sua vinculação com o coloquial. Na linguagem falada, é comum usar o presente do indicativo ou o futuro composto no lugar do futuro simples para se referir a um evento que vai acontecer. O *Manual da Globo*, com base nisso, observa: "É melhor dizer 'O presidente viaja amanhã', do que dizer 'O presidente viajará amanhã'. Ou então: 'O governador vai dizer, na semana que vem, se é candidato' em vez de: 'O governador dirá, na semana que vem, se é candidato'." Ainda quanto aos verbos, sugere-se o emprego da voz ativa no lugar da passiva, por dar mais força, agilidade e clareza à redação.
À clareza, inseparavelmente, o texto telejornalístico deve juntar outras duas qualidades de caráter mais formal: a concisão e a precisão.

Esses dois atributos transparecem na expressão *deadword*, empregada pelo *Television News* (Fang, 1972: 169). O *Manual de Telejornalismo da Rede Globo* identificou na obra de Carlos Drummond de Andrade uma versão bastante fiel do conceito formulado no manual norte-americano: "Escrever é cortar palavras" (Rede Globo de Televisão, 1984: 11).

Cláudio Mello e Souza esclarece o sentido dessa recomendação, traduzindo o que prescreve o *Television News*: "Se a palavra não é necessária, corte. Se a frase não acrescenta nada à informação, não use a frase" (Mello e Souza, 1984: 208). O *Manual de Telejornalismo da Rede Globo* complementa a orientação, enfatizando que "[...] o que se quer é um texto coloquial com as palavras bem escolhidas, usadas na hora certa e no ritmo certo" (Rede Globo de Televisão, 1984: 11).

Na seleção vocabular, o jornalista de TV deve dar prioridade às palavras mais conhecidas e precisas em seu significado, evitando a utilização daquelas que, pelo duplo sentido, possam confundir o telespectador. Deve adotar ainda um outro critério seletivo: o comprimento das palavras. O ditado popular "tamanho não é documento" tem aqui um valor literal muito maior, porque os manuais de redação são veementes na preferência pelas palavras curtas.

Irving Fang recorre a Churchil e Mark Twain para exemplificar essa preferência. Do estadista inglês, extrai a citação: "As palavras curtas são as melhores. E as palavras curtas, quando são velhas, são as melhores" (Fang, 1972: 168). Do escritor norte-americano, relembra a afirmação bem-humorada: "Eu nunca escrevo 'metrópole por sete cents, quando eu ganho o mesmo para escrever 'cidade'" (id. ibid.: 175). Segundo o autor do *Television News*, "as palavras polissilábicas [...] são freqüentemente termos abstratos ou adjetivos e verbos raramente usados" (id. ibid.: 168).

Aliás, pede-se muito cuidado no uso de adjetivos e advérbios. Os manuais de redação advertem que eles dever ser empregados apenas quando forem imprescindíveis à clareza da mensagem. Empregá-los só para embelezar a frase ou estender um período é injustificável. Sempre convém lembrar a máxima de Carlos Drummond de Andrade: "Escrever é cortar palavras". E ao cortar, deve-se começar pelo supérfluo.

Feitos os parênteses, pode-se voltar à questão do tamanho das palavras. Os manuais da Globo e o da extinta TV Manchete — idênticos, sem ter o que tirar nem pôr, reproduzem as prescrições do *Television News*, ao qual fazem referência explícita.

Aí está o outro segredo de um bom texto de televisão. A palavra longa geralmente sugere coisa abstrata. A frase é um pacote de informação — compara o *Television News* — e a informação em palavras longas é um pacote pesado demais. Evidente que você não poderá evitar sempre a palavra longa e abstrata. Mas, se tiver de usar, use em frases curtas. (*Comunicação*, 29: 9-10)

O interesse pelo processo de construção da notícia despertou a atenção de pesquisadores, sobretudo para questões relativas à legibilidade e à inteligibilidade das mensagens. Vários estudos foram realizados abordando aspectos da linguagem jornalística: tamanho e complexidade de frases, porcentagem de palavras de significado abstrato, além de outros.

Uma pesquisa, em especial, teve como seu objeto de investigação o desafio de como redigir com clareza em telejornalismo. Transformada em tese de doutorado, a pesquisa analisou *scripts* de 36 noticiários de TV e edições dos seis maiores jornais norte-americanos. No final de seu trabalho, feito com a ajuda de um computador, o autor elaborou uma fórmula para se escrever adequadamente notícia para televisão.

A *Easy Listening Formula* [Fórmula para o entendimento fácil] propõe a contagem de todas as palavras de acordo com o número de sílabas. Palavra com uma sílaba equivale a zero, com duas sílabas, um ponto, três sílabas, dois pontos, quatro sílabas, três pontos, e assim por diante. Se a soma total for de no máximo 20 pontos, o período está com um tamanho bom. Se a contagem ultrapassa esse limite, sugere-se eliminar palavras, a começar pelos adjetivos e advérbios desnecessários. Agora, se mesmo assim não se reduz o número de pontos, o procedimento recomendável é desdobrar o período em duas ou mais frases (Fang, 1972: 167-8).

Da língua inglesa, pode-se aproveitar uma outra indicação. Segundo Yorke, "considerando que, no caso do idioma inglês, é possível dizer três palavras em um segundo, uma história de 30 significa que o redator deve utilizar no máximo 90 vocábulos" (Yorke, 1994: 89). A utilidade dessa constatação se torna evidente quando se tem em conta que as notícias de televisão — tal como os comerciais — de certa forma seguem o padrão dos 30 segundos.

Apesar de relativas ao âmbito restrito da língua inglesa, que, por sua própria constituição, favorece a prática de uma redação mais enxuta, mais concisa, os manuais de telejornalismo adotados no Brasil aconselham o uso da fórmula, como um meio para se chegar a um texto simples e claro. É lógico que só isso não basta como requisito para a redação de qualidade no telejornalismo. É preciso mais do que isso: cultura, criatividade e um permanente exercício da técnica e da arte de redigir. Mas trata-se, sem dúvida, de uma orientação bastante proveitosa, que pode ajudar muito o jornalista talentoso.

PARTE 2

II — EVIDÊNCIAS EMPÍRICAS

Telejornalismo Brasileiro:
História, Tecnologia e Gêneros

CAPÍTULO 9
Retrospectiva do telejornalismo brasileiro

Espelho cor-de-rosa do regime militar,
a televisão brasileira não nasceu e nem morreu com ele,
mas lhe deve a potência que é hoje.
Gabriel Priolli

A definição do objeto desta pesquisa começa por uma breve retrospectiva do telejornalismo no Brasil. Esse traçado temporal pretende enfatizar um aspecto: os recursos de linguagem aplicados nos telejornais ao longo da história da televisão brasileira. A opção por essa prioridade condiz com a essência da obra, sem ignorar a relevância de questões de outra natureza — política e tecnológica, entre outras.

Dois dias depois de seu nascimento, no dia 20 de setembro de 1950, a estação pioneira de TV no Brasil, a TV Tupi, Canal 6 de São Paulo, lançava ao ar a edição inaugural de seu primeiro telejornal: *Imagens do Dia*. A pequena equipe formada pelo redator e apresentador Ruy Resende e os cinegrafistas Jorge Kurjian, Paulo Salomão e Afonso Ribas produzia todas as noites um noticiário que "[...] constava de uma seqüência de filmes dos últimos acontecimentos locais" (Sampaio, 1971: 23). O desfile cívico-militar pelas ruas de São Paulo foi a primeira reportagem filmada exibida.

A TV Tupi de São Paulo criou, em janeiro de 1952, outro noticiário. Transmitido diariamente às 21 horas, o *Telenotícias Panair* era produzido pela equipe de jornalismo da emissora. O telejornal mais importante da TV brasileira da década de 1950, no entanto, só iria

105

surgir pouco depois. Primeiro, em 1952, na TV Tupi do Rio, comandado pelo seu único apresentador, Gontijo Teodoro, e, no ano seguinte, na TV Tupi de São Paulo, o *Repórter Esso* se firmou por muitos anos no horário nobre da noite. Seu conteúdo abrangia o noticiário nacional e internacional veiculado inclusive por meio de filmes.

Como seria razoável supor, os telejornais eram produzidos precariamente e careciam de um nível mínimo de qualidade. As falhas se originavam tanto das grandes deficiências técnicas quanto da inexperiência dos primeiros profissionais, a maioria procedente das emissoras de rádio. A repercussão dessas falhas na comunidade, no entanto, era muito pequena, pelo limitadíssimo número de pessoas que tinha acesso às imagens de TV. Possuir um televisor, naqueles tempos, simbolizava "regalia" e *status*, medido pelo número de televizinhos, cada vez mais crescente à medida que o hábito de ver televisão se espalhava.

Por causa dos obstáculos que impediam as coberturas externas, o jornalismo direto do estúdio, "ao vivo", ocupava quase todo o tempo dos noticiários, "no mínimo como uma alternativa simples e econômica". O uso da câmera de filmar de 16 milímetros, sem som direto, principal inovação técnica à disposição do telejornalismo brasileiro na década de 1950, não bastou para atenuar a influência da linguagem radiofônica sobre os telejornais. Prova disso eram os noticiários redigidos sob a forma de "texto telegráfico" e apresentados com o estilo "forte e vibrante" copiado da locução de rádio (Leandro & Costa, 1977: 87).

O *Repórter Esso*, da Rede Tupi, representava a típica manifestação desse modelo de telejornalismo produzido e apresentado por "gente que vinha do rádio". Em termos visuais "todos os telejornais eram parecidos: uma cortina de fundo, uma mesa e uma cartela com o nome do patrocinador" (Barbosa Lima, 1985: 9). O *Repórter Esso* espelhava assim as duas características mais evidentes na fase inicial da TV brasileira: "[...] a herança radiofônica e a subordinação total dos programas aos interesses e estratégias dos patrocinadores" (Priolli, 1985: 23).

Em sua primeira fase, a TV no Brasil "era totalmente baseada na fala, com pouca visualização". A programação televisiva apresentava um baixo índice de noticiários, "[...] porque na competição com o rádio ela perdia em relação à instantaneidade" (Furtado, 1988: 60). Por causa da demora na revelação e montagem dos filmes, a transmissão de imagens dos fatos sofria um atraso de até doze horas entre o acontecimento e sua divulgação nos telejornais. E essa situação só se alterou com o *Repórter Esso*, em que o apoio de um anunciante de grande porte e o acordo com a agênciasde notícias norte-americana United Press International (UPI) proporcionou a libertação da narração exclusivamente oral e o uso mais freqüente de matérias ilustradas.

No início da década de 1960, a TV brasileira recebe o impulso da exibição de filmes estrangeiros dublados e da chegada do videoteipe, encomendado especialmente para registrar a inauguração de Brasília, a nova capital do país. Mas o avanço do telejornalismo, nessa época, decorreu não da novidade tecnológica e sim porque "[...] entrava numa fase de grande criatividade e expansão intelectual" (Barbosa Lima, 1985: 10). O símbolo dessa mudança foi o *Jornal de Vanguarda*, na TV Excelsior, a partir de 1962, dirigido pelo próprio Fernando Barbosa Lima.

Como o nome já exprimia, o *Jornal de Vanguarda* introduziu muitas novidades na concepção de telejornalismo. A principal foi a participação de jornalistas como produtores e — acontecimento inédito — como apresentadores das notícias cronistas especializados: Newton Carlos, Villas-Bôas Correia, Millor Fernandes, João Saldanha, Gilda Müller e Stanislaw Ponte Preta (com seus comentários satíricos sobre a realidade brasileira), entre outros.

Grande parte desse pessoal vinha do jornal para ter sua primeira experiência em um estúdio de TV, levando ao público seus comentários. Para complementar essa equipe talentosa, o texto jornalístico ganhava força na locução de Luís Jatobá e Cid Moreira. O cuidado com a imagem se refletia no visual dinâmico, em que se destacavam as caricaturas de Appe e os bonecos falantes de Borjalo.

A qualidade jornalística desse noticiário causou um impacto enorme pela originalidade de sua estrutura e forma de apresentação distinta de todos os demais informativos o *Jornal de Vanguarda*, além do prestígio no Brasil, obteve reconhecimento no exterior. Recebeu, na Espanha, em 1963, o prêmio Ondas, como o melhor telejornal do mundo e foi utilizado por McLuhan — um dos teóricos da comunicação de maior projeção — em suas aulas sobre comunicação.

Todo esse reconhecimento esbarrou, todavia, no golpe de 1964. O *Jornal de Vanguarda* resistiu ainda por algum tempo, até que, após a edição do Ato Institucional nº 5 pelo governo militar, a equipe resolveu extingui-lo para evitar "que ele morresse pouco a pouco, a cada dia, numa torturante agonia" (id. ibid.). Encerrava-se ali uma das passagens mais criativas e inteligentes da história do telejornalismo brasileiro.

Os limites da censura

Diante do rígido controle político por meio da censura, o telejornalismo brasileiro assume de vez o modelo norte-americano como inspiração. Ao tentar copiar o estilo e a forma, apenas no visual os informativos se parecem com o modelo. Dispensa-se a participação dos jornalistas como apresentadores e os locutores voltam a ocupar papel exclusivo na condução dos noticiários.

Apesar dos avanços técnicos — o videoteipe, câmeras de estúdio mais ágeis, a lente *zoom* em substituição à torre de lentes —, as mudanças na linguagem televisiva eram visíveis nas produções de entretenimento — novelas e shows. O telejornalismo — além da interferência política mais forte — continuava a padecer com a falta de um estilo próprio. Os telejornais ressentiam-se ainda da influência da linguagem radiofônica e caracterizavam-se pelo aproveitamento insatisfatório de seu potencial informativo mais expressivo: a imagem. Em comentário sobre a qualidade dos informativos, Luís Beltrão criticou os responsáveis pela produção dos noticiários. "Esta forma de expressão da TV — pela imagem e só subsidiariamente pela palavra — é que tem sido ignorada pelos editores do telejornalismo brasileiro, reduzido a um radiojornalismo televisado pela leitura de notícias ou a um misto de jornalismo falado, impresso e cinematográfico" (Beltrão, 1967: 103).

Nessa época, no fim da década de 1960, usavam-se mapas ou fotos e, mais raramente o videoteipe, como ilustração das informações verbais. Essa inadequação às peculiaridades da televisão levou o crítico de TV Luís Lobo a questionar a eficiência do jornalismo praticado pelas emissoras: "Ler um papel frente às câmeras não é informar. Mostrar uma foto que todo mundo já viu também não. Jornalismo de televisão tem de ser muito mais" (Lobo, 1969).

Avaliação parecida recebeu o telejornalismo brasileiro de outros críticos. Paulo César Ferreira denominava os telejornais de "audiovisual da notícia", por sua grande semelhança com os noticiários radiofônicos. Neste formato, prevalecia a voz do locutor "[...] sem nenhum compromisso de informar em termos de televisão [...] algo que faça parte de um bloco só; o repórter, a imagem e o som local". Já naquele tempo, o autor preconizava a necessidade de entrosamento entre a informação verbal e a visual: "Um texto bom pode apoiar um filme fraco, e um filme forte pode completar um texto, mas é preciso que sempre haja uma harmonia, e o vigor da informação se complete com o som e a imagem" (Ferreira: 10).

A televisão brasileira terminava a década cada vez mais alicerçada em três vertentes dos programas de entretenimento de grande apelo popular: as novelas, os enlatados (filmes e séries em sua maioria procedentes dos Estados Unidos) e os shows de auditório. No telejornalismo, dois fatos assinalam o começo de uma nova fase: a criação do *Jornal Nacional*, na Rede Globo de Televisão e o fim do legendário *Repórter Esso*, na já combalida TV Tupi, depois de anos e anos de existência, muitos dos quais como líder de audiência na televisão brasileira.

Era das redes

Em janeiro de 1969, o Brasil ingressava na era da comunicação espacial. As ligações por microondas e as transmissões via satélite possibilitavam a integração nacional e aproximação com o restante do mundo. Tornava-se, enfim, viável a formação de redes de TV, considerada pelo então diretor da Globo, Walter Clark, solução para a permanente crise que atormentava a televisão brasileira

Essa conjuntura abriu as perspectivas para o lançamento, em setembro de 1969, do Jornal Nacional, transmitido simultaneamente, ao vivo, para o Rio de Janeiro, São Paulo, Belo Horizonte, Curitiba, Porto Alegre e Brasília. Com recursos correspondentes à produção de "[...] um programa tão caro e caprichado como novela de maior Ibope, ao anunciar a criação do *Jornal Nacional* a Rede Globo salientou: 'Vamos lançar um telejornal para que 56 milhões de brasileiros tenham mais coisas em comum. Além de um simples idioma'" (*Veja*, 52: 68). Os objetivos reais que motivavam a iniciativa ligavam-se a interesses políticos e mercadológicos. Além de possuir um noticiário que lhe desse prestígio, a TV Globo queria competir com o *Repórter Esso*, da TV Tupi.

O problema não era somente pôr no ar o primeiro jornal em rede. Para os profissionais que trabalhavam na então TV Globo, Canal 4, o mais importante era lutar com o *Repórter Esso*, que, então, dominava o horário e tinha uma importante audiência cativa. Até porque, àquela época, a imagem do locutor Gontijo Teodoro, que apresentava o *Repórter Esso*, pontualmente às oito horas da noite, era teoricamente insubstituível. (Mello e Souza, 1984: 14)

Paralelo ao progresso tecnológico, o rigor no planejamento da produção identificava o novo modelo de telejornalismo: "Para manter o nível do noticiário na altura do avanço eletrônico que possibilita a formação da grande cadeia, as notícias e comentários serão escritos por redatores selecionados e não será permitida a improvisação [...]" (*Veja*, 52: 68).

Como contrapeso para suas virtudes técnicas, o *Jornal Nacional*, logo no início, teve de enfrentar o estigma que perseguiria a TV Globo por muitos anos: a afinidade ideológica com o regime militar. Na edição de estréia, o locutor Hílton Gomes anunciava, como manchete do dia, que o governo do país passava temporariamente o controle aos três ministros militares, por causa da doença do presidente da República, general Costa e Silva. O acaso evidenciava o que para muitos significava mais do que uma simples coincidência. A integração nacional pela notícia, via *Jornal Nacional*, e o endurecimento da ação do governo militar começavam no mesmo dia.

O sintoma do endurecimento foi logo notado pelo maior rigor da intervenção da censura sobre a imprensa e especialmente no *Jornal Nacional*. Conforme lembra Armando Nogueira, na época diretor da Central Globo de Telejornalismo, "O primeiro *Jornal Nacional*, em 1º de setembro de 1969, coincidiu com a doença do presidente Costa e Silva e ninguém pôde fotografar ou filmar no Palácio das Laranjeiras. Só conseguimos dar a notícia, assim mesmo em nota oficial" (Nogueira, 1988: 82).

Na continuidade do noticiário, revelava-se também, sem subterfúgios, a verdadeira face de quem exerce o poder no país. O primeiro videoteipe na estréia do *Jornal Nacional* exibiu o então ministro da Fazenda, Delfim Neto, transmitindo uma mensagem de otimismo, após sair de uma reunião com a Junta Militar. Logo no seu nascimento, ficava claro que a originalidade do *Jornal Nacional* residiria apenas na qualidade técnica, uma vez que o conteúdo estava sacrificado pela interferência da censura.

Nossa preocupação maior, quase que única, era operar convenientemente todo esse complexo mecanismo de televisão [...] do ponto de vista de conteúdo [...] nenhum de nós poderia estar empolgado naquele primeiro dia. Nossa preocupação em matéria de telejornalismo [...] não ia além da forma, do formato, da parte visual, porque sofríamos restrições ao exercício da plena liberdade de informação. (Nogueira, apud Mello e Souza, 1984: 12-3)

A glória de um e a derrocada de outro. Enquanto o *Jornal Nacional* imediatamente passava a comandar a audiência entre os telejornais do horário nobre, o *Repórter Esso*, o porta-voz da multinacional norte-americana revendedora de combustíveis, dava seus últimos suspiros, no último dia de 1970. O seu desaparecimento representava o fim de um modelo dominante no telejornalismo do Brasil durante muitos anos, que se tornou célebre pelos *slogans* "O primeiro a dar as últimas" e "testemunha ocular da história", entoados por outro símbolo do programa, o apresentador Gontijo Teodoro (Esquenazi, 1993: 25).

Crescer ou morrer. Esse o dilema que enfrenta o telejornalismo brasileiro. O "Repórter Esso" — com uma tradição de mais de 17 anos — vai acabar no próximo 31 de dezembro e muita gente acredita que, com ele, morrerá um estilo de noticiário televisionado que muito pouco evoluiu nos 20 anos de TV no Brasil: 15 a 20 minutos de programa em que o locutor — lendo notícias já divulgadas pelo rádio e até mesmo por jornais — ocupa mais o vídeo do que os curtos filmes de assuntos locais, sem muita importância, ou os velhos filmes de arquivo. (*O Estado de S. Paulo*, 8 de novembro de 1970)

A TV Bandeirantes de São Paulo, ainda em 1970, trouxe uma proposta nova de telejornal com os *Titulares da Notícia*. O principal atrativo do noticiário era a atuação da dupla sertaneja Tonico e Tinoco na apresentação de informações relativas ao interior do estado de São Paulo. Ainda sob o impacto do fim do *Repórter Esso*, a TV Tupi tentou superar o período de crise de seu telejornalismo com o *Rede Nacional de Notícias*. Transmitido ao vivo para várias capitais do país, o telejornal procurava, a partir do cenário, revelar sua identidade: os locutores apareciam em primeiro plano e uma sala de redação compunha o ambiente de fundo.

"O sonho de um telejornalismo diário, dinâmico e inteligente e voltado para a realidade brasileira" só se concretizou em uma emissora pública, a TV Cultura de São Paulo, em 1970. "*A Hora da Notícia* não tinha grande preocupação com a forma, nem obedecia a um padrão específico, mas todos os assuntos que abordava tinham forçosamente uma ligação direta com o telespectador" (Carvalho, 1979-80: 40). O telejornal dava prioridade ao depoimento popular a respeito dos problemas da comunidade. Essa mentalidade editorial, conduzida pelo editor do noticiário, Fernando Pacheco Jordão, teve uma resposta positiva do público, que colocou o programa como líder de audiência da TV Cultura.

Mas os tempos não eram fáceis. As razões que levaram o programa à liderança de audiência, a prioridade ao depoimento popular, não se coadunavam com os interesses políticos dominantes no país. Tanto que em sua gestão como diretor do departamento de jornalismo da TV Cultura, substituindo Fernando Pacheco Jordão a partir de 1974, Wladmir Herzog praticou seus ideais de jornalismo por muito pouco tempo e assim mesmo teve de pagar com a própria vida, no ano seguinte, vítima da intolerância política.

Se é que alguma coisa serve de consolo diante de uma tragédia, o assassinato de Herzog catalisou a indignação da sociedade civil e motivou a atitude do presidente Geisel contra o abuso da tortura que se praticava nas próprias dependências militares, por orientação de grupos políticos de ultradireita. Os detalhes de toda essa tragédia foram logo depois narrados pelo amigo e colega de Herzog, o próprio diretor de *A Hora da Notícia*, Fernando Pacheco Jordão (Jordão, 1979).

Naquele período, uma outra experiência telejornalística alcançou sucesso na TV Bandeirantes. Dirigida por Gabriel Romeiro, a equipe de jornalismo da emissora reformulou a linguagem do *Os Titulares da Notícia*. Além de dar também vez ao depoimento popular, o telejornal valorizava o trabalho do repórter, atribuindo-lhe, independentemente dos requisitos de aparência e voz bonita, a tarefa de divulgar as notícias. Com essa opção editorial, o noticiário ganhava mais credibilidade, porque quem estava no vídeo, transmitindo as informações, não era apenas um locutor, mas alguém que participara diretamente da cobertura dos acontecimentos.

Apuro técnico

A televisão brasileira na década de 1970, com a exceção desses fenômenos episódicos, caracterizou-se mesmo pelo desenvolvimento técnico. Quem mais se aproveitou disso foi a Rede Globo, com o aperfeiçoamento da qualidade de suas produções traduzido pela expressão "padrão global". Guiada, segundo João Rodolfo Prado, pela ideologia do mostrar para entreter, os programas constituíam uma programação rigorosamente uniforme, não permitindo convites para a mudança de canal (Prado, J. Rodolfo, 1973: 22).

O planejamento primoroso refletia-se em toda a programação, mas se realçava ainda mais em outro programa, *Fantástico — o Show da Vida*. Idealizado por Bonifácio de Oliveira e Borjalo, em 1973, representou uma mudança radical na programação nas noites de domingo, mediante uma combinação harmoniosa de entretenimento e jornalismo (mais na linha do espetáculo para se ajustar ao tom diversional do programa).

Essa concepção de apuro formal estava presente no telejornalismo da Globo ao longo da década de 1970. Contudo, mesmo "[...] contando com as recentes câmeras portáteis de videoteipe, que substituíam com grande vantagem técnica as câmeras cinematográficas, ganhava em mobilidade e beleza, mas seguia amordaçado" (Priolli, 1985: 36). Porém, o cuidado com a forma de apresentação das notícias — visível na escolha dos cenários, dos locutores, na qualidade das imagens e na edição das matérias — tinha, por seu lado, suas compensações. A mais importante era a possibilidade de cada vez mais adequar-se às potencialidades de linguagem da televisão.

Claro que não foi a Globo que criou o telejornalismo, mas foi ela que eliminou o improviso, impôs uma duração rígida no noticiário, copidescou não só o texto como a entonação e o visual dos locutores, montou um cenário adequado, deu ritmo à notícia, articulando com excelente "timing" texto e imagem (pode ser que você não se lembre, mas com a Globo começamos a assistir a esta coisa quase impossível: os programas entrarem no ar na hora certa). (Pignatari, 1984: 14)

A interação cenário-locutor sempre merecia uma atenção especial dos produtores do *Jornal Nacional*. No tempo em que a TV Globo era chamada de "vênus platinada", Luís Gleiser definiu assim essa inter-relação:

> [...] é tudo cinza-azulado como nos tempos da TV branco-e-preto, do paletó e gravata ao cabelo e ao cenário. Este avatar de cores da emissora (platina e azul, cores frias e raras nos trópicos, onde como por acaso fica o Brasil) parece trabalho num bloco de gelo, e é executado, iluminado e mantido com a mais rigorosa exatidão. (Gleiser, 1983: 32)

Os cuidados com o visual se complementavam com a criteriosa seleção dos locutores. O diretor-geral da Globo, Boni, tinha a firme convicção de que "além da correção, da boa voz, do timbre bonito", os telejornais da Globo se beneficiariam muito com a "presença de apresentadores que fossem competentes e de boa aparência" para atrair o público majoritariamente feminino das telenovelas (Boni apud Mello e Souza, 1984: 226). Tratava-se de um recurso estratégico para evitar que na passagem da novela para o *Jornal Nacional* essa grande faixa da audiência mudasse de canal.

O escolhido para encarnar o *Jornal Nacional* foi Cid Moreira, profissional experiente que já se havia destacado no *Jornal de Vanguarda*. Cid Moreira passou a ser um símbolo da "filosofia" do programa, papel que cumpriu com eficiência irretocável e prestígio popular inabalável até 1996.

> Cabelos prematuramente grisalhos, ar concernido, voz barítono a baixo conforme as necessidades, a presença diária de Cid é um exemplo raro de neutralidade no sentido de constância, homogeneidade e monotonia (i.e., um único tom, sempre o mesmo) que ele "imprime" a qualquer notícia, ressaltando o tom pela rigidez de postura à leitura, olhos postos no miolo da lente da câmera, ou seja no telespectador em casa. (Gleiser, 1983: 31-2)

Outros locutores do *Jornal Nacional*, todos do sexo masculino, até o final da década de 1980 (Sérgio Chapelin, Marcos Hummel, Celso Freitas, Carlos Campbel), tinham seu estilo próprio que se encaixava no "padrão global". Conciliavam suas apresentações com a rigidez do cenário e um abundante uso de videoteipes e efeitos especiais, para construir um modelo de apresentação "requintado e frio, pretensamente objetivo" (Lins da Silva, 1983: 34). A tal modelo submetiam-se também os repórteres, no propósito de, por uma aparente "neutralidade" e formalismo, projetar, para o telespectador, uma imagem de isenção na abordagem dos fatos, indispensável para a conquista da credibilidade.

Se no plano da forma tudo ia bem, êxito igual não se obtinha quanto ao conteúdo. A riqueza plástica não encontrava compatibilidade com o trabalho jornalístico. Durante a fase de censura mais aguda, o telejornalismo, sobretudo o praticado na Globo, líder de audiência, acabou se afastando da realidade brasileira. Despolitizada, a emissora encontrava nos programas de entretenimento o atalho para se aproximar afetivamente de sua audiência.

> Os telejornais da Globo se mantiveram distantes dos grandes fatos políticos nacionais, levados aos jornais mesmo na época da rigorosa censura do governo Médici. Sobre política, a televisão foi omissa ou, como querem os produtores de seus noticiários, obrigada a ficar omissa, reservando os seus horários mais nobres para a lacrimonisidade das telenovelas e o riso "non sense" de seus shows milionários. (Maia, 1977)

Com tempo suficiente para dar apenas notícias de uma página de um diário impresso, o *Jornal Nacional* enfrentava outra dificuldade para aprimorar o seu conteúdo. A superficialidade no tratamento dos fatos impedia a prática de um jornalismo mais denso e crítico. Mas isso não era algo que preocupava a direção da Globo. O diretor-geral da empresa, Bonifácio Oliveira, Boni, dizia: "Quem espera conteúdo, opinião no jornalismo da televisão brasileira pode desistir que não vai ter tão cedo" (Boni apud Almeida Filho, 1976: 28). Perfeitamente afinado com esse pensamento, o editor de jornalismo da Globo, Luís Fernando Mercadante, afirmava tempos depois: "Lugar de conteúdo não é no telejornalismo. Telejornalismo, como eu compreendo, é

superficial, impressionista, rapidíssimo e dá para as pessoas um blá-blá-blá" (ECA/USP, 1978).
Não como reflexo da censura, a superficialidade do noticiário explicava-se, assim, como resultado de uma diretriz editorial baseada na agilidade do estilo "manchetado", que se ajustava ao perfil da audiência do programa. Essa orientação continua a ser adotada até hoje pelo *Jornal Nacional* e noticiários de outras emissoras veiculados no horário-nobre da TV.

> Parece ser importante dar ao telespectador que volta para casa depois de um dia inteiro de trabalho, um panorama breve do que aconteceu de mais significativo naquele dia [...] Este resultado é obtido transmitindo-se somente miniflashes das notícias selecionadas que para serem transmitidas devem obedecer a rigorosos critérios de clareza, rapidez e possibilidade de fácil absorção, de modo que se dê ao telespectador a ilusão de que foi "bem informado...". (Pereira & Miranda, 1983: 125)

Com a ressalva de que se trata de uma tese "sem comprovação", mas que ainda "corre solta", o jornalista Boris Casoy, em entrevista exclusiva a este autor, disse que esse padrão estético-editorial, dominante na TV brasileira, "foi imprimido pela Rede Globo durante o regime militar, buscando substituir a ausência de substância no noticiário" (Casoy, 1997).

Outra saída que o telejornalismo brasileiro buscou, durante vários anos, para contrabalançar as perdas causadas pelas sujeições que a censura impunha ao noticiário nacional, foi dinamizar a cobertura internacional. O recurso funcionava até mesmo como uma forma sutil de alertar a consciência do público para assuntos polêmicos. Mello e Souza recorda: "Ninguém podia falar de greve, no Brasil? Então, lá estavam as imagens de um movimento grevista importante, ocorrido na França, por exemplo. Eleições era tema proibido? Lá estavam as imagens e as informações sobre eleições realizadas nos Estados Unidos, para citar outro exemplo" (1984: 95).

As mordaças que calavam a imprensa começaram a ser cuidadosamente retiradas no fim da década de 1970 e início da de 80. A anistia política, a efervescência do sindicalismo eram sinais da política de "distensão" que o governo militar anunciava. Na TV Tupi, Fernando Barbosa Lima transformou o programa semanal *Abertura* em uma espécie de arauto desse novo tempo. Com um elenco numeroso de editores-apresentadores — Antônio Callado, Fausto Wolf, Ziraldo, Sérgio Cabral, Vilas Bôas-Correa —, o programa abriu o microfone para os exilados que voltavam ao país — Luís Carlos Prestes, Leonel Brizola e Darci Ribeiro, entre outros. Tinha ainda como uma de suas principais atrações, o cineasta Gláuber Rocha a expressar, com veemência e mordacidade, uma nova concepção de TV.

Também ao nível da própria linguagem televisiva, *Abertura* deu espaço às intervenções de Gláuber Rocha, que pulverizou a estética acrílica e falsa do padrão global. Uma câmera nervosa, inquieta e "suja", e uma atuação totalmente engajada, opinativa, "quente" ao nível das reportagens e entrevistas — com esses recursos Gláuber mostrou, em especial a uma geração emergente de jovens realizadores, que era possível fazer boa TV, malcomportada. (Prioli, 1985: 39)

Abertura teve uma duração efêmera, de pouco mais de um ano e meio. Em agosto de 1980 saía do ar com o processo de falência da TV Tupi. Naquele mesmo mês, o espírito inquieto de Fernando Barbosa Lima voltou-se para um novo empreendimento. Surgia o *Canal Livre*, na TV Bandeirantes, mediado por Roberto D'Ávila (e depois por Marília Gabriela e Sílvia Poppovic) e com intervenções em *off* de Sargentelli. Na mesma trilha da liberalização democrática, a cada semana, o programa acolhia um entrevistado, geralmente personalidades do mundo político que antes não tinham acesso à televisão. Premiado pela Associação de Críticos de Arte de São Paulo, o *Canal Livre* permaneceu no ar até setembro de 1983.

Os ventos democratizantes e as inovações estéticas, no entanto, não ameaçavam a supremacia do telejornalismo da Globo. O tempo passava e o enorme índice de popularidade do *Jornal Nacional* mantinha-se inalterado graças à estratégica medida de inseri-lo entre as novelas das sete e das oito, os programas de maior audiência da televisão brasileira. Em 1979, o *JN* alcançava a prodigiosa marca de 79,9% da audiência nacional, o que correspondia a 11.985 mil televisores e 59.925 mil telespectadores ligados no noticiário (Ávila, 1982: 60).

Esse resultado animava a Globo a investir em jornalismo, visto, pela perspectiva mercadológica, como uma pródiga fonte de recursos publicitários. Dessa política, saiu a decisão para o lançamento de outros telejornais: o *Hoje*, na hora do almoço, e outro noticiário no fim da noite, que recebeu vários títulos (*Amanhã*, *Painel*, *Jornal da Globo*, segunda edição do *Jornal Nacional*) etc. Anos depois, surgiu um telejornal em um horário pouco convencional, no início da manhã, o *Bom dia São Paulo*, que seria a semente para outros programas congêneres nas emissoras filiadas à rede nos demais estados do país, com uma abordagem regional, e para o hoje consagrado *Bom dia Brasil*.

Também na década de 1970, a Globo criou o *Globo Repórter*, para, pela linguagem do documentário, tratar certos temas com profundidade, o que não era possível nos telejornais, especialmente no *Jornal Nacional*. Outra vertente aberta foi a do jornalismo especializado, mediante o *TV Mulher*, já extinto, e do *Globo Rural*, que ainda mantém um público fiel nas manhãs de domingo.

O abrandamento da censura proporcionou a revitalização do telejornalismo já no início da década de 1980. Vários programas de entrevistas e debates surgiram entre os quais, o *Vox Populi*, na TV Cultura, o *Encontro com a Imprensa*, na TV Bandeirantes e o *Diário Nacional* na TV Record. A própria Rede Globo fez uma tentativa pouco duradoura nessa linha jornalística com a edição semanal do *Globo em Revista*. Pouco tempo depois, ainda em 1981, a Bandeirantes cedeu amplo espaço em sua grade para acolher uma diversificada série de programas jornalísticos: *Variety, ETC, Outras palavras, Bastidores, Nova Mulher* e *Crítica e Autocrítica*. A não ser o último, *Crítica e Autocrítica*, os demais programas também tiveram uma vida muita curta, mas de qualquer modo simbolizaram essa nova etapa da história do telejornalismo brasileiro.

O êxito da televisão brasileira advinha, em grande parte, da consolidação do sistema de rede, na década de 1970 até meados da de 80. Se, porventura, trouxe alguns benefícios, sobretudo quanto à melhoria da qualidade técnica dos programas, as redes — especialmente a Globo pelo controle quase absoluto do mercado nacional — causaram um prejuízo irreparável às emissoras regionais. Por questões financeiras e mercadológicas, os concessionários de canais de TV se viram forçados a abandonar suas produções locais e transformaram suas emissoras, praticamente sem exceção, em meras estações retransmissoras da programação realizada invariavelmente no Rio de Janeiro e em São Paulo.

Desde então, a predominância da óptica paulista e carioca instalou-se em todos os setores da programação. Apesar dos noticiários locais, mantidos precariamente mais para obedecer a orientações legais, o jornalismo regional perdeu importância e influência. Essa realidade tornou-se ainda mais explícita ao se considerar a participação das notícias regionais nos telejornais de cobertura nacional. O regional só tem lugar com informações pitorescas ou catastróficas, ou eventualmente nas edições de sábado, "quando nada acontece" (Hoineff, 1996: 95).

Mas esse era, enfim, o resultado da política de integração nacional pela televisão programado pelo governo militar, em associação com a burguesia nacional e o capital estrangeiro. Conseguia-se a unidade nacional pelas telenovelas e noticiários, ao mesmo tempo que a uniformidade cultural pouco a pouco afetava as manifestações regionais.

Autocensura

Segundo Armando Nogueira, a liberalização política foi sensível a partir da segunda metade do governo Geisel, entre 1977 e 1979, e a partir do governo do presidente João Batista Figueiredo o Departamento de Jornalismo não recebeu mais nenhuma ordem da Censura. Desde então, admitia Nogueira, a única forma de controle era a censura interna exercida, muitas vezes, por uma autocensura, dentro do telejornalismo da TV Globo (Carvalho, 1979-80).

O editor de jornalismo da TV Globo, Woile Guimarães, lamentava a postura de estupefação e passividade adotada pelo próprio pessoal de televisão em relação ao fim da censura oficial: "[...] os anos de obscurantismo embotaram tanto os profissionais como os donos das empresas jornalísticas" . Para ele, o telejornalismo estava "perplexo com a sua liberdade [...] uma batata quente na mão do dono da empresa" e, por isso, só se dispunha a abordar temas mais controversos, quando, antes, o "poder central" se abria para eles (apud Fernandes Júnior: 5).

Depois de tantos anos acorrentada à censura, a Globo precisava reaprender a prática de um jornalismo que superasse o limite do primor formal para conquistar a qualidade também no conteúdo. Esse havia sido um dos prejuízos mais sensíveis que o longo período de restrições à liberdade de imprensa havia causado. A perfeição técnica que resultou no "padrão global" se refletia apenas na aparência, na embalagem das notícias. Muitos anos depois, Armando Nogueira relembrou a dimensão dos efeitos da ação da censura: "Foi essa implacável marcação da ditadura que nos levou a esquecer a batalha do conteúdo para tentar descobrir os encantos da forma nesse veículo. Trabalhávamos em cima da técnica e da estética, deixando de lado, um pouco, a ética de fazer jornalismo" (Nogueira, 1988: 82).

Naqueles tempos, a Globo introduziu timidamente um tom um pouco mais crítico nos telejornais do final da noite. Apesar de se declarar pessoalmente a favor de um jornalismo mais isento, Nogueira considerava que o comentarista poderia ter uma posição "mais descontraída que o locutor" (Carvalho, 1979-80: 38). Mas ele sabia que era impossível uma mudança rápida, porque o período ditatorial havia impedido a formação de profissionais para o exercício do jornalismo opinativo.

Pouco a pouco, no entanto, alguns repórteres ganharam espaço no vídeo: Sérgio Mota Melo, Carlos Monforte, Antônio Brito, Glória Maria e Belisa Ribeiro, entre outros. Aumentou, por outro lado, a participação de comentaristas especializados — Paulo Francis, Marco Antônio Rocha, Enio Pesce, Joelmir Beting, Newton Carlos — que enriqueciam as informações com suas análises. Os jornalistas voltavam a ocupar um lugar de destaque nos noticiários não só como repórteres e comentaristas. Alternavam com os locutores consagrados — Cid Moreira, Sérgio Chapelin — a responsabilidade pela apresentação de telejornais — Celso Freitas, Leda Nagle, Marília Gabriela.

Embora livre da marcação severa da censura, a TV Globo não conseguia, porém, apagar o estigma de sua vinculação com o governo — ainda sob o controle dos militares. O noticiário dispensava um tratamento generoso às autoridades governamentais, enquanto, explicitamente, parecia ignorar qualquer iniciativa de políticos de oposição.

Uma audiência com espírito crítico, ainda que não sistematizada, do *Jornal Nacional* permite que se percebam algumas técnicas através das quais o principal meio da população brasileira passa uma imagem altamente positiva do regime e negativa das oposições. Qualquer notícia que possa ter aspectos favoráveis ao governo, por exemplo, é dada com grande ênfase e com entrevistas de ministros competentes, sem que se dê chance a líderes oposicionistas de contestarem, principalmente quando o assunto é econômico. Por outro lado, informações sobre aumentos de preços ou que possam ser recebidas com sentimentos negativos do público em relação ao governo são apenas registradas, quando são. (Lins da Silva, 1981: 51)

Por meio de uma análise sistemática de forma e conteúdo em seis edições do *Jornal Nacional*, em janeiro de 1982, verificamos também que o programa favoreceu o governo, concedendo à oposição um espaço muito acanhado. Outra de nossas conclusões foi a de que o telejornal "[...] privilegiou nitidamente as regiões ricas, tanto no noticiário nacional como no internacional, refletindo toda a ordem econômica a que se submete o Brasil nos planos interno e externo" (Rezende, 1985: 153).

Mas a observação de maior realce que se extraiu do *Jornal Nacional* se referiu ao seu caráter de espetáculo, "tanto na forma de apresentação como no conteúdo", explícito na farta manifestação de *fait divers* em suas "[...] múltiplas aparências: a tragédia, o conflito, o personalismo, o pitoresco, o humor" (Rezende, 1985). Das três características evidenciadas, a espetacularidade permaneceu ativa com o mesmo grau de intensidade. Para comprová-lo, bastaria apenas fazer uma nova análise. Afinal, nenhum veículo de comunicação parece demonstrar mais afinidade com a emoção do que a TV.

As Diretas e a Nova República

No começo da década de 1980, apesar da irrefutável relevância da Globo, a história da televisão brasileira recebia outros protagonistas importantes. Da concorrência pública para os canais da TV Tupi, por exemplo, dois deles se projetaram por duas novas cadeias de televisão que se formaram: o Sistema Brasileiro de Televisão — SBT, do empresário e radialista Sílvio Santos, e a Rede Manchete, do grupo Bloch.

Em termos ideológicos, a chegada das novas redes parecia não representar qualquer alteração de percurso, porque os vencedores da concorrência davam mostras de compatibilidade com o poder dominante.

Os governos militares tinham um conceito de que não deveria haver só uma grande rede. Eles procuraram dividir porque a Globo exerce um poder político muito grande. Deram um canal para o Sílvio Santos, porque acharam que ele teria competência gerencial para manter uma emissora. Da mesma forma, achavam que a Manchete teria competência gerencial para criar concorrência. Além dos militares, embora não digam isso em público, apenas em *off*, há entre os políticos uma idéia generalizada de que esse monopólio não pode perdurar. (Casoy, 1994: 41)

Os reflexos da nova conjuntura não tardaram a ocorrer por meio da disputa pelos índices de audiência. Logo em 1983, na gestão de Leonel Brizola no governo do Rio de Janeiro, a TV Manchete roubava preciosos pontos da audiência da Globo ao cobrir, com exclusividade, o desfile das escolas de samba. Mas o susto não passou disso.

No telejornalismo, a Manchete vinha com idéias novas e audaciosas. Em face do amplo domínio nos índices de audiência que a Globo preservava, o grupo Bloch optou por uma programação de qualidade que atingisse as classes A e B. Inspirada em experiências da televisão norte-americana e européia, a direção da rede apostou em uma direção e arriscou-se a colocar duas horas de telejornalismo no horário nobre. Segundo o implantador do projeto TV Manchete, a estratégia adotada consistia em aproveitar-se do fato de que "a Rede Globo não tinha concorrência nessa área e estava despreocupada em matéria de jornalismo" (Furtado, 1988: 66).

Para quem um mísero 1% de audiência significava o máximo a alcançar, a ousadia da proposta foi mais do que recompensada. Ao dar prioridade ao comentário e à análise dos fatos no horário de maior prestígio da televisão, sob a direção de Zevi Ghivelder, Mauro Costa e Luís Edgar de Andrade, o *Jornal da Manchete* conseguiu a proeza de abocanhar até 8 pontos do Ibope, concorrendo com um dos maiores fenômenos de público da história da TV brasileira, a novela *Roque Santeiro*. Descontados eventuais exageros, o parâmetro para a dimensão dessa conquista foi a constatação de que, único sobrevivente da competição, o *Jornal da Manchete* impediu que a telenovela de Dias Gomes atingisse a marca inigualável de 100% de audiência (Furtado, 1988: 67).

Na mesma época, meados de 1983, a TV Manchete lançou outro programa que ficou na história: *Conexão Internacional*. Com direção de Walter Salles Júnior e produção da empresa independente, Intervídeo, de propriedade de Fernando Barbosa Lima, o apresentador Roberto D'Ávila entrevistou celebridades de todo o mundo. Em 1986, o programa foi agraciado com o prêmio Rei da Espanha, pelo melhor conjunto de entrevistas realizadas.

Involuntária e às vezes até heroicamente, em outro canal, Joelmir Beting tornava-se o primeiro jornalista a atuar como âncora na televisão brasileira. Quem afirma isso é Boris Casoy, o âncora mais bem-sucedido da história da TV brasileira. Casoy adquiriu essa condição porque já começou seu trabalho no SBT adaptando ao seu estilo o modelo norte-americano desse papel, e por ser o único a exercê-lo continuamente, ao contrário de outros jornalistas brasileiros que desempenharam a função esporadicamente. É Boris quem diz: "A posição de âncora não é uma novidade no Brasil [...] durante o regime militar, na Bandeirantes, o Joelmir Beting fez esse tipo de trabalho" (Casoy, 1994, p. 41).

Joelmir Beting cumpriu a incumbência durante a metade da década de 1980, conduzindo, no improviso quando necessário, o *Jornal da Bandeirantes*, de acordo com suas recordações da experiência:

> Fui durante cinco ou seis anos o âncora da Bandeirantes, onde a gente editava o jornal no ar, na marra. Era uma ancoragem cirúrgica, porque às vezes eu tinha dois minutos de vazio no jornal e precisava preenchê-lo no ou precisava chamar uma notícia para um próximo bloco e eles nem sabiam qual seria de fato a próxima notícia. A exigência de criatividade era um absurdo, eu perdia adrenalina toda noite [...] Aquilo era um "tampão", ao vivo, com a nossa cora sob o risco de fazer ou dizer besteiras, como andou acontecendo. Cheguei ao ponto de um dia entrar no estúdio e sentar no microfone, e entrar no ar sentado no microfone. (Beting, In: Vieira, 1991: 122-3)

Paralelamente às experiências que ocorriam na técnica de apresentação, o noticiário repercutia a efervescência das mudanças políticas. Depois de anos a fio sem poder escolher o seu presidente, o povo brasileiro embarcou no sonho da campanha das "diretas-já", conduzida por uma frente pluripartidária. Mas se o movimento encontrava ressonância no jornalismo impresso, colidia com "o silêncio das emissoras de televisão" que mediante um "monopólio da informação jornalística no horário nobre", liderado pela Globo, teimavam em ignorar o clamor das multidões que lotavam as praças das grandes capitais brasileiras (Marques de Melo, 1984: 5).

O comício da Praça da Sé, em São Paulo, no dia 25 de janeiro de 1984, espelhou muito bem esse boicote. Enquanto a TV Cultura era a única a realizar a cobertura direta do comício (o que lhe valeu um aumento vertiginoso de audiência), pressionada pelo vigor popular e pela insatisfação de seus próprios funcionários, a Globo resolveu dar uma breve notícia sobre o fato no *Jornal Nacional*. Mesmo assim, referiu-se ao comício como se ele fizesse parte das comemorações do 430º aniversário da capital paulista e não tivesse qualquer conotação política. Apesar de distorcer o caráter do evento, a transmissão do *flash*, decidida em clima de tensão pelo presidente do grupo, Roberto Marinho, significou uma vitória contra a intransigência da Globo.

> Incidente marcante que determinou a liberação do acontecimento foi a mobilização dos próprios jornalistas da emissora desencantados e revoltados com a inobservância do princípio elementar da objetividade noticiosa que procura ser implementado por qualquer veículo jornalístico não partidário. Pressão igual emergiu dos próprios artistas vinculados contratualmente à emissora: cantores, atores e locutores, que aderiram pessoalmente à campanha pelas diretas e compareceram ao comício de São Paulo e aos de outras cidades brasileiras, numa demonstração saudável de sua independência política frente ao patrão (padrão) global. (Marques de Melo, 1984: 5-6)

A partir daquela data, até por razões mercadológicas, uma vez que o desconhecimento da campanha poderia ocasionar a perda de audiência e de faturamento, as emissoras de televisão mudaram de postura. Na véspera da votação, com o abrupto e efêmero ressurgimento da censura prévia à imprensa, garantido com a adoção de "medidas de emergência" pelo governo federal, a Globo soube ser criativa para burlar as proibições. Os locutores e jornalistas faziam alusão à emenda constitucional por meio das gravatas e outros adereços amarelos (cor que simbolizava as diretas-já) e de gestos, expressões e comentários ambíguos na apresentação de notícias.

O Congresso não aprovou a emenda Dante de Oliveira e, o que era previsto pelo menos entre os políticos, o sonho da eleição direta para presidente foi adiado. A própria imprensa ajudou a incutir na consciência popular uma forma de sublimar o desgosto.

Meses depois, as praças se encheram de novo, mas com um público infinitamente menor, para apoiar a candidatura de Tancredo Neves na eleição indireta para presidente da república, via Colégio Eleitoral, composto por deputados federais e senadores. A festa da vitória de Tancredo celebrada pelas câmeras de TV durou pouco. Um dia antes da posse, Tancredo adoeceu e nos 37 dias de agonia até sua morte, dia 21 de abril, a TV brasileira realizou talvez a mais intensa e extensa cobertura jornalística de sua história, com vários plantões ao vivo. A democracia voltava ao vídeo como espetáculo de festa, dor e esperança.

Denominação que se deu ao primeiro governo civil encabeçado depois de mais de vinte anos de regime militar, a Nova República se instaurava com a perspectiva de se ter de novo uma imprensa livre da censura oficial. E assim foi, em parte apenas, porque outros meios de controle da expressão foram utilizados, principalmente na campanha para a manutenção dos cinco anos de mandato para o presidente José Sarney.

Um desses instrumentos — a concessão de canais de radiodifusão, atribuição exclusiva do presidente da república — serviu como moeda política na troca pelo apoio de deputados federais aos cinco anos de mandato. Segundo Sônia Virgínia Moreira, "o governo Sarney bateu todos os recordes ao distribuir 1028 concessões, quase a metade dos canais outorgados durante toda a história da radiodifusão no Brasil" (Moreira, 1995: 46). Com essa prática, beneficiaram-se também "algumas empresas tradicionais da área de comunicação" (Borin, 1991: 19).

Pelo mesmo motivo, os cinco anos de mandato, as emissoras de televisão, muitas vezes com uma clara atitude de conivência, renderam-se às pressões do governo federal. A ação governamental chegou a tal nível de contundência que se tornou tão ou mais restritiva do que a censura da ditadura militar, conforme depoimento de Armando Nogueira, na época ainda diretor de jornalismo da Rede Globo.

Sofri mais pressão na época da Nova República do que na época do regime militar, até porque nessa época todos nós sabíamos que estávamos censurados mesmo, e segundo porque os militares (por falta de ideologia, por falta de alguém que verbalizasse o que porventura tivessem na cabeça) usavam muito pouco o veículo. Usavam mais para não deixar noticiar certas coisas do que para noticiar outras tantas [...]. O governo Sarney usava para impedir que você noticiasse um lado e para noticiar massacrantemente outro lado. No episódio da disputa por quatro ou cinco anos de mandato, o Planalto exerceu sobre a TV Globo uma pressão sufocante. Obviamente que havia também uma cumplicidade da alta direção da empresa. (Vieira, 1991: 91)

No caso de outra rede, o SBT, o problema ia além da cumplicidade. Por um lado, os programas jornalísticos, de forte apelo popular (como *O povo na TV*) não conseguiam converter os índices de audiência em faturamento publicitário. De outro, era a posição dirigente do grupo, Sílvio Santos, que, em entrevista à revista *Imprensa*, deixou explícito seu desejo de um telejornalismo descomprometido com a informação e a crítica.

[...] meu jornalismo vai ser imparcial, vai só elogiar, e não vejo razão para alguém ficar aborrecido comigo por só receber elogios [...] É para descobrir no ser humano as qualidades que ele tem. Quando não houver possibilidades de apontar essas qualidades, ou apontar as suas obras, suas realizações, nós vamos apenas dar a notícia. (Squirra, 1993: 138)

Novas tendências

Para uma emissora cujo dono gostava de aclamar os governantes de plantão com suas companheiras de trabalho (as espectadoras do programa de auditório), além de manter um quadro com o resumo da semana do presidente, era previsível o fracasso no telejornalismo. Os telejornais se sucederam ao longo da década de 1980 — *Cidade 4, 24 horas, Noticentro, Últimas Notícias* — e o SBT mantinha a imagem de uma emissora incapaz de produzir um jornalismo de qualidade. Essa situação perdurou até março de 1988, quando o telejornalismo brasileiro descobriu um novo formato.

A mudança de mentalidade começou com a contratação de três profissionais: Marcos Wilson e Luiz Fernando Emediato para a direção do departamento de jornalismo e Boris Casoy, "[...] peça principal de todo um processo de eliminação da pieguice e mau gosto que imperavam no jornalismo da Rede até aquela data" (Squirra, 1993: 139). A emissora investiu também na reformulação do visual, com novas vinhetas e a modernização tecnológica, adquirindo câmeras Super-VHS, ilhas de edição e equipamentos de computação gráfica.

A maior inovação do telejornal que o SBT estava lançando consistia, todavia, no formato do programa. Profissional já consagrado no jornalismo impresso, em que havia chegado ao topo da carreira como editor-chefe da *Folha de S.Paulo*, confiou-se a Boris Casoy a missão de ancorar o *Telejornal Brasil*. Casoy, no entanto, não conformou a sua função ao modelo norte-americano de ancoragem. De forma singular, além de ler as notícias e conduzir o noticiário, ele passou a fazer entrevistas e emitir comentários pessoais sobre os fatos noticiados, o que para alguns críticos e profissionais de outras emissoras era uma deturpação do trabalho do âncora.

Boris Casoy tinha, porém, uma explicação para justificar seu comportamento: "A audiência brasileira de televisão é muito mais carente desse tipo de informação, da entrevista e do comentário, do que a opinião pública norte-americana" (Vieira, 1991: 72). E a reação da audiência confirmou plenamente a suposição do apresentador: a rápida ascensão na escala do Ibope demonstrava que o público aprovava o novo formato. A resposta do público se refletiu logo no faturamento e o *TJ Brasil* veio a se transformar no segundo produto do SBT a atrair mais publicidade, superado apenas pelo programa de Sílvio Santos.

Em agosto de 1988, a TV Cultura de São Paulo implantou também um formato estruturado na figura do âncora. À frente do *Jornal da Cultura*, o ex-repórter Carlos Nascimento, que se popularizou na cobertura da agonia do presidente Tancredo Neves, comandava uma equipe dividida em editoriais de economia, política, internacional e geral.

Os elogios à atuação de Nascimento — "Está tranqüilo, é o dono da situação, transmite confiança" (Lins da Silva, 1988: D-4) — não foram suficientes para mantê-lo no *Jornal da Cultura*. Em março de 1989, ele se transferiu para a TV Record, onde ficou até meados de 1990.

Experiência mais duradoura teve Marília Gabriela na apresentação do *Jornal da Bandeirantes* — com muitas tarefas típicas da função de âncora. A jornalista consagrada pelo programa de entrevistas *Cara a Cara*, também na TV Bandeirantes, construía um novo parâmetro para o telejornalismo brasileiro. Ao contrário de Boris Casoy, Marília Gabriela não escondia que a prática do jornalismo opinativo lhe causava um certo constrangimento de ordem ética.

Talvez até queiram que eu emita mais opinião do que realmente faço. É muito delicado este negócio de emitir opinião: você não deve perder de vista o pluralismo que um jornal diário de televisão deve ter; e também que há uma massa pensante do lado de lá lhe assistindo. Você pode emitir uma opinião muito subjetiva e agredir a opinião de quem está vendo. Em alguns assuntos a opinião é inevitável, são assuntos cabais, definitivos. Mas quando o assunto em trazer muita controvérsia, eu evito [...] (Vieira, 1991: 78)

Todo esse escrúpulo profissional decerto contribuiu para evidenciar ainda mais a performance de Marília Gabriela. Ao lado de Boris Casoy, o trabalho de âncora foi reconhecido, realce que procedeu do próprio meio jornalístico.

Acho que aí há um avanço na Rede Bandeirantes e no Boris Casoy, pelo SBT. Boris e Marília estão conseguindo que até a Globo seja menos pasteurizada [...] Mas o público que hoje vê o Boris ou a Marília Gabriela, e que portanto atrai publicidade, vai inevitavelmente imprimir mudanças gradativas também na Globo. (Dimenstein apud Vieira, 1991: 115)

Em seu comentário, Dimenstein relevava as intervenções do comentarista Joelmir Beting no *Jornal Nacional*. No entanto, não perdoava a Rede Globo por conservar seu principal informativo como "uma extensão do *Diário Oficial*, que assume não apenas o noticiário acrítico como até uma euforia a favor do governo" (Dimenstein in: Vieira, 1991: 115). Os efeitos do governo do presidente Fernando Collor de Mello sobre a Globo se manifestaram, aliás, antes mesmo da eleição presidencial. Mais precisamente por ocasião do último debate entre Collor e Lula, nas eleições de 1989.

A montagem considerada tendenciosa e prejudicial ao candidato Lula que o *Jornal Nacional* exibiu do debate foi o estopim de um desentendimento interno no jornalismo da Rede Globo. O atrito resultou no afastamento de Armando Nogueira da direção geral do telejornalismo da emissora e sua substituição por Alberico Souza Cruz, que exercia o cargo de diretor de telejornais da Rede Globo. Tempos depois, Nogueira relembrou que o clima de tensão se tornou perturbador a partir das duas semanas que antecederam a eleição e culminou com a edição distorcida do debate, feita sem o seu conhecimento. Armando contou que a possibilidade de vitória do candidato do Partido dos Trabalhadores, Lula, precipitou uma reação dos partidários de Fernando Collor de Melo no próprio setor de jornalismo da TV Globo.

Todos os setores ligados à candidatura Collor passaram a desembarcar na TV Globo. A rigor, como a reação do Lula só ocorreu nos últimos 15 dias, eu só senti constrangimento nos últimos 15 dias, e sobretudo na antevéspera, com aquela famosa edição facciosa. Eu tinha tido o controle de uma edição do último debate, que foi a do jornal *Hoje* [...] e depois pedi que a mesma edição, muito bem-feita, fosse ao ar também no *Jornal Nacional*. Me desliguei do assunto, mas fiquei sabendo depois que o Alberico Souza Cruz adulterou a primeira edição, à minha revelia, com o objetivo de ajudar o candidato Collor. (Nogueira, In: Vieira, 1991: 90-1)

Já no cargo de diretor da Central Globo de Jornalismo — CGJ, Alberico Souza Cruz negou ter participado da edição do debate divulgada pelo *Jornal Nacional* e refutou também a acusação de que houve "ingerência de ordem política" na Globo. Admitiu, porém, que julgou a edição do *Jornal Nacional* "correta do ponto de vista jornalístico", porque mostrava que tinha havido um debate e que "um ganhou e outro perdeu". Ainda segundo Alberico, o fato teve repercussão "porque procurava-se um bode expiatório e nós fomos escolhidos, mas ninguém falou nada quando o Lula ganhou o primeiro debate e nós editamos essa vitória com os mesmos critérios utilizados depois no segundo debate" (Souza Cruz, In: Vieira, 1991: 64-5).

Independentemente da acalorada controvérsia que o episódio gerou, a Globo entrava na década de 1990 sem libertar-se da pecha de ser um permanente aliado do poder dominante.

Um dos propósitos de Alberico Souza Cruz como novo diretor da CGJ era o de substituir progressivamente "jornalismo de estúdio" por um "jornalismo de rua" (*Imprensa*, 1995: 44). Ao estimular a cobertura externa, se preciso "ao vivo", ele pretendia mudar um comportamento que até então, segundo ele, prejudicava a produção jornalística da emissora.

> A televisão tem de ser instantânea, tem de refletir o fato no momento em que ele estiver acontecendo [...] Aqui na Globo havia sempre o medo de que numa cobertura, algo pudesse dar errado na telinha, havia até uma norma: se houver uma hipótese de dar errado não vamos tentar. Eu inverti isso: se houver uma chance de dar certo nós vamos tentar. (Souza Cruz apud *Imprensa*, 1995: 43)

Um resultado positivo dessa mentalidade registrou-se no início de 1991, na cobertura que a Globo fez da Guerra do Golfo. Qualificada por Souza Cruz de momento antológico da história do telejornalismo brasileiro, o trabalho desenvolvido mostrou que o potencial jornalístico e tecnológico da TV Globo se equiparava ao das grandes redes mundiais de televisão. A Globo entrava "ao vivo" com o repórter Pedro Bial de diversas capitais do oriente — Bagdá, Tel-Aviv e Riad —, da Europa e dos Estados Unidos, com os jornalistas Ernesto Paglia, Paulo Henrique Amorim e Rodolfo Gamberini.

Pela natureza das suas intervenções, a *performance* desses jornalistas satisfazia ao que Souza Cruz julgava próprio do trabalho de um novo modelo de âncora, um apresentador que abandonava "a caverna que é o estúdio" para ir ao "local onde acontece a notícia" (Souza Cruz in: Vieira, 1991: 67). A observação do então diretor da Central Globo de Jornalismo parecia ter, no entanto, como objetivo principal desqualificar o modelo de ancoragem que Boris Casoy havia criado, com grande sucesso, no *Telejornal Brasil*. Para Souza Cruz, ao âncora caberia a função de explicar, interpretar e dar subsídios aos telespectadores e não opinar. Baseado nisso, ele reconhecia que os verdadeiros âncoras do telejornalismo brasileiro eram Carlos Nascimento e Carlos Monforte, ambos, por coincidência, jornalistas da Rede Globo de Televisão.

Avanço do SBT

Aparentemente alheio a essas críticas, o telejornalismo do SBT continuava a avançar. Da Globo, a emissora paulista trouxe o jornalista Hermano Henning (último apresentador do *Tj Brasil*) para fazer ancoragem do noticiário internacional, em Washington, junto com Roberto Garcia. Em março de 1991, o elenco de jornalismo recebia outro reforço importante. "Numa tentativa de conferir maior credibilidade e charme" ao novo noticiário transmitido às 21h20, a jornalista Lilian Witte Fibe foi contratada para ancorar a segunda edição do TJ Brasil" (Squirra, 1993: 140).

O SBT ressentia-se, porém, da falta de um telejornalismo que tivesse a "cara da emissora", encarnada por Carlos Alberto da Nóbrega, Golias, Gugu Liberato e Hebe Camargo e, o símbolo maior da rede, Sílvio Santos. Conforme a análise contida em relatório interno que a direção de jornalismo produziu, era preciso ter "audiência com credibilidade" de modo a fazer um "produto que possa ser visto pela dona de casa, pela empregada e pelo empresário-patrão" (apud Squirra, 1993: 141).

Na esteira dessa mentalidade, o programa *Aqui Agora* estreou no dia 20 de maio de 1991 como uma "transposição do jornalismo popular de rádio para a televisão" (id. ibid.: 142). Versão brasileira do original argentino *Nuevediario*, o *Aqui Agora*, além da influência da linguagem radiofônica, usava o recurso do plano-seqüência para dar mais realismo e suspense às histórias que narrava. O sucesso foi instantâneo, ultrapassando, em pouco mais de um ano, a faixa de 20 pontos no Ibope, mas o fenômeno ficava restrito a São Paulo. No Rio de Janeiro, o programa estacionou nos dois pontos de audiência. O grande prestígio popular não se traduzia em maior faturamento publicitário.

Com um público menor, de 12 pontos em média, todavia mais qualificado econômica e culturalmente, em meados de 1992, o *Telejornal Brasil* desfrutava do privilégio de ser a segunda fonte de renda do SBT. As disparidades entre o *Tj* e o *Aqui Agora* acabaram provocando uma cisão no departamento de jornalismo do SBT. A direção do setor pretendia reformular o *Tj Brasil* para conseguir maior índice de sua audiência.

Como a medida poderia afetar integrantes de sua equipe, Boris Casoy reagiu energicamente, ameaçando inclusive deixar a empresa. A superação do impasse importou no desmembramento do *TJ* do departamento de jornalismo, vinculando-se diretamente à direção da emissora. Boris Casoy passava a ter ainda mais autonomia para cumprir suas funções de âncora.

Jornalistas no comando

O êxito de Boris Casoy como âncora indicava a emergência de um novo modelo de telejornalismo no Brasil, centrado na valorização do trabalho do jornalista como apresentador de notícias. Foi o próprio Casoy quem assinalou a evidência dessa característica:

O que acontece é que a fase dos grandes locutores está acabando. Não temos mais a escola das grandes vozes, de onde surgiu alguém como Cid Moreira, e vai ser muito difícil ter apresentadores do porte e do brilho do Cid de agora em diante. Os jornalistas-apresentadores naturalmente irão ocupar os lugares disponíveis. Serão mais fracos na locução, mas irão reforçar a parte jornalística. (Casoy apud Tramontina, 1996: 79)

Zhevi Ghivelder apoiava também a participação do jornalista à frente dos noticiários. No entanto, ele observava que o trabalho do jornalista deve se restringir a informar, eximindo-se de emitir opiniões, prerrogativa da qual Boris Casoy não abria mão.

A meu ver, o ideal é que haja jornalistas participando da feitura e apresentação do telejornal, o que não quer dizer, necessariamente, que, pelo fato de serem jornalistas, tenham de opinar. Até porque, freqüentemente o que têm a dizer é mais um palpite. Ao apresentador compete informar. (Ghivelder, 1994: 154-5)

A partir do exemplo de Boris Casoy, no *Tj Brasil* e *Jornal da Record* e de Hermano Henning que o substituiu no noticiário do SBT,

Armando Nogueira avalia o fato da crescente presença de jornalistas na apresentação de telejornais como um indício da busca de credibilidade. Em entrevista ao autor, Nogueira descartou a hipótese de que essa transformação decorre necessariamente de um movimento de revalorização da palavra no telejornalismo brasileiro. Ele entende que a boa qualidade de um texto depende mesmo do nível de competência dos profissionais encarregados da redação das notícias, que geralmente exercem suas funções apenas nos bastidores das emissoras.

> Essa mudança no critério de apresentação, quer dizer essa busca, ela é muito mais uma busca da credibilidade do que da qualidade do texto que vai para o ar. Porque mesmo quando você usa narradores, locutores, "speakers" para usar uma palavra bem antiga, desde que você tenha, na retaguarda uma equipe de bons redatores, ele, ao ler a notícia — uma notícia bem escrita, escrita com bom gosto — ela terá o mesmo efeito que ela teria lida por um apresentador jornalista. O que ele não tem — o narrador, o "speaker" — é a credibilidade que aquele jornalista de renome confere à informação que ele "tá" passando. O importante na presença do jornalista como apresentador de um telejornal é reforçar a credibilidade do apresentador e, por consequência, a credibilidade do telejornal. (Nogueira, 1997)

A mudança a que indiretamente Armando Nogueira se referia acontecera no *Jornal Nacional*. No dia 29 de março de 1996, a Central Globo de Jornalismo, já sob o comando de Evandro Carlos de Andrade, promoveu a substituição de dois apresentadores símbolos do programa — Cid Moreira e Sérgio Chapelin. Os lugares foram ocupados, a partir do dia 1º de abril, por dois jornalistas da emissora, William Bonner e Lilian Witte Fibe. As modificações, na realidade, abrangiam todos os programas jornalísticos da TV Globo e não se limitavam à troca de apresentadores.

Conforme Evandro Carlos de Andrade, a substituição de apresentadores e de cenários apenas tornava mais explícitas "as modificações que, em substância, já tinham sido tomadas na qualidade de nossa cobertura. O jornalismo praticado não muda com os novos apresentadores" (Campos, 1996: 6).

Em matéria publicada no jornal *O Estado de S.Paulo*, o crítico de TV Eugênio Bucci saudou com ressalvas as mudanças no *Jornal*

Nacional. Bucci reconheceu "[...] até com empolgação, que o *Jornal Nacional* ganhou movimento, rapidez e juventude" e que os temas iam e vinham "numa ciranda mais animada". Apesar disso, o crítico destacou que, no essencial, o telejornal parecia não ter mudado, sobretudo quanto à sua estrutura melodramática, com direito ao infalível *happy end* e ao "governismo", que ficou "menos solícito, menos oferecido, mais privatista e mais a favor da reeleição" (do presidente Fernando Henrique Cardoso) (Bucci, 1996).

Em busca da credibilidade

Enquanto isso, no bairro do Morumbi em São Paulo, o superintendente da Rede Bandeirantes, Rubens Furtado, apostava também na opinião de que a audiência valoriza, em primeiro lugar, a credibilidade dos apresentadores dos telejornais. Compartilhava com Armando Nogueira que a transmissão de credibilidade independia da formação profissional do apresentador, embora reconhecesse que havia uma tendência mundial favorecendo a opção pelo âncora jornalista, inclusive combinada com a função de repórter *(Imprensa*, 1997: 22).

Esta foi provavelmente a razão que motivou a TV Bandeirantes a tirar do quadro da TV Globo, seu correspondente nos Estados Unidos, Paulo Henrique Amorim. Por um salário não revelado, mas certamente o suficiente para superar qualquer contraproposta da Globo, a partir de dezembro de 1996, Paulo Henrique Amorim passou a acumular as funções de "editor, repórter e apresentador do *Jornal da Bandeirantes* e de um programa semanal nas noites de domingo — *Fogo Cruzado* (*Imprensa*, 1997). Mas o que parece ter animado Amorim a desistir da renovação de contrato com a Globo foi mesmo a possibilidade de poder ser sempre um repórter trabalhando em outras funções.

Nos planos de Paulo Henrique Amorim, o *Jornal da Bandeirantes* deveria ser um "[...] jornal do Brasil inteiro com sotaque do Brasil inteiro [...] sem preconceito contra a má notícia, mas sem preconceito também contra a boa notícia, contra o Brasil que dá certo" que contribua "para a pluralidade de opiniões, para a diversidade". Em sua atuação como âncora, ele diz que não pretende emitir sua opinião pessoal, mas apenas informar: "[...] eu pretendo ser um mediador que não dá palpite" (*Imprensa*, 1997: 15).

Um outro episódio alterou o quadro do telejornalismo brasileiro em 1997. Após nove anos de SBT, Boris Casoy deixou a função âncora do *Telejornal Brasil* para seu substituto aos sábados, o jornalista Hermano Henning. No dia 14 de julho de 1997, Casoy fez sua estréia no *Jornal da Record*, com uma hora de duração. Levou para a emissora do bispo Edir Macedo, da Igreja Universal do Reino de Deus, o seu estilo próprio de apresentador. Em outubro, lançou *Passando a Limpo*, programa dominical de entrevistas transmitido ao vivo, às 10 horas da noite.

Antes dessas mudanças, a questão da credibilidade dos telejornais parecia estar dissociada do papel que o jornalista porventura desempenhasse no telejornal. Essa foi uma das constatações da pesquisa feita pela revista *Imprensa* e o Instituto Gallup, em março de 1997, nas duas maiores cidades do país, São Paulo e Rio de Janeiro, para identificar os jornalistas mais confiáveis da televisão (*Imprensa*, 1997: 18-24).

Com notas quase iguais — respectivamente 8,28 e 8,23 — Sérgio Chapelin e Paulo Henrique Amorim foram os preferidos dos entrevistados. Interessante notar que, além de não exercer as funções típicas de jornalista, Sérgio Chapelin já estava afastado do *Jornal Nacional* havia mais de um ano, permanecendo apenas como apresentador do *Globo Repórter*. O outro predileto da audiência, Paulo Henrique Amorim, cuja imagem ainda se ligava à sua atuação como correspondente da Rede Globo de Televisão nos Estados Unidos, trabalhava como repórter (pouco depois saiu da Globo para ancorar o *Jornal da Bandeirantes*).

Em seguida aos dois líderes, com pequena margem de diferença, a pesquisa relacionou oito apresentadores: Pedro Bial, William Bonner, Boris Casoy, Lilian Witte Fibe, Carlos Nascimento, Leila Richers, Márcia Peltier, Marília Gabriela e Heródoto Barbeiro. Dos 12 relacionados, metade pertencia ao quadro de profissionais da Rede Globo.

Quanto aos telejornais, com uma média de 8,37 nas duas cidades, o *Jornal Nacional*, da TV Globo, apareceu na frente, "tanto no que se refere à audiência quanto em relação à confiabilidade" (*Imprensa*, 1997: 24). Nas posições seguintes, ficaram o *Jornal da Manchete* (média de 7,59), *Tj Brasil* (7,46), *Jornal da Band* (7,36), *Jornal da Record* (6,97) e CNT *Brasil* (6,89).

Se os dados da pesquisa revelam que o público tem avaliações distintas dos telejornais e de seus apresentadores, é razoável supor que se trata de um julgamento que leva em consideração mais a forma dos programas. Um quadro geral do telejornalismo brasileiro na década de 1990 — e que, por certo, herdou da década anterior — demonstra, por outro lado uma clara tendência à uniformização dos conteúdos informativos. Para o ex-diretor de telejornalismo da extinta TV Manchete, Zevi Ghivelder, a baixa criatividade na seleção de fatos e assuntos pelos telejornais de rede deixava os noticiários muito semelhantes entre si, a ponto de não se saber "qual a estação que está no ar, pois a pauta é praticamente idêntica" (Ghivelder, 1994: 152).

E ao que parece, esse quadro — que se reflete em toda a mídia brasileira — não se alterou muito. Pelo menos é o que se pode depreender da afirmação do repórter Marcelo Rezende, da Rede Globo de Televisão, no IV Seminário Internacional de Telejornalismo, promovido pela revista *Imprensa*, em outubro de 1997: "Hoje, a manchete de um jornal da Amazônia é a mesma da de um jornal localizado no Rio Grande do Sul" (*Correio da Bahia*, 1997: 3)

Conteúdos semelhantes

No caso do telejornalismo, o repórter da Globo, vencedor do prêmio Líbero Badaró de 1997 pela reportagem sobre a violência policial em Diadema, em São Paulo, comentou que "a mesmice impera pela falta de iniciativa dos repórteres". Conforme Rezende, muitos repórteres "[...] chegam na redação e reclamam da pauta que pegaram. Mas são poucos os que trazem uma idéia de rua. Eles se limitam a fazer o óbvio" (apud Filho, 1997: 3).

Mas mesmo aos trancos e barrancos, o telejornalismo brasileiro deu sinais de vitalidade nesta segunda metade da década de 1990. Essa realidade ocorria não só em decorrência dos progressos da televisão segmentada, pois se verificava também nas grandes redes de amplitude nacional, conforme constata um dos críticos mais ferrenhos da televisão aberta no Brasil.

> [...] a televisão brasileira, ainda que em pleno estágio de massificação, tem respondido crescentemente ao seu compromisso social, talvez até porque ela já tenha levado ao limite sua capacidade de fugir a esse compromisso. O salto qualitativo dado pelo telejornalismo nos anos 90 é uma razoável demonstração

disso: ele se libertou em muitos casos das amarras oficiais, expandiu seu universo temático, encontrou novas formas de tratamento e ganhou até sopros de independência em relação ao empresariado do setor, o que até há pouco tempo era um privilégio parcial de poucos jornais no país, ainda que uma prática relativamente comum nos EUA e na Europa. (Hoineff, 1996: 37-8)

Aos olhos dos telespectadores da grande São Paulo, o telejornalismo brasileiro aparentava mais defeitos do que qualidades (com poucas exceções, casos do *Jornal da Manchete* e do *Jornal da Cultura*). Pesquisa da revista *Imprensa* e Gallup em maio de 1995 identificou conclusões que permitem inferir que parte significativa do público tem uma reação ativa diante dos telejornais, exercendo com rigor o seu senso crítico.

Os paulistanos têm uma imagem negativa dos noticiários de tevê aos quais assistem. Para 72% do universo pesquisado, os telejornais distorcem os fatos. Entre informar corretamente e estar mais preocupado em defender interesses econômicos, 60% dos entrevistados escolhem a segunda opção. Além disso, acusam ainda os noticiários de fazer sensacionalismo. O quadro é assustador. Indica que mais da metade da população duvida do que vê apresentado nos jornais de tevê. (Bresser, 1996: 25)

Jornalismo na TV segmentada

Se nas TVs abertas o jornalismo vivia um período pouco alentador, alvissareiras eram as novidades na televisão por assinatura. O dia 15 de outubro de 1996 marcou o início das transmissões da Globo News, o canal exclusivo de notícias da Rede Globo de Televisão, 24 horas no ar. Sob o *slogan* "a vida real em tempo real", a programação veio cobrir as limitações que as grades de programação impõem às emissoras abertas, especialmente à TV Globo. Nessa tentativa, a Globo News procurava desenvolver a fórmula combinando agilidade com o aprofundamento da informação.

A reapresentação de programas jornalísticos da TV Globo — *Bom dia Brasil, Jornal Hoje, Jornal Nacional, Fantástico, Globo Repórter* — ocupava, nos primeiros meses de funcionamento, cerca de 30% do total da programação. O tempo restante cabia a produções próprias realizadas por um grupo de 166 profissionais. No formato de telejornal, a Globo News apresentava o noticiário breve *Em cima da hora*, de hora em hora e o Jornal das Dez, às 10 da noite, com as notícias e os comentários dos fatos mais importantes do dia. Enquanto se utiliza da estrutura da Rede Globo na cobertura nacional, para o noticiário internacional a Globo News contrata os serviços da CNN e da agência de notícias Reuters.

O canal apresentava também outros formatos jornalísticos. Em *Espaço Aberto*, por exemplo, jornalistas consagrados da TV Globo — Pedro Bial, Alexandre Garcia, Caco Barcelos, Ernesto Paglia, Carlos Tramontina, Lilian Witte Fibe, Joelmir Beting — se alternam a cada dia para se dedicar a temas específicos em programas de entrevistas. Entre os documentários, destaca-se o *Via Brasil*, com Celso Freitas. Para quem quer informações sobre economia, a alternativa era *Conta Corrente*, apresentado por Tamara Leftel.

No começo das atividades, o sinal do novo canal era distribuído apenas pelo sistema de TV a cabo Net-Multicanal, mas foi depois estendido aos demais assinantes, substituindo a CNN, a emissora norte-americana pioneira em um programação exclusivamente jornalística. Segundo a diretora de jornalismo da Globo News, Alice Maria, em janeiro de 1997, ainda não era possível fazer uma avaliação do trabalho: "A experiência é nova para nós que estamos fazendo e, ao mesmo tempo, aprendendo como se faz uma TV exclusivamente jornalística" (Lopes, 1997: 6).

O primeiro grande desafio que a equipe de jornalismo enfrentou ocorreu antes que o canal completasse um mês de existência, na cobertura do acidente com o avião Focker da TAM, que matou quase cem pessoas ao cair em uma área residencial perto do aeroporto de Congonhas, em São Paulo. Deixou-se de lado a programação prevista para uma transmissão contínua do local do acidente.

Em abril de 1997, alcançava-se outra proeza com a reportagem sobre a invasão da embaixada japonesa, em Lima, pela polícia peruana, em poder até então do grupo guerrilheiro Tupac Amaru. Conforme informação da supervisora de jornalismo, Vera Iris Paternostro, a Globo News entrou ao vivo "três minutos depois da CNN e quinze minutos antes da Rede Globo" (Lopes, 1997: 7).

Na mesma trilha aberta pela Globo News, em novembro de 1996 a televisão temática ganhava um novo espaço com a estréia do Canal

Rural. Resultado de uma ação conjunta da Rede Brasil de Notícias — RBS — e da Rede Globo de Televisão, que investiram 15 milhões de dólares para criar o primeiro veículo televisivo destinado exclusivamente para o universo agropecuário.

O crescimento da TV por assinatura acabou se transformando por outro lado numa das causas da queda de audiência das televisões abertas, com clara repercussão na área do telejornalismo. Por levantamento em boletins do Ibope, a *Folha de S.Paulo* verificou um declínio progressivo de público da Globo de 1989 até l994. O *Jornal Nacional*, por exemplo, teria perdido, nesse período, 23 pontos de audiência, caindo de 60 para 37 (*Folha de S.Paulo*, "TV Folha", 1997: 10-1).

Em janeiro de 1997, mesmo sendo um mês atípico de férias escolares, o principal noticiário da televisão brasileira desceria ao seu nível de audiência mais baixo: 32 pontos (*Folha de S.Paulo*, 1997: 4-1). Nos meses seguintes, o telejornal recuperou parte do público perdido, voltando a alcançar a casa dos 40 pontos de audiência.

Ascensão ou queda do JN

O que poderia ser encarado como um desastre irreparável, deveria ser olhado, no entanto, do modo mais prudente. Para Eugênio Bucci, as alterações na audiência representavam um fenômeno mundial gerado pelas numerosas alternativas de entretenimento e de informação que as novas tecnologias de comunicação propiciam. Ao examinar o caso particular do Jornal Nacional, Bucci vislumbrava, otimista, perspectivas positivas para o telejornalismo brasileiro. Ele lembrava que fora o fator das novelas mexicanas, exibidas no horário do telejornal,

> [...] o que vem tirando pontos da Globo é a modernidade e a democracia. Vai longe o tempo dos governos militares, quando o *Jornal Nacional* era uma *Voz do Brasil* com imagens. Hoje o público já não mora dentro de um curral eletrônico. Quer e pode variar. Já era hora. Pretender um telejornal com eternos 70 pontos é pretender o monopólio ou o totalitarismo [...] De resto, 35 pontos não são nenhuma vergonha e mantê-los não é fácil. A Globo, que já deu uma melhorada no seu jornalismo do ano

passado para cá, talvez devesse agora torná-lo mais crítico. Cairia muito bem para quem já não é a emissora única do Brasil. (Bucci, "Despencada Saudável", 1997: 18)

Outra vozes insuspeitas se levantaram não simplesmente para sair em defesa do *Jornal Nacional*, mas para exaltar as virtudes do programa em sua nova fase. Em comentário via Internet, Alberto Dines golpeou a "hipocrisia e desfaçatez" dos que julgam que as mazelas da imprensa brasileira estejam "localizadas apenas na Vênus Platinada". Segundo ele, "dessa forma, endeusa-se tudo que é anti-Marinho — das novelas mexicanas aos perdigotos fascistóides despejados por Boris Casoy" (Dines, 1997). Após enfatizar que a queda de audiência do *Jornal Nacional* de 50 para 30 pontos inseria-se "na trajetória previsível das redes abertas de televisão", o editor do *Observatório da Imprensa* enalteceu as mudanças jornalísticas na TV Globo.

Acontece que o telejornalismo da Globo hoje atravessa a melhor fase da sua história (desde a abertura democrática). O Padrão Global de Qualidade Jornalística (se é que existe) embora ainda esteja longe de satisfazer as novas necessidades de contextualização e continuidade, está no caminho certo para lá chegar. Matérias mais longas, mais esclarecimentos, mais reportagens (em lugar da controvérsia apenas), mais serviço público, mais defesa do consumidor, mais internacional, mais densidade, mais crítica [...] A verdade é que o *Jornal Nacional* mudou para melhor. Se, com isto, desfez-se daqueles telespectadores que não sabem onde fica a Bósnia e de Ruanda só querem as imagens macabras, é problema dos que apostam na desinformação. (Dines, 1997)

No primeiro dia de abril de 1997, um fato tornou-se emblemático da nova linha editorial do *Jornal Nacional*: a reportagem do jornalista Marcelo Rezende sobre a truculência policial em Diadema, na Grande São Paulo. A notícia baseava-se em gravação em vídeo da pancadaria feita por um anônimo cinegrafista amador. Além do horror das cenas, as imagens quebravam toda a rigorosa assepsia visual estabelecida, durante anos, pelo padrão global de qualidade. O valor jornalístico

impunha-se à concepção de notícia-espetáculo. Foi um acontecimento estrondoso que despertou incontáveis análises.
O cineasta e cronista Arnaldo Jabor, em matéria na *Folha de S. Paulo*, comparou a reportagem a uma produção cinematográfica, afirmando, entre irônico e admirado, que se tratava "do melhor filme brasileiro dos últimos tempos". Ressaltou que a gravação não tinha diálogos, estúdios nem os efeitos especiais dos filmes norte-americanos, "só uma locação suja e pobre, atores desconhecidos". Acentuou ainda que "a produção barata era uma realização popular". No meio do longo comentário, a ironia, no entanto, transforma-se em análise objetiva do fato, em que Jabor indica claramente as razões para a consagração que a cobertura alcançou.

"Diadema Nunca Mais" aborda um tema atualíssimo, mas sem os costumeiros políticos por uma mensagem "positiva"; limita-se a expor o conflito entre excluídos sem farda e excluídos disfarçados de homens da lei, num buraco de inferno, um capo de lama perdido (permitam-me) lá no cu do Judas. (Jabor, 1997: 4-8)

O mérito do *Jornal Nacional* no caso Diadema mereceu também destaque nas observações de outros analistas. José Marques de Melo destacou que a cobertura, por sua inusitada operação da técnica jornalística, parecia inspirar-se no "modelo ficcional, mas verossímil das telenovelas", contando uma história ao estilo rodrigueano: "a vida como ela é". Segundo Melo, ao projetar esse retrato do cotidiano das camadas mais empobrecidas de nossa população, a Rede Globo demonstrou "sinais de vitalidade" para libertar-se do estigma de "emissora oficialista" e atender "aos anseios da sociedade civil" (Marques de Melo, 1997a).

Fernando Pacheco Jordão, por sua vez, salientou que a matéria representava um marco por abrir o *JN* com a palavra do cidadão e não a de políticos ou *experts*. Mas, segundo ele, o que acontecia no *JN* inseria-se num processo de reorganização do telejornalismo, no qual a intervenção de Paulo Henrique Amorim no *Jornal da Band* também estava trazendo "para o horário nobre do jornalismo o cidadão e o universo de sua comunidade como prioritários em sua pauta" (Jordão, 1997).

O SBT, por outro lado, trilhava um percurso diferente. Depois da abrupta extinção do *Telejornal Brasil*, em dezembro de 1997, a emissora iniciou a primeira experiência globalizada no telejornalismo brasileiro. Mediante uma *joint venture* criada com a rede de TV norte-americana CBS, lançou *O Jornal do SBT — Telenotícias CBS*, transmitido diretamente de Miami, ancorado pelo casal de apresentadores Eliakim Araújo e Leila Cordeiro.

Sem nenhum telejornal no horário nobre até então, a partir do dia 9 de março de 1998, o SBT promoveu a estréia de um informativo local, o *Noticidade*, das 19h15 às 19h30, e da primeira edição do *Jornal do SBT — Telenotícias CBS*, de 19h30 às 20, com o noticiário nacional apresentado por Hermano Henning e o internacional, a cargo da dupla Eliakim e Leila. Além disso, a emissora manteve os boletins *Notícias de Última Hora* (*Folha de S.Paulo* — "TV Folha", 1998: 5).

Mais uma vez vítima do descaso pelo jornalismo, os novos programas foram sumariamente extintos, quatro meses depois, só restando os boletins *Notícias de Última Hora*. Mas para Mauro Malin, o fato não era surpresa: "O fim do jornalismo do SBT [...] é uma exemplar volta às origens", de uma emissora que "não veio ao mundo" para fazer jornalismo (Malin, 1998).

Na Globo, as dificuldades eram de outra natureza. Em fevereiro de 1998, Lilian Witte Fibe deixou o *JN* por causa do seu baixo grau de *empatia* junto à audiência e sua insatisfação com a linha editorial do telejornal, mais afeita a uma concepção amena de jornalismo (Camacho, Sanches e Leite, 1998: 79-80). Na obstinada busca de audiência, o *JN* escalou a dupla de apresentadores preferida pelo Ibope, o casal William Bonner e Fátima Bernardes. Trocou também notícias mais relevantes por "reportagens lacrimosas, curiosidades do mundo animal, ou intermináveis inventários sobre a vida de celebridades" (*Veja*, 1998: 46).

A nova política editorial frutificou rapidamente: 1) dia 28 de julho, o nascimento da filha da apresentadora Xuxa teve uma cobertura duas vezes maior do que a privatização da Telebras; 2) dia 17 de agosto, o assalto ao ator Gérson Brenner ganhou um destaque seis vezes maior do que a declaração de moratória da Rússia; 3) dia 16 de setembro, o acidente com o ator Danton Melo ocupou um tempo dez vezes maior do que a matéria sobre cortes do orçamento do governo brasileiro.

No mesmo diapasão crítico, o editor do *Jornal da Band*, Paulo Henrique Amorim, afirmou que "O *Jornal Nacional* se transformou em mais um produto da linha de entretenimento da Globo" e "que não há mais notícias ali" (*Veja* 1998: 48). Em entrevista à revista *Imprensa*, ao comparar o JN com um *Fantástico* diário (programa de variedades exibido pela Rede Globo, aos domingos), Amorim comentou que o *Jornal Nacional* "cada vez mais incorporou o papel de ser um trânsito entre novelas" (*Imprensa* 1998: 32).

Apesar de todas as acusações, o *Jornal Nacional* ainda era a principal, quando não a única, referência informativa para a maioria dos brasileiros. Já sem ser tão ostensivamente governista, contudo, que não só mantinha, como intensificara sua tendência de espetacularização da notícia. E talvez por causa dessa fórmula tão bem-sucedida de combinar realidade e "ficção", em setembro de 1998, só em São Paulo, o JN atraía diariamente um público de 3 milhões e 200 mil telespectadores, correspondentes a 40 pontos no Ibope (*Folha de S. Paulo*, 1998: 2).

Logo no começo de 1999, foi a vez de Paulo Henrique Amorim protagonizar mais um capítulo da alta rotatividade de apresentadores de telejornais. Sob a inconvincente alegação apresentada pela direção da emissora, de que tirar férias em janeiro era *praxe* das estrelas da TV brasileira, Amorim, de uma hora para outra, deixou de ancorar o *Jornal da Band*, pela Rede Bandeirantes.

O jornalista Tão Gomes Pinto lamentou a saída de Amorim do *Jornal da Band*, considerando-a um empobrecimento do telejornalismo brasileiro. Apesar de ressaltar que Paulo Henrique cometera dois "grandes erros" — querer enfrentar a concorrência do *Jornal Nacional* e tentar implantar um "noticiário de alta densidade na discussão de assuntos econômicos e políticos" — Pinto enfatizou que "encerrava-se assim mais uma (talvez a última) experiência de uma grande rede de combater a hegemonia da Globo no setor de telejornalismo em horário nobre" (Pinto, 1999: 44).

Meses depois, Paulo Henrique Amorim já dispunha de um novo espaço no vídeo, como âncora da TV Cultura de São Paulo. A mudança, no entanto, mais servia para ilustrar a inconstância em que vivia o telejornalismo brasileiro. Tão grande que dificulta até mesmo a elaboração de uma retrospectiva realmente atualizada.

Gêneros e formatos no telejornal

> *Em televisão não se pode ser dissertativo.*
> *Um telejornal vale por uma primeira página.*
> Evandro Carlos de Andrade

As considerações teóricas sobre gêneros jornalísticos na TV devem passar, na revisão de literatura, pelas reflexões que o professor Marques de Melo propõe, para o campo do jornalismo impresso, em seu livro *A opinião no jornalismo brasileiro* (Marques de Melo, 1985a). Referência obrigatória, a obra parte de um resgate crítico profundo de classificações de gêneros sustentadas por vários pesquisadores do tema, no Brasil e no exterior. A partir desse resgate crítico, Marques de Melo concebeu a sua própria categorização baseado em dois critérios: 1) agrupar os gêneros em categorias "que correspondem conforme a 'intencionalidade' das mensagens jornalística"; 2) "identificar os gêneros pela natureza estrutural dos relatos observáveis nos processos jornalísticos" (Marques de Melo, 1985a: 47-8).

De acordo com esses critérios, o autor divide os gêneros em duas amplas categorias: *Jornalismo informativo* e *Jornalismo opinativo*. Conceitua a categoria informativa como a que corresponde às informações que "[...] se estruturam a partir de um referencial exterior à instituição jornalística: sua expressão depende diretamente da eclosão e evolução dos acontecimentos e da relação que os mediadores profissionais (jornalistas) estabelecem em relação aos seus protagonistas (personalidades ou organizações)" (id. ibid.: 48). Segundo o

144

autor, quatro gêneros integram essa categoria: *nota, notícia, reportagem* e *entrevista.*

Marques de Melo define a segunda categoria, esclarecendo que "[...] no caso dos gêneros que se agrupam na área da opinião, a estrutura da mensagem é co-determinada por variáveis controladas pela instituição jornalística e que assumem duas feições: autoria (quem emite a opinião) e angulagem (perspectiva temporal ou espacial que dá sentido à opinião)" (id. ibid.: 48). O autor relaciona oito gêneros opinativos: *editorial, comentário, artigo, resenha, coluna, crônica, caricatura* e *carta.*

Em um levantamento que coordenou sobre a "Imprensa Regional de São Paulo" (Marques de Melo, 1996b), ele revê a incidência dos gêneros jornalísticos. Mantém os oito elementos da categoria opinativa e acrescenta três gêneros informativos à listagem original: *serviço, enquete* e *perfil.* Essas inclusões traduzem a percepção de mudanças no jornalismo impresso brasileiro, tanto nacional quanto regional.

Mais recentemente ainda, em curso ministrado aos alunos de pós-graduação em Comunicação Social da Universidade Metodista de São Paulo, o professor Marques de Melo lançou uma revisão abrangente da questão dos gêneros jornalísticos. Suas observações empíricas da década de 1980 já não encontravam respaldo nas transformações jornalísticas ocorridas neste decênio. Por isso, ele conduziu quatro equipes de alunos a coletar evidências sobre o novo comportamento da mídia, estendendo suas observações aos veículos *revista* e *televisão.*

A partir das evidências coletadas, introduziu uma alteração estrutural no conjunto dos gêneros jornalísticos, identificando a existência de outros dois além do *informativo* e do *opinativo*: o *interpretativo* e o *diversional.* Além disso, passou a classificar as subdivisões existentes entre os gêneros, denominando-as *formatos.*

À relação dos formatos constantes do gênero informativo, adiciona mais um, denominado indicador em substituição ao que era chamado de *serviço.* Transfere do informativo para a categoria interpretativa o *perfil* e a *enquete,* juntando-os a outros quatro gêneros: *análise, dossiê, cronologia* e *gráfico.* Conserva os oito formatos opinativos e sugere dois para compor o gênero diversional: a *história de interesse humano* e a *história colorida* (Marques de Melo, 1997b).

Estrutura e processo

O arcabouço teórico dos gêneros jornalísticos nos meios impressos serve como ponto de partida para a definição dos gêneros jornalísticos na TV, ou, mais especificamente, nos telejornais. Qualquer proposta de classificação deve remeter, contudo, às referências que as obras relativas à técnica de produção telejornalística oferecem para o clareamento dessa questão. Afinal, não dá para simplesmente transpor classificações afetas ao jornalismo impresso para o telejornalismo. Para se ter um instrumento metodológico adequado, é preciso considerar, antes de tudo, as circunstâncias particulares que condicionam a incidência de gêneros jornalísticos em telejornais.

Dessa perspectiva estritamente metodológica, a descrição das circunstâncias particulares inerentes à incidência dos gêneros jornalísticos nos telejornais começa por uma breve alusão à estrutura e aos formatos básicos de produção jornalística em TV, no Brasil. A descrição limita-se intencionalmente, porque os manuais e livros sobre telejornalismo, já apontados nos capítulos anteriores, tratam dessas questões técnicas de modo mais abrangente. Seria, porém, absolutamente inútil aos objetivos deste livro uma abordagem aprofundada sobre essas questões. A nomenclatura e seus respectivos conceitos assinalados a seguir prestam-se, portanto, a definir, com a clareza própria de uma investigação científica, os pontos a serem destacados no estudo comparativo proposto.

A estrutura de um noticiário delineia-se no que se chama de *espelho*. Apresentado de forma concisa, distribuído a todos os profissionais participantes da operação do programa, o *espelho* sintetiza a organização do telejornal em blocos, a ordem das matérias em cada bloco, bem como dos intervalos comerciais, das chamadas e do encerramento. Sua elaboração, coordenada pelo editor-chefe ou editor responsável do informativo, se dá a partir de um *pré-espelho*, que se altera progressivamente, quantas vezes for necessário, durante todo o período de produção do telejornal e que se pode concluir até mesmo no decorrer da própria apresentação do programa.

A informatização no telejornalismo permite, inclusive, maior agilidade na redação das notícias e, a partir do terminal de computador, o texto das notícias pode ser atualizado enquanto o telejornal estiver no ar, diretamente no *teleprompter*. Essa facilidade poderia até tornar o "script" escrito no papel dispensável, mas a eventualidade de uma falha técnica requer que o apresentador tenha sempre em mãos uma cópia integral do noticiário.

As numerosas mudanças de feições ao longo do processo de definição do *espelho* resultam sobretudo do que se denomina de *factual*, as notícias do dia, que caracterizam o estilo editorial conhecido como *hard news*. Classificadas como *matérias factuais* ou *quentes*, essas notícias referem-se geralmente a acontecimentos não previstos na pauta e têm de ser veiculadas naquele dia.

Só mesmo nas edições em que poucos fatos ocorrem, abre-se espaço para aquelas matérias, que, apesar de não se enquadrarem no critério da atualidade do dia-a-dia, pela permanente relevância dos temas e questões que focalizam, não sofrem o mesmo processo de rápido envelhecimento a que se submete o factual. São as reportagens conhecidas como *features*. A qualificação que se lhes atribui, *matérias de gaveta*, ou *matérias frias*, revela as propriedades de sua natureza: ficam ali, de reserva, podendo ser utilizadas a qualquer momento, de acordo com as conveniências editoriais.

A primeira parte do espelho é a *escalada*, que se compõe das *manchetes*, "frases de impacto sobre os assuntos do telejornal que abrem a transmissão" (Cunha, 1990: 137), "lidas pelos locutores de forma dinâmica" (Prado, 1996: 81), mesmo antes do boa-noite dos apresentadores. A principal função da escalada é despertar e manter a atenção e o interesse do telespectador do início ao final do noticiário.

Além das manchetes, como um recurso para dar ritmo ao programa, a escalada pode conter também *teasers*, intervenções de um repórter sob a forma de um texto breve em que se busca incitar a curiosidade do telespectador por uma determinada matéria que vai ser divulgada no telejornal. Em casos de matérias exclusivas, de grande impacto, o *teaser* pode constituir-se de imagens do fato, acompanhadas ou não de som ambiente.

As matérias jornalísticas em seus mais diversos gêneros e temas são distribuídas em blocos. O número de blocos varia de telejornal para telejornal. Os blocos são separados por intervalos para os comerciais e chamadas para outros programas da emissora. Esses intervalos normalmente começam e terminam com vinhetas que identificam o programa, chamadas de *passagens de break*.

No final de cada bloco, à exceção do último, ressuscita-se o interesse do telespectador pelo noticiário por meio das *passagens de bloco*, que são chamadas sob a forma de pequenas manchetes relativas às informações principais que serão veiculadas no bloco seguinte. Lidas pelo apresentador do telejornal "ao vivo" ou em *"off"*, em que o texto é coberto por imagens do fato em questão, geralmente essas chamadas de passagens de bloco são antecedidas por expressões que visam chamar a atenção do público, tais como "Ainda hoje", "Veja a seguir", "A seguir", "Daqui a pouco", "Dentro de instantes", "Em instantes". Em alguns casos, podem ser feitas também por um repórter, em atuação isolada ou complementar à do apresentador.

No transcorrer do telejornal, a transmissão da notícia assume diversos formatos. Isolados ou integrantes de um conjunto, esses formatos constituem os gêneros jornalísticos na televisão. Alguns desses formatos têm mais de uma denominação, que serão indicadas para evitar interpretações ambíguas que poderiam eventualmente obscurecer o entendimento da metodologia e as conclusões deste livro. Ao relacioná-los por ordem alfabética, pretende-se intencionalmente desfazer qualquer idéia de hierarquia que se possa ter a respeito desses formatos.

Por *abertura de matéria* ou *cabeça de repórter*, deve-se entender a participação do repórter abrindo a matéria com sua aparição no vídeo "com uma informação complementar à 'cabeça' lida pelo locutor" (Paternostro, 1987: 86). No *encerramento de matéria*, ao contrário, "o repórter fecha a matéria 'ao vivo'[...] dando uma informação conclusiva à reportagem" (id ibid.: 91).

Essa intervenção pode ser gravada ou *ao vivo*, feita no instante em que o acontecimento ocorre, em transmissão direta feita em estúdio ou em externa. A operação técnica que possibilita o envio de sinais a distância em uma reportagem externa "através da ligação estúdio-transmissor ou transmissor-transmissor" recebe o nome de *link*. Em uma cobertura esportiva ao vivo, usa-se o termo *link* para definir a ligação entre a emissora e uma unidade geradora de sinal instalada no local onde acontece o evento esportivo.

No *boletim* ou *stand up*, mostra-se o repórter, em pé (daí vem o sentido da expressão original em inglês) no local do fato, em transmissão ao vivo ou gravada, dirigindo-se à câmera para relatar um fato, concluir um raciocínio ou complementar uma informação "que não se tenha imagem para ilustrar" (Boccanera, 1997: 66). Em sua obra de ficção *Jogo duplo*, o correspondente internacional esclarece ainda que "Na verdade, usa-se o *stand up* com mais freqüência para mostrar ao público que o repórter está mesmo no local em que transcorre a cobertura" (id. ibid.: 66).

Quando isolado, o boletim pode constituir uma matéria autônoma. Nessas condições, se confunde com o *flash*, ou seja, um "resumo das informações de uma notícia" (Paternostro, 1987: 92) gravado ou "ao vivo". Pode aparecer também como uma das partes de uma reportagem. Quando vem em seguida à cabeça de reportagem lida pelo apresentador, chama-se *boletim de abertura*, também chamado de *cabeça de repórter*. Se, na forma mais comum, entremeia o *off* e as entrevistas, tem o nome de *boletim de passagem*. Se vem editado depois das entrevistas, é conhecido como *boletim de encerramento* e se assemelha ao *encerramento de matéria*.

Escrita pelo editor de texto e sempre lida pelo apresentador do telejornal, a *cabeça de matéria* representa a "abertura de uma notícia". Por se equivaler ao *lead*, em que estão presentes os principais elementos de um fato (que, quem, quando, como, onde e por quê), funciona como "gancho" para introduzir a notícia e estimular a atenção do telespectador pelo assunto tratado.

Off ou *texto em off* é a parte da notícia gravada pelo repórter ou pelo apresentador, para ser conjugada com as imagens do fato, sem que o rosto de quem faz a leitura apareça no vídeo. Nas matérias *em off*, a narração do locutor ou do repórter deve estar harmoniosamente conjugada com as imagens que cobrem o texto lido.

A expressão *passagem* — cujo significado pode ser o mesmo de boletim de passagem — se traduz como a ligação entre trechos de uma reportagem, servindo como ponte no caso de coberturas feitas em dois ou mais lugares distintos. É também chamada de *passagem do repórter*, utilizada no meio da matéria para destacar a presença do repórter no local onde se desenrola o fato.

Nessa situação, o repórter pode fazer uma *passagem de lado*, no encaminhamento de entrevistas com personalidades ou populares envolvidos no acontecimento (Paternostro, 1987: 95) ou para "divulgar números, estatísticas ou fazer comparações que possam ajudar quem está em casa a entender determinado assunto", como no caso de acidentes climáticos, por exemplo.

O termo *sonora* tem o sentido genérico de toda a gravação feita em externas e designa, em particular, a fala dos entrevistados nas reportagens. Os manuais de telejornalismo lembram que se essas falas duram mais de 30 segundos, recomenda-se escutar de novo, sobretudo quando forem usadas em telejornais no horário nobre. Segundo Flávio Prado, "Mais de 30 segundos só em casos especiais, quando se tratar de fala de pessoas muito importantes e que normalmente não dão entrevistas exclusivas" (Prado, 1996: 47).

Dentro da categoria das sonoras, inclui-se a *enquete*, conhecida no meio jornalístico televisivo também como *povo fala* ou *fala povo*, que pode ser definida como "uma série de entrevistas, em geral curtas, sobre um determinado assunto" (Maciel, 1995: 107). Como o próprio nome diz, pessoas do povo, populares são interpelados aleatoriamente, na rua, pelo repórter para falar a respeito de uma questão qualquer.

Embora careça de qualquer rigor científico que caracterize uma pesquisa de opinião, a *enquete* pode ser inadvertidamente considerada como tal. Pela edição, as respostas extremamente breves às vezes expõem posições polêmicas ou divertidas quanto ao tema da *enquete*.

A produção jornalística em TV inclui outros procedimentos que precisam ser claramente conceituados. No que se refere especificamente aos elementos próprios do sistema de áudio — tudo o que se refere à parte sonora de um telejornal — o termo inglês *background*, conhecido simplesmente pela sigla BG, significa toda espécie de ruído, músicas, vozes existentes por trás da gravação de áudio, que acompanham a fala do apresentador ou do repórter.

Chamado também de *som ambiente*, nas notícias internacionais costuma-se deixar o BG da fala da língua original de um entrevistado. Deve-se evitar, contudo, que o volume do BG dificulte a perfeita compreensão da fala do repórter ou do apresentador. *Estourar o som* é o termo que se emprega para dizer que o áudio está com o volume além do nível conveniente.

Esse fundo sonoro pode conferir mais realismo e autenticidade a uma notícia e essa impressão tende a aumentar ao se elevar o som ambiente no final do texto (manifestação das torcidas em um campo de futebol, sons de tiros e bombardeios em uma guerra etc.). Quando se usa somente, como fundo sonoro, o som "limpo" de um evento ou de uma solenidade, sem a participação de locutores, tem-se o que se denomina som universal.

Em algumas matérias classificadas como "leves" — de variedades, comportamento ou esporte —, a música pode servir como alternativa ao som ambiente. Com a adoção desse recurso, é possível obter um efeito irônico, hilariante ou lírico para uma matéria, aproximando-a, em alguns casos, do gênero da crônica. Por esse motivo, desaconselha-se sua utilização em matérias estritamente jornalísticas, em que obrigatoriamente a notícia tem de transmitir uma mensagem precisa e objetiva de imediata compreensão pelo público.

Aspecto relacionado ao código icônico, o *plano* — grau de angulação ou de abertura da câmera em relação à pessoa ou pessoa em foco — interfere também na definição de gêneros. Do mais aberto — *Plano Geral,* usado em externas para mostrar uma paisagem — ao close up — quando se quer mostrar o detalhe de um rosto, por exemplo —, a variação de planos propiciada pelos movimentos de *aproximação* (*zoom-in*) e de *afastamento* (*zoom-out*) pode simbolizar uma mudança de tratamento ao telespectador. Quanto mais fechado o plano, por exemplo, maior será a conotação, para o telespectador, de teor de intimidade na fala do apresentador.

Outro recurso visual muito usado no telejornalismo, o *selo* é uma ilustração criada pela editoria de arte que identifica um assunto ou notícia que é veiculada em sucessivas edições de um telejornal. Algumas vezes, pode representar também uma seção permanente do noticiário, como as informações sobre o movimento do mercado financeiro ou previsões da meteorologia. Em geral, principalmente nesses casos, uma vinheta sonora se conjuga com o *selo*.

De gêneros a formatos

A identificação dos gêneros jornalísticos em noticiários televisivos confunde-se na literatura específica sobre o assunto com o conceito de *formatos*. Squirra, em *Aprender telejornalismo — produção e técnica* classifica as notícias apresentadas em telejornais em três grupos: as *notas simples*, as *notas cobertas* e as *aberturas e encerramentos* para as matérias editadas (Squirra, 1990: 71).

As *notas simples* provêm de informações fornecidas pelas agências de notícias, rádio-escuta, de *press releases*, informantes ocasionais ou de cobertura prevista na pauta que não foi levada à reportagem externa. Do ponto de vista formal, são matérias curtas sobre fatos acontecidos ou por acontecer e, característica que melhor as distingue como formato/gênero, sem imagens de cobertura.

As *notas cobertas* assemelham-se às notas simples, por serem um relato objetivo do acontecimento a que se referem. Têm a vantagem, porém, de dispor de informação visual relativa ao assunto tratado. Por esse motivo, apresentam-se como casamento perfeito de imagem e palavra, oferecendo maior detalhamento do fato.

As *aberturas e encerramentos de matérias editadas* integram o terceiro grande grupo de notícias televisivas. Lidas no estúdio pelo apresentador ou locutor do telejornal, são redigidas com o objetivo de "introduzir os telespectadores no assunto, de tornar o assunto mais fácil de se compreender, de mudar para uma nova informação, uma nova notícia" (id. ibid.: 72). Tal como as notas, o texto também deve ser objetivo e curto, uma vez que a abordagem jornalística será desenvolvida pelo repórter, no local dos acontecimentos, pela matéria já editada.

Encarregado de redigir as aberturas (ou *cabeças de matéria*) e encerramentos, o *editor de notícias* não deve, portanto, dizer no seu texto as falas do repórter ou do entrevistado, que constará da matéria editada, nem repetir o que foi dito anteriormente na reportagem. No caso da abertura ou cabeça de matéria, o texto cumpre a função de situar o fato e aguçar o interesse do telespectador pela notícia.

Pedro Maciel expõe uma outra classificação para os formatos/gêneros jornalísticos na televisão. O autor identifica quatro formas de apresentação de notícias: nota ao vivo, nota coberta, boletim e reportagem. Cada qual possui características próprias e "são utilizadas conforme a existência ou não de imagens e fontes para serem entrevistadas, ou conforme a necessidade do telejornal" (Maciel, 1995: 48).

Na *nota ao vivo*, "forma mais simples de apresentação de uma notícia na televisão", o apresentador ou locutor apenas lê, em quadro, o texto preparado pelo editor de notícias. O fato de ser a forma mais simples não reduz a importância da nota ao vivo em relação a outros formatos, porque o seu uso se justifica em três circunstâncias básicas: "1) suprir a falta de imagem da notícia; 2) para dar ritmo ao telejornal, já que a nota ao vivo é sempre mais curta do que a reportagem; 3) nos casos em que há imagens, mas que por um motivo ou outro, elas não chegaram ainda à emissora" (id. ibid.: 49).

A *nota coberta* é, por sua vez, o formato mais simples de notícias com imagens na TV. Em geral, ela é formada por duas partes que se complementam harmonicamente. A *cabeça*, correspondente ao *lead*, é lida pelo apresentador em quadro ou ao vivo. Na segunda parte, chamada de *off*, o apresentador ou o repórter faz a narração, paralelamente à exibição das imagens da notícia.

No *boletim* ou *stand up*, conforme definição já exposta, o repórter transmite a sua narração em quadro diretamente do lugar onde o palco de ação do fato. Maciel explica que "Durante o boletim, a câmera pode fazer um passeio para mostrar o que o repórter está narrando ou abrir em um entrevistado se houver uma sonora" (id. ibid.: 56). Nessas duas situações, o rosto do repórter sai de quadro e o texto passa a ser apresentado em *off*. O boletim pode ser gravado ou "ao vivo", quando evidencia ainda mais a notícia no telejornal. A transmissão "ao vivo", no entanto, esbarra em dois problemas: a possibilidade de "estourar" o tempo e a interferência inconveniente de pessoas alheias ao fato, no caso de coberturas de eventos que reúnem um grande número de pessoas (espetáculos artísticos, feiras, manifestações populares etc.).

"A mais complexa e mais completa forma de apresentação da notícia na televisão", a *reportagem* "tem texto, imagens, presença do apresentador, do repórter e de entrevistados" (Maciel, 1995: 60). De duração mais longa, a reportagem incorpora, portanto, todas as outras formas de apresentação de notícias e divide-se, basicamente, em cinco partes.

Começa pela *cabeça*, que é a "notícia propriamente dita, lida pelo apresentador em quadro no estúdio de televisão" e semelhante ao *lead* do jornalismo impresso, a qual conta ao telespectador o que aconteceu". O *off*, texto do repórter que ampara as imagens do fato que cobrem a narração, deve estar adequadamente conjugado com as informações visuais que o telespectador vê na tela. A terceira parte da reportagem é o *boletim* ou *stand up*, usado, mais freqüentemente, para divulgar informações importantes que não dispõem de imagens correspondentes. Conforme já foi esclarecido, o boletim é a narrativa do repórter no local do acontecimento, que, dependendo de sua inserção no todo da reportagem, pode ser de abertura, passagem ou encerramento. As *sonoras* "são as entrevistas feitas pelo repórter para completar a matéria". A finalização da reportagem se dá mediante o *pé*. Sob a forma de um texto curto, lido em quadro pelo apresentador, o pé tem duas funções: "fechar a matéria, fornecendo ao telespectador uma informação complementar e evitar que a última palavra de uma reportagem fique com algum dos entrevistados" (id. ibid.: 61), o que poderia dar a impressão de favorecimento, de parcialidade.

A ordem mais comum — não a única — de montagem da reportagem é cabeça-off-boletim-sonora-pé. A possibilidade de uma parte (boletim, *off* ou sonoras) aparecer mais de uma vez e a omissão de um ou mais dos formatos que a compõem não significam, necessariamente, uma descaracterização do conceito de reportagem.

Ivor Yorke tem um conceito diferente de reportagem televisiva. Ele a define como "[...] uma história visual que constitui uma unidade em si mesma, independente da introdução lida pelo apresentador no estúdio" (Yorke, 1994: 137). Na estrutura que propõe para a reportagem, o autor inglês identifica quatro componentes: "1) Uma seqüência de imagens acompanhadas de comentário do repórter, fora de quadro. 2) Uma entrevista. 3) Mais imagens e comentários [...]. 4) Uma nota final do repórter frente à câmera" (Yorke, 1994: 137).

Em sua dissertação de mestrado sobre o *Jornal Nacional*, Luís Gleiser tratou da questão dos formatos vinculada aos tipos de participação do locutor e do repórter na apresentação das notícias. Quanto ao locutor, atribui-lhe função explícita de "introduzir as notícias" de quatro maneiras (Gleiser, 1983: 33).

Na primeira delas, em uma atuação típica da nota simples, descrita anteriormente, "o locutor lê uma informação ao vivo". Apesar de nesse formato a notícia se restringir "ao texto dito pelo locutor", a ausência de imagens não decorre apenas da falta de material visual estático ou em movimento. Isso pode ser feito, às vezes, para destacar certas notícias, que, conforme a ordem de inserção e o tom em que são transmitidas, ganham um clima de urgência e de "atenção, atenção".

Uma segunda situação ocorre quando "o locutor lê uma manchete ou cabeça ao vivo ou em *off* sobre material visual estático". Esse recurso tem seu uso mais limitado à introdução da notícia, quando o relato verbal lido em quadro pelo apresentador recebe o reforço visual de uma ilustração presente em um selo ou incrustada atrás do rosto do locutor, em cromaqui.

A intervenção do locutor na apresentação da notícia se dá também quando ele "lê uma manchete ou cabeça ao vivo e continua em *off* sobre material visual em movimento" (Gleiser, 1983: 34). É um formato muito usado principalmente no noticiário internacional, no qual, como sustentação para a leitura em *off* do locutor, mantém-se o som ambiente da narração original própria da cobertura feita pelas agências de notícias. Sem afetar a inteligibilidade da mensagem, o BG funciona de modo a criar um clima de autenticidade à matéria.

"Unidade básica da narrativa do *JN*", o quarto formato concretiza-se quando "o locutor lê uma mensagem ou cabeça ao vivo, passando o desenvolvimento para material visual do repórter ou correspondente". Embora a afirmação de Gleiser se refira ao início da década de 1980, a técnica permanece atual, especialmente na estruturação da reportagem.

Para o trabalho do repórter, Gleiser indica também quatro modalidades de atuação. Na primeira, "o repórter apenas entrevista" — por ser uma intervenção em *off*, só a mão do repórter segurando o microfone aparece no vídeo. Esse formato visto na saída de personalidades de palácios, gabinetes, reuniões e em *enquetes* com populares, para colher declarações espontâneas e rápidas.

Mais complexa é a tarefa do repórter quando ele "[...] faz a cabeça, off e/ou entrevista". Trata-se, conforme Gleiser, do "formato mais comum e de maior expressividade no sentido de conotação de realidade" (Gleiser, 1983: 36). Configura muito bem as atribuições de um repórter na construção de uma reportagem.

Visitas de autoridades, coberturas de grandes eventos públicos, transmissões esportivas, manifestações políticas em praças públicas, na cobertura sobre condições do trânsito são circunstâncias, entre outras, em que a missão principal do repórter é justamente a de passar "a *suite* para outros repórteres".

Finalmente há a opção de o "repórter entrar ao vivo". Na época em que fez o estudo, Gleiser observou que esse formato era muito raro no *Jornal Nacional*, por questões técnicas e editoriais, sendo mais usual em noticiários locais e regionais. De lá para cá, muitas coisas mudaram e a participação do repórter ao vivo tem sido mais freqüente, inclusive no JN, em vários tipos de matéria, mas especialmente em *flashes* de transmissão esportiva, votações no congresso, informações sobre o trânsito, reportagens sobre acidentes etc.

Classificação dos formatos

A reflexão sobre natureza e tipologia dos gêneros jornalísticos nos telejornais transcende os objetivos deste livro. Trata-se de um tema por si só bastante complexo, que mereceria um estudo específico e profundo. A abordagem dessa questão circunscreve-se ao âmbito da necessidade de se identificar uma classificação, amparada em bases teóricas e em observações dos processos telejornalísticos, que se enquadre como instrumento metodológico válido para o estudo proposto: uma análise comparativa do lugar da palavra em três telejornais brasileiros.

A literatura sobre o assunto alerta que não se pode fixar limites rigorosos entre os gêneros jornalísticos. Os gêneros opinativos não excluem o que seria próprio do informativo: o relato objetivo do fato, o dado bruto. Por outro lado, nas matérias informativas, a opinião, às vezes quando não explícita, subjaz implicitamente no decorrer de todas as filtragens que compõem o processo de produção jornalística: a elaboração da pauta, a copidescagem, a edição de notícias, a angulação, inconsciente ou não, com que o jornalista vê o acontecimento.

É possível, no entanto, detectar para que direção pende mais uma informação jornalística, para o informativo ou o opinativo. E nesse momento, os critérios apontados (Marques de Melo, 1985) para a definição dos gêneros e dos formatos comunicacionais revelam sua utilidade. A intencionalidade e a estrutura do relato jornalístico funcionam como balizas para a classificação que se pretende adotar.

Desde já, todavia, cabe ressalvar que a classificação proposta, como qualquer outra que se venha a escolher, jamais consegue abarcar as nuanças, os detalhes presentes nos gêneros jornalísticos. Nem sempre, para não dizer quase nunca, matérias julgadas pertencentes a um determinado gênero apresentam características totalmente semelhantes. Mas, para efeito metodológico, e uma vez que não se tem a pretensão de se construir um instrumento completo e perfeito, o pesquisador deve se servir dos conhecimentos teóricos, para, com criatividade e senso ético, encontrar as alternativas que dêem à sua pesquisa o máximo teor de fidedignidade científica.

Feitas todas essas ponderações, propõe-se uma classificação que compreende apenas dois gêneros jornalísticos, o jornalismo *informativo* e o *opinativo* peculiares ao telejornalismo. Apesar de reconhecer a existência dos gêneros *interpretativo* e *diversional*, o autor considera que elas estão presentes em outras modalidades de programas jornalísticos de TV, tais como os documentários, a exemplo do *Globo Repórter* ou do *SBT Repórter*, e nas revistas televisivas, tal como o *Fantástico*, em que a notícia se alterna com números musicais e dramatizações. Os telejornais de horário nobre, que constituem o objeto deste livro, atêm-se em verdade mais ao factual, buscando ser uma síntese dos acontecimentos do dia. E mesmo que, vez ou outra, transpareça algum sentido diversional ou, mais raramente, interpretativo nas matérias divulgadas, a exceção não basta para desfigurar a natureza do noticiário.

Ao gênero *jornalismo informativo*, pertencem cinco formatos, listados a seguir com suas respectivas definições.

1) *Nota* — é o relato mais sintético e objetivo de um fato, que, no telejornalismo, pode assumir duas formas, a *nota simples*, formada apenas pelo texto falado lido pelo apresentador, sem imagens e a *nota coberta*, com imagens do acontecimento e narração em *off* do apresentador.
2) *Notícia* — é o relato de um fato mais completo do que a nota, por combinar a apresentação ao vivo e a narração em *off* coberta por imagens.
3) *Reportagem* — é a matéria jornalística que fornece um relato ampliado de um acontecimento, mostrando suas causas, correlações e repercussões. Em sua estrutura completa, constitui-se de cinco partes: cabeça, *off*, boletim, sonoras (entrevistas) e pé, mas pode configurar-se também sem uma ou mais dessas partes. De modo algum, porém, deve prescindir é da intervenção — direta ou em *off* — do repórter. Quanto ao assunto tratado, divide-se em dois tipos: *factual*, relativa a acontecimentos do dia-a-dia, chamada de matéria quente, que requer divulgação imediata, sob pena de perder a atualidade e necessário impacto sobre o público; e a *feature*, referente a assuntos de interesse permanente, que não necessitam do atributo da atualidade, denominada de matéria fria ou de gaveta, quando produzida para divulgação em dias de poucos acontecimentos.
4) *Entrevista* — é o diálogo que o jornalista mantém com o entrevistado, pelo sistema de perguntas e respostas, com o objetivo de extrair informações, idéias e opiniões a respeito de fatos, questões de interesse público e/ou de aspectos da vida pessoal do entrevistado. De todos os gêneros jornalísticos, a entrevista é a que mais se utiliza do estilo coloquial, mais próximo da linguagem popular. O caráter espontâneo e improvisado de sua produção, fortalecido pela circunstância dialogal com que se manifesta, é típico do estado de oralidade da língua.

5) *Indicador* — São matérias que se baseiam em dados objetivos que indicam tendências ou resultados de natureza diversa, de utilidade para o telespectador em eventuais tomadas de decisões, o que lhes dá o sentido de um jornalismo de serviço. Esses indicadores podem ter um caráter permanente, caso das previsões meteorológicas, números do mercado financeiro e informações de condições de trânsito ou temporário, a exemplo dos resultados de pesquisas eleitorais. Esse tipo de matéria segue um modelo mais ou menos uniforme de elaboração, que as torna aparentemente repetitivas na forma como se resultassem, de certa maneira, do preenchimento de um mero formulário.

A *enquête* — conjunto de entrevistas curtas com populares acerca de um determinado assunto — e o *perfil* — descrição biográfica de uma personalidade, reunindo texto, imagens e depoimentos de arquivo — não foram considerados formatos autônomos. Pela observação do autor, verificou-se que, nos telejornais, essas matérias são partes da estrutura de outros formatos — nota, notícia, reportagem ou até mesmo da entrevista.

Dos oito formatos identificados por Marques de Melo (1997), apenas três integram o gênero *jornalismo opinativo* na classificação adotada para este livro.

1) *Editorial* — texto lido geralmente pelo apresentador, que expressa a opinião da emissora sobre uma determinada questão. Em casos excepcionais, pode representar também a opinião dos editores do telejornal. Nessas situações, a opinião deixa de ser anônima e se confunde com a avaliação pessoal do editor.
2) *Comentário* — matéria jornalística em que um jornalista especializado em um determinado assunto (economia, esporte, política nacional etc.) faz uma análise, uma interpretação de fatos do cotidiano. Em sua apreciação, o comentarista, muitas vezes, além de explicar os acontecimentos e problemas, orienta o público, que pode conferir ao seu trabalho uma conotação de jornalismo de serviço.

3) *Crônica* — no limite entre a informação jornalística e produção literária, a crônica é um gênero opinativo que, mesmo que remeta a um acontecimento da realidade, vai além da simples avaliação jornalística do real. Mediante um estilo mais livre, de uma visão pessoal, o cronista projeta para a audiência a visão lírica ou irônica que tem do detalhe de algum acontecimento ou questão, que passa despercebido ou pouco valorizado no noticiário objetivo. Na linguagem da TV, a crônica conta com outros recursos expressivos além da palavra, as imagens e a música.

Reserva-se ainda uma reflexão a respeito do gênero qualificado como *utilitário* ou de *serviço*. No nosso entendimento, as matérias jornalísticas que, supostamente, se prestam a algum tipo de serviço ao público não se encaixam em um gênero determinado nem sequer em uma das duas categorias, informativa e opinativa. Tanto uma reportagem como um comentário econômico podem ser de extrema utilidade pública, à medida que neles estiver embutida a intenção de esclarecer, orientar ou mesmo despertar a consciência do telespectador quanto a um problema qualquer.

Não importa, portanto, que o assunto abordado seja de saúde pública — como evitar uma doença contagiosa —, ligado à área de educação — as propriedades de um método pedagógico — ou que fique no nível trivial de uma receita de um prato regional; o que interessa mesmo é o valor que essa informação possa ter para a audiência. E, às vezes, nem é preciso ir tão longe. A simples divulgação de indicadores meteorológicos ou financeiros ajuda o telespectador a tomar decisões de seu interesse.

A representação em três estilos

> *O difícil de fazer telejornalismo é que você tem de encontrar essa coisa do ritmo e aí vira um pouco de espetáculo.*
>
> Marília Gabriela

Escolheram-se, como universo do objeto do livro, três telejornais exibidos no horário nobre da TV (de 19 às 23 horas), de alcance nacional — cuja transmissão é captável em qualquer parte do país — e de conteúdo multitemático, que veicula informações de natureza diversa — política, economia, esportes etc. Dois noticiários selecionados — *Jornal Nacional* e *Telejornal Brasil* (extinto pelo SBT em dezembro de 1997) — eram, à época, os programas de maior audiência do gênero, na televisão brasileira, transmitidos pelas duas maiores redes de emissoras comerciais em atividade no Brasil, respectivamente, a Globo e o SBT. O outro — *Jornal da Cultura* — é transmitido pela TV pública de maior projeção no país, tanto pelo aspecto de audiência quanto pelo elevado nível de qualidade de sua programação, a TV Cultura de São Paulo.

Além desses critérios, a escolha se baseou sobretudo no estilo editorial particular que cada um dos telejornais adotava, tornando-os paradigmas da produção telejornalística brasileira. De um modo superficial, podia-se situar os programas em três categorias.

Na primeira, o telejornal assumia natureza exclusivamente informativa, que associa um resumo dos fatos do dia com matérias especiais dedicadas às áreas de educação, saúde e cultura. É o caso do *Jornal da Cultura*.

Uma segunda categoria caracterizava-se por uma pequena dose de opinião acrescentada a um noticiário extremamente ágil, em que vários falantes (locutores, repórteres, comentaristas) se alternavam e com visível incidência de matérias do formato indicador e de reportagens de variada espécie, do tipo investigativa ou voltada para amenidades. Trata-se do *Jornal Nacional*.

Um caráter nitidamente personalista definia o modelo da terceira categoria. Essa peculiaridade projetava-se na linha editorial do noticiário, marcada pela atuação do âncora do programa em três frentes: como editor-chefe, como condutor de um formato pouco comum nos telejornais do horário nobre — a entrevista e como editorialista que emite comentários pessoais sobre assuntos diversos. Principalmente por essa característica, o telejornal *Tj Brasil* contém um forte teor opinativo, ao contrário dos outros dois programas.

Essa é uma visão comparativa sintética dos telejornais objeto de estudo. Particularidades mais detalhadas podem ser encontradas na descrição, a seguir, de cada um dos noticiários.

Telejornal Brasil

Sem comentário me torno um apresentador como outro qualquer.

Boris Casoy

Em seus primeiros anos de funcionamento desde a sua fundação em 19 de agosto de 1981, o SBT estruturou-se — seu próprio nome indica esta condição — sob a forma de sistema. Diferentemente dos demais conglomerados de TV existentes no Brasil, que se organizaram como redes, o Sistema Brasileiro de Televisão se caracterizou como uma "Central Independente de Produções". Livre da direção de uma emissora cabeça de rede, cada canal vinculado ao SBT gozava de autonomia para produzir programas.

No final da década de 1990, já assumidamente como rede, conforme informações de "Dados do Mercado", veiculadas pelo seu *site* na Internet, com 84 emissoras entre filiadas e afiliadas, "o SBT atingia 97% dos domicílios com TV no Brasil, representando 92% da população e 95% do índice potencial de consumo — IPC" (SBT, 1997).

Na disputa pela preferência dos telespectadores, o SBT ocupava a vice-liderança de audiência, posição que mantinha desde quando entrou em operação, há mais de 15 anos. Segundo o Relatório Ibope referente ao período de janeiro a novembro de 1996, a audiência dos canais abertos de TV distribuía-se assim, na grande São Paulo, o maior mercado consumidor do país: Rede Globo (55%), SBT (21%), Record (6%), Bandeirantes (6%), TV Cultura (6%), Rede Manchete (3%) e CNT (3%), (SBT, 1997).

Para todo o seu público espalhado pelo país, o SBT levava ao ar, em média, 20 horas de programação por dia. Os programas infantis representavam a maior parte, 22%, seguidos pelos shows, 21% e os filmes, 16%. As novelas e o telejornalismo ficam empatados em quarto lugar, com 14% (SBT, 1997).

Conforme se mencionou na retrospectiva do telejornalismo brasileiro, o SBT demorou muito a encontrar uma proposta jornalística consistente. Isso só veio mesmo a acontecer no final da década de 1980.

Logo a partir de sua estréia, no dia 28 de setembro de 1988, o *Telejornal Brasil*, o *Tj Brasil*, surgia como um modelo bastante original de telejornalismo. Em seus 40 minutos de duração, divididos em blocos, com o passar do tempo, mais e mais o seu perfil editorial foi se consolidando em torno da figura de seu âncora, Boris Casoy. Inicialmente inspirado no telejornalismo norte-americano, Casoy, no entanto, deu uma feição particular ao seu trabalho de ancoragem do *Tj Brasil*. Além de editar o telejornal, apresentava as notícias, fazia comentários e entrevistas.

Eu acho que no Brasil, ele [âncora] é sinônimo de editor-chefe, de apresentador e de comentarista. E, ocasionalmente, entrevistador. Na verdade, é o jornalista no pleno exercício de suas funções. É o jornalista que edita seu jornal, que seleciona as notícias. Que comenta e faz análise. No meu conceito, no fundo, é uma forma de jornalismo crítico e analítico. (Casoy apud Squirra, 1993: 100)

Ao comparar o seu programa com o *Jornal Nacional*, telejornal da Rede Globo, líder absoluto de audiência desde sua estréia até hoje, Boris ressaltou que pelo fato de dispor de muito menos recursos, a única vantagem que o *Tj* levava sobre seu concorrente era "a possibilidade de liberdade de opinião". E verdade seja dita: enquanto esteve sob o comando de Boris Casoy até maio de 1997, o *Tj Brasil* espelhou a imagem, a personalidade de seu âncora. É provável que nenhum jornalista, na condição de empregado, tenha desfrutado de tanta liberdade para produzir programas jornalísticos na TV brasileira, conforme o próprio Casoy admitiu: "O que me difere dos âncoras das outras emissoras é a autonomia que eu tenho para fazer o jornal do jeito que quiser e comentar o que considerar necessário" (Casoy apud Tramontina, 1996: 65).

Dia 4 de setembro de 1996, a repórter Deborah Bresser observou o processo de produção do *Telejornal Brasil* para descrevê-lo, junto com o de outros telejornais do horário, em matéria para a revista *Imprensa* (Bresser, 1996). Após contatos telefônicos com Boris Casoy pela manhã, o diretor-executivo do *Tj*, Dácio Nitrini, se reuniu com Selma Severo, editora-executiva, Lúcia Costa, coordenadora de rede, e Wagner Kotsura, editor regional de São Paulo, para definir o primeiro espelho do telejornal, que ficou pronto às 14h30. Até as 18 horas, o espelho passou por cinco mudanças, quando adquiriu uma feição definitiva, depois de muito trabalho de toda a equipe, conduzida pelo diretor-geral Boris Casoy, em um mesão de fechamento. Dácio Nitrini redigiu, então, as manchetes da escalada. Com várias notas cobertas gravadas anteriormente, o *Telejornal Brasil* estava no ponto para ser apresentado.

Em troca da possibilidade de "editar e comentar como quisesse", a direção do SBT exigiu que Boris Casoy, em contrapartida, assumisse o compromisso de ser "partidariamente neutro e equilibrado" (Casoy, 1994: 35). Fundamentos dessa neutralidade, desse equilíbrio, cinco "normas de conduta" traçavam a diretriz editorial do *Tj Brasil*:

> [...] primeiro, eu não faço ataques de caráter pessoal; segundo, eu defendo o estado de direito com absoluta clareza; terceiro, eu dou voz a todas as correntes sem preconceitos contra qualquer setor da sociedade; quarto, eu volto atrás para comunicar um erro e corrigi-lo; quinto, posso fazer elogios e críticas a qualquer fato e a qualquer pessoa, posso criticar uma ação do governo hoje e elogiar outra amanhã. (Casoy apud Squirra, 1993: 181)

A valorização da notícia, independentemente da existência ou não de boas imagens, procedimento incompatível com um jornalismo sensacionalista, mais voltado para o espetáculo do que para a informação, era outro critério que Boris Casoy adotava no *Tj*. Essa idéia ele defendeu em conversa com o autor, durante visita à produção do Telejornal, nos estúdios do SBT no Complexo Anhangüera, dia 24 de março de 1997.

Nessa mesma ocasião, Boris informou que o *Telejornal Brasil* não seguia nenhum manual de redação. O que havia na emissora era o Manual de Telejornalismo do SBT, dedicado a assinalar recomendações de ordem ética. O manual preconizava que o jornalismo do SBT deveria firmar "suas bases na seriedade, credibilidade e na eficiência, mas também na diferenciação" para prestar à comunidade "um serviço digno e honesto e não manipulador" (Apud Maciel, 1995: 92).

Pequenos editoriais

Por causa da autonomia com que desempenhava suas atribuições, os comentários que Boris Casoy emitia ao longo da apresentação do *Tj Brasil* receberam a qualificação de "pequenos e fortes editoriais" por parte do crítico de TV da *Folha de S.Paulo*, Nélson de Sá (Apud Squirra, 1993: 173).

Boris afirmou, no entanto, que ao manifestar a sua opinião preocupava-se, em primeiro lugar, em ser didático, explicando as notícias, os fatos, da forma mais simples para o telespectador. Pelo fato de na televisão o tempo ser medido até em décimos de segundos e o *timing* dos telejornais deixar o noticiário excessivamente rápido e superficial, Casoy recorria ao comentário para compensar essa superficialidade. Em alguns momentos seus comentários adquiriam um tom opinativo mais contundente, relacionado a dois dos bordões que criou: "Isto é uma vergonha!" e "É preciso passar o Brasil a limpo".

Uso dois tipos de opinião. A primeira tem a finalidade de incentivar o exercício da cidadania. Tento mostrar que é bom exigir, é bom a gente querer. A segunda são alguns postulados realmente polêmicos. A opinião de um veículo de comunicação é muito importante, porque é como uma espécie de megafone para várias pessoas que pensam da mesma forma, mas não têm voz. (Casoy, 1994: 35)

Alguns comentários de Boris Casoy no *Tj Brasil* saíam de improviso, sob a forma de uma piada ou uma tirada irônica. Na maioria das vezes, porém, os comentários eram escritos com antecedência para evitar transtornos que os improvisos causavam por causa do tempo extremamente rígido reservado à apresentação do telejornal.

Quando chego à redação, já marco no espelho do jornal o que vou comentar e escrevo os comentários. Oitenta por cento são escritos, o resto é coisa que *baixa* na hora. Mas qualquer tempo que avanço, preciso cortar no final, o que significa que uma reportagem pode cair. Por isso é que marco os comentários, além de evitar erros, serve para balizar tempo. (Casoy, 1994: 37)

Em visita à produção do *Tj Brasil*, em 24 de março de 1997, a convite de Boris Casoy, acompanhamos o trabalho de redação prévia dos comentários que constariam da edição do noticiário naquele dia. No final da tarde, uma ou duas horas antes de o noticiário ser transmitido, já com os comentários definidos no espelho do *Tj*, Casoy redigiu-os no terminal de computador, utilizando-se do sistema de informatização *maker news*, pelo qual é possível fazer alterações no conteúdo das notícias, a qualquer hora, diretamente no *teleprompter*. Nessa visita, observamos também o processo de apresentação do telejornal, percebendo, inclusive, a ocorrência de pequenos improvisos nos comentários feitos por Boris Casoy, complementando o que havia sido escrito previamente.

Outra marca particular do *Tj Brasil* eram as entrevistas realizadas por Boris Casoy, no estúdio, ao vivo ou gravadas, com uma duração média de quatro minutos. Segundo ele, dois princípios devem nortear o trabalho do entrevistador, deixar o entrevistado à vontade e "captar quais são as indagações do telespectador (para quem o jornalista trabalha!)" (Casoy apud Tramontina, 1996: 75). Por outro lado, Boris confessa que fica irritado quando o entrevistado em vez de se dirigir para ele, olha diretamente para a câmera: "É uma mania, um formato que inventaram não sei onde e para mim é um horror" (id. ibid. 1996: 77).

Além do âncora com total autonomia, Boris Casoy cumpria também estritamente o papel de locutor de notícias. Exercia essa função dentro dos padrões técnicos, mas, às vezes, por uma simples mudança de câmera ou de plano, surgia, no vídeo, geralmente em *close*, como jornalista, alternando as duas atribuições.

Quando estou lendo as notícias eu estou fazendo só isso. Dou uma de Cid Moreira e leio o texto com as técnicas de locução. E quando eu olho para a outra câmera, eu sou jornalista. De vez em quando, eu misturo as duas coisas de propósito. E isto eu não acredito que seja ruim. (Casoy apud Squirra, 1993: 163)

Durante toda a sua história, o *Telejornal Brasil* sempre foi mais assistido em São Paulo do que no Rio de Janeiro. Na década de 1990, Boris destacava que "nenhuma outra emissora de televisão", a não ser a TV Globo e o SBT, alcançava os 12% de audiência quase cativa que o programa mantinha na Grande São Paulo (Casoy, 1994: 39). Anos depois, em 1996, a média de público em todo o Brasil era menor: 9 pontos no Ibope. Essa pontuação, contudo, dava ao *Tj* a invejável posição de segundo produto publicitário do SBT, atrás apenas do *Programa Sílvio Santos*.

Tivemos a oportunidade de verificar o crescimento da audiência do *Tj*, minuto a minuto, pelo dispositivo do *Ibope instantâneo* divulgado por um monitor de vídeo, instalado no estúdio do SBT. Naquele dia, 24 de março de 1997, a audiência do telejornal em São Paulo saltou dos 6 pontos iniciais, índice que herdou do programa anterior, *Aqui e Agora*, para 11 pontos, quando Boris Casoy despediu-se dos telespectadores com o tradicional "boa-noite".

O SBT festejou mais uma consagração obtida pelo *Tj Brasil*, desta vez baseada nos resultados de pesquisa realizada pelo *Inform-Estado*, no mês de dezembro de 1996. Publicidade de página inteira publicada na *Folha de S.Paulo* (1997) proclamava: "Um grande Telejornal é feito com pluralismo, independência, sobriedade e Boris Casoy". O anúncio destacava ainda, no pé da página, a popularidade do *Tj* e de seu âncora, detectada na pesquisa — "Boris Casoy. O melhor apresentador de telejornal. *Tj Brasil*. O segundo telejornal mais assistido da TV brasileira".

Mas nem todo esse incontestável sucesso de audiência representou argumento suficiente para evitar que o *Tj Brasil* mudasse de horário mais de uma dezena de vezes, desde a sua estréia. As trocas freqüentes na grade de programação, apesar de tumultuarem o hábito dos telespectadores, porém, nunca ocasionaram baixas consideráveis de audiência.

Golpe mesmo o programa começou a sentir, em junho de 1997, com a transferência de Boris Casoy e grande parte da equipe do *Tj* para a TV Record, após desentendimentos de ordem conceitual com a direção da emissora. Apesar do talento, da experiência e do carisma de Hermano Henning, novo âncora do telejornal, o *Tj Brasil* se desfigurou completamente com a saída de Boris, símbolo encarnado de um estilo de telejornalismo. Sem os comentários pessoais e as entrevistas, não adiantava mudar o nome do noticiário, porque a impressão que se teve é de que o *Tj* tal como se conhecia havia também mudado de emissora junto com o seu âncora original.

Uma nova alteração no horário de transmissão, antecipado para as 18h30, em agosto de 1997, desencadeou uma gradativa queda de audiência do telejornal. Conforme números do Relatório Nacional de Audiência Individual por Programa do Ibope, em 1997, de junho — mês da saída de Casoy do SBT — a outubro, o público do *Tj Brasil* caiu de 8 para 4 pontos, equivalente a uma perda de mais de 1,6 milhão de telespectadores, nas principais cidades do Brasil.

Não obstante a vertiginosa queda de audiência, causou surpresa a notícia do fim inesperado e melancólico do *Tj Brasil*. Sem receber qualquer informação oficial nem comunicado de profissionais que trabalhavam na produção do telejornal, a reportagem da *Folha de S. Paulo* apurou, pelos registros na grade de programação do SBT, que o *Tj* teria sua última edição no dia 31 de dezembro de 1997.

O 'Tj', no ar desde 1988 e um dos programas com intervalo comercial mais caro do SBT, deixa de ser exibido a partir de amanhã. No lugar, provisoriamente, até sábado, entra *Chaves* [...] Oficialmente, a emissora não se pronunciou sobre o fim do telejornal. Apenas divulgou alterações em sua grade de programação [...] O 'Tj' simplesmente some da grade. (Castro e Padiglione, 1996: 4-1)

Para os telespectadores que viram o programa daquela noite, ignorando a notícia divulgada pela *Folha*, as palavras de Hermano Henning pareceram incompreensíveis. O jornalista citou versos do poeta Carlos Drummond de Andrade — "A infância está perdida, a juventude está perdida, mas a vida não se perdeu" — para sutilmente (foi tão sutil que poucos devem ter percebido o que ele queria realmente dizer) referir-se à extinção do programa. Mesmo que voltasse com o mesmo nome, o *Tj* estaria definitivamente acabado. Aliás, seu fim, na verdade, já havia ocorrido, com o afastamento de Boris Casoy do SBT, meses antes.

Em janeiro de 1998, o programa humorístico *Chaves* passou a ocupar o horário antes destinado ao *Tj*. Coincidência ou não, mais uma vez a emissora de Sílvio Santos dava demonstrações de sua aberta afinidade com o modelo mexicano de televisão.

Enquanto isso, o telejornalismo da emissora passou a se restringir aos boletins de hora em hora e ao *Jornal do SBT*, co-produzido com a rede norte americana de tevê CBS e apresentado diretamente dos estúdios de Miami por Eliakim Araújo e Lílian Cordeiro. Ao ex-âncora do *Tj*, Hermano Henning, atribuiu-se a função de apresentar o noticiário do Brasil.

Depois de um período de quase três meses ocupado por desenhos animados, o horário das 19 às 20 horas voltou a ser preenchido com programas telejornalísticos a partir de 9 de março de 1998: o *Noticidade*, informativo local, e o *Jornal do SBT — Telenotícias CBS*, com o noticiário nacional e internacional.

Do *Telejornal Brasil* permanece viva a lembrança dos tempos áureos em que Boris Casoy dirigiu, editou, comentou e fez entrevistas.

Jornal Nacional

> Mas o "JN" não é um jornal qualquer;
> é o nosso termômetro.
> Fernando de Barros e Silva

Desde sua controvertida implantação, financiada pelo grupo empresarial norte-americano *Time-Life*, em abril de 1965, a TV Globo percorreu um caminho de muitas conquistas. Atualmente a Rede Globo chega a 99,84% dos municípios brasileiros, por meio de suas 91 emissoras entre geradoras e afiliadas. Ainda segundo dados divulgados por sua *homepage*, em agosto de 1997, a Globo detém "74% de audiência no horário nobre, 56% no horário matutino, 59% no vespertino e 69% no noturno" (Rede Globo, 1977). Conforme números do IBOPE Internacional Brasil, dos 20 programas de maior audiência, em São Paulo, no período de 12 de agosto a 8 de setembro de 1996, apenas um era produzido por outra emissora — SBT. (Ibope Internacional Brasil, 1997).

Em razão disso, a Globo fica com 75% do total das verbas publicitárias investidas na mídia televisiva brasileira. Dados divulgados pelo SBT revelaram que enquanto a rede de TV de Sílvio Santos faturava R$ 300 milhões por ano, a Globo recebia cinco vezes mais, R$ 1,5 bilhão. Os R$ 200 milhões restantes que completariam o "bolo" das verbas publicitárias seriam repartidos pelas demais emissoras (Ferraz, 1996: 110).

Êxito ainda mais expressivo a Rede Globo conquista na produção de programas, pela quantidade e qualidade das produções. A emissora exibe nada menos do que 80% de uma programação concebida e realizada em seus próprios estúdios, envolvendo mais de 4 mil de seus 8,3 mil empregados. Entre esses programas, destacam-se as produções da teledramaturgia. Além de seduzirem brasileiros, as novelas e as minisséries encantam outros milhões de telespectadores em 130 países de todos os continentes para onde são exportadas. Computados todos os programas que produz, entre novelas, shows, musicais, telejornalismo, alcança-se uma soma extraordinária: 4 440 anuais, "algo em torno de 2 210 longa-metragens, o que a tornou a maior produtora de programas de televisão do mundo" (Rede Globo de Televisão, 1997).

O jornalismo da Globo

A Central Globo de Jornalismo se responsabiliza pela realização diária (na verdade de segunda a sexta-feira ou sábado) de quatro telejornais multitemáticos — *Bom dia Brasil*, *Jornal Hoje*, *Jornal Nacional* e *Jornal da Globo* — e um noticiário especializado — *Globo Esporte*. Incluído o noticiário regional, a Rede Globo apresenta mais de três horas de telejornalismo por dia, em programas que duram de 2 a 45 minutos, mobilizando 400 jornalistas no Brasil e no exterior (Rede Globo de Televisão, 1997).

Cuida também de quatro produções semanais, duas delas líderes de audiência na televisão brasileira: o *Globo Repórter*, dedicado ao gênero documentário, e *Fantástico — O show da vida*, com o perfil de revista de variedades. Os outros dois programas, exibidos na manhã de domingo, são destinados a públicos determinados, o *Globo Rural*, para informar e orientar o homem do campo, e o *Esporte Espetacular*, com notícias e transmissão de eventos esportivos. Nas emissoras regionais, a Globo reserva horário aos sábados de manhã para o *Globo Comunidade*, que aborda temas e problemas locais da atualidade.

Além disso, a Rede Globo faz coberturas planejadas de eventos sazonais — Carnaval, Jogos Olímpicos, Copa do Mundo, Campeonato Brasileiro de Futebol, Fórmula 1, eleições — e acontecimentos extraordinários — guerras, acidentes, comemorações, votações no Congresso etc.

Jornal Nacional

Já em seu 30º ano de existência, o *Jornal Nacional* permanece como o principal programa jornalístico da TV Globo e da televisão brasileira em geral. Sua importância se mede pela audiência que alcança. Os números dessa audiência variam mesmo entre as fontes oficiais da Rede Globo.

Na parte relativa à história do programa, constante da *home page* da emissora, falava-se em 40 milhões de telespectadores. Em 15 de junho de 1996, um anúncio da Rede Globo publicado na *Folha de S. Paulo* dava conta de que a audiência do *JN* era de 31 milhões de telespectadores, por dia. Por outro lado, em 1997, o diretor da Central Globo de Jornalismo, Evandro Carlos de Andrade, informava que o *Jornal Nacional* atingia, em média, 40% dos aparelhos ligados, o que correspondia a um público de 30 milhões de pessoas *(Imprensa*, 1997: 50).

É difícil, portanto, chegar a valores exatos, ainda mais em virtude das mudanças por que passa a televisão aberta no Brasil, causadas, entre outros fatores, pelo crescimento dos canais segmentados por assinatura. O que ninguém ousa ainda discutir é a liderança absoluta do *Jornal Nacional* entre os telejornais, condição que lhe outorga um enorme poder de impacto informativo em todo o Brasil.

Se o surgimento da TV Globo se vinculou à questão da presença do capital estrangeiro na imprensa brasileira, o *JN* nasceu sob outro signo que marcou indelevelmente a emissora: suas ligações com a elite civil e militar que governou o país por mais de vinte anos, desde a década de 1960. A estréia do programa ocorreu justamente no dia em que se iniciava o período mais duro do regime militar (ver mais informações no capítulo sobre retrospectiva do telejornalismo no Brasil).

Vigiado impiedosamente pela censura e depois vítima da autocensura, sintoma da indisfarçável vinculação com o poder dominante, o *JN* atravessou todos esses anos com as marcas do refinamento formal e da limitação no conteúdo das notícias. Do ponto de vista editorial, em seu estilo manchetado perseguiu o objetivo definido pelo diretor da Central Globo de Jornalismo por mais de 25 anos: "O *Jornal Nacional* pretende ser a síntese da primeira página de um jornal impresso" (Nogueira, 1988: 89).

Não obstante todas as críticas à postura política da Globo, o *JN* desde cedo desenvolveu novas técnicas de redação e apresentação de notícias, que se tornaram paradigmáticas para todo o telejornalismo praticado no país, em que "o texto, lido de forma intercalada pelos apresentadores passava a ser redigido em frases curtas e simples, de fácil entendimento, afastando-se da pomposidade que caracterizava até então o nosso jornalismo" (Rede Globo de Televisão, 1997).

Além disso, o noticiário saía cada vez mais do estúdio para, diretamente do "palco de ação" dos fatos, "colocar à prova a capacidade de improvisação dos repórteres" (Rede Globo, 1997).

O programa se manteve, ao longo dos anos, com poucas transformações. Dia após dia, o *JN* se impunha como o espetáculo da realidade, numa conveniente conjunção de forma e conteúdo, sustentada pelo primor das imagens e pelo alto teor emocional dos *fait-divers*. Modificações mais estruturais só foram feitas depois.

Ao substituir Alberico Souza Cruz na direção da Central Globo de Jornalismo, em julho de 1995, Evandro Carlos de Andrade logo imprimiu mudanças substanciais em sua área. As mudanças transcenderam a mera troca de apresentadores dos telejornais e se refletiram no próprio perfil editorial de cada programa.

Para alguns, contrariando o resultado de pesquisas de opinião, Andrade resolveu escalar William Bonner e Lílian Witte Fibe no lugar de Cid Moreira e Sérgio Chapelin, a consagrada dupla de locutores do *Jornal Nacional*. Segundo pesquisa do DataFolha, realizada em 1995, 88% dos paulistanos eram favoráveis à permanência de Cid Moreira no *JN* (*Folha de S.Paulo*, "TV Folha", 1996: 7).

Ao comentar a troca de mestre de cerimônias do *JN*, a crítica de TV da *Folha de S.Paulo*, Esther Hamburger, exaltou a figura dos dois apresentadores, sobretudo Cid Moreira, cujas imagens públicas acabaram confundindo-se com a do próprio telejornal.

Há quem diga que o telejornal deveria mudar também de nome. Cid Moreira apresenta o *Jornal Nacional* desde a primeira edição no dia 1º de setembro de 1969. Ajudou o sucesso da emissora e viveu os tempos áureos do maior campeão de audiência. Sua imagem talvez não represente o que pode haver de mais televisivo. É quase um signo vazio. É possível que daí venha muito de sua força. Seus cabelos prateados, brilham combinando com o azul infinito do cenário. De tão estável em seu posto de apresentador do primeiro telejornal nacional, sua figura perdeu a materialidade carnal e adquiriu a materialidade eletrônica dos raios catódicos que recompõem a imagem no final do processo físico da telecomunicação. Com o tempo, contagiou Sérgio Chapelin. Se tornaram parecidos. Sua presença sinalizava que estava no ar uma comunidade imaginária, que perde agora sua referência mais familiar. (Hamburger, 1996: 4-4)

Em face dos apelos afetivos que a perda da referência familiar de Cid Moreira poderia causar, as mudanças no *Jornal Nacional* se deram sem grande alarde e nenhum trauma aparente, porque foram implementadas cuidadosamente. Preocupada em evitar possíveis prejuízos junto a audiência com o afastamento dos dois locutores, a TV Globo manteve Sérgio Chapelin no *Globo Repórter* e conferiu à Cid Moreira a honrosa função de apresentar os editoriais do *Jornal Nacional*.

As mudanças, no entanto, tinham um significado mais profundo, fundando-se em razões editoriais. Representavam, de certa forma, o fim da era dos locutores e a valorização da presença dos jornalistas na busca para assegurar maior credibilidade ao noticiário. Essa intenção ficou explícita na declaração do próprio Evandro Carlos de Andrade: "Bonner será o editor de assuntos nacionais e Lílian editora de assuntos econômicos" (Grillo, 1996: 7).

Mais de um ano depois da reformulação editorial, o diretor da Central Globo de Jornalismo explicava que *performance* se esperava dos jornalistas-apresentadores do *Jornal Nacional*.

Nós queremos que os apresentadores respondam o máximo possível sobre os textos que lêem, buscando a linguagem mais natural para eles, sem perda do ritmo. Porque a velocidade está ali, cronometrada e é medida rigorosamente. Nossa medida é o segundo. A programação é nosso cliente e nós somos fornecedores. (Evandro Carlos de Andrade apud Padiglione, 1997: 5: 1)

Nessa matéria, Andrade reiterava a concepção de que o telejornal deve valer "por uma primeira página", onde caibam as notícias na meia hora em que, segundo o diretor da Central Globo de Jornalismo, o povo quer que dure o *Jornal Nacional*.

A rapidez do noticiário estava, de fato, sempre presente nos cinco blocos do *JN*, não importando qual o formato da matéria jornalística divulgada. Joelmir Beting ilustra perfeitamente a aplicação dessa prática em seu trabalho de comentarista, observando que é preciso "manter o ritmo da fala e não baixar o tom de voz, senão dá um branco meio esquisito no Jornal, uma espécie de janela no noticiário" (apud Tramontina, 1996: 106).

O pique do *JN* segue, por sua vez, o ritmo de toda a programação da Rede Globo. O toma-lá-dá-cá corre num *timing* de uma agilidade impressionante para oferecer o maior número de notícias no menor tempo possível. A ordem é não desperdiçar nenhum segundo, para não perder o vínculo com o telespectador.

E conforme pesquisas que a Globo faz regularmente, o telespectador brasileiro "gosta de noticiários em linguagem simples, com apresentadores fixos e baseados principalmente em reportagens de serviço, comportamento, saúde, meio ambiente, além de ciência e tecnologia". A partir ainda de consultas sistemáticas feitas pelo instituto Soma, de Brasília, a direção de telejornalismo da Globo constatou que o público quer mesmo que os telejornais, especialmente o *Jornal Nacional*, prefere "notícias curtas, máximo de meia hora de duração e divisão baseada em blocos que começam com notícias de impacto e terminam com assuntos leves" (Camacho, Sanches e Leite, 1998: 70).

Parece que mais uma vez vem aquela pergunta sem resposta. Quem nasceu primeiro: o modelo de telejornalismo que a Globo consagrou ou os atributos que o público nomeia para caracterizar o telejornal de seu gosto? É mais provável que, após anos e anos de experiência, os telespectadores cheguem mesmo a confundir suas preferências com o estilo editorial do noticiário.

O Jornal da Cultura

> *O Jornal da Cultura dá prioridade às áreas de Saúde, Educação, Comportamento e Economia e à análise dos fatos, situando o telespectador no centro dos acontecimentos nacionais e mundiais.*
> Texto de apresentação do telejornal na home page da *TV Cultura*: 1997

A história da TV Cultura, canal 2, começa em setembro de 1960, quando os Diários Associados inauguraram a sua segunda emissora na capital paulista (a primeira fora a TV Tupi, canal 4, em 1950). A nova emissora nascia, segundo o presidente dos Diários Associados na época, Edmundo Monteiro, com a vocação de tornar-se "mais uma trincheira para a defesa dos direitos humanos" (apud Leal Filho, 1988: 19). Além desse objetivo ambicioso, esperava-se que a TV Cultura, antes de tudo, fizesse jus ao seu nome, contribuindo para o desenvolvimento educativo-cultural dos telespectadores.

Na prática, porém, a programação da emissora afastou-se de seus ideais. Uma das provas desse distanciamento se percebia pela natureza do programa de maior audiência exibido pela TV Cultura. "O homem do sapato branco", apresentado por Jacinto Figueira Júnior, trazia para o vídeo aspectos grotescos da realidade. E em seu tom policialesco, tal como se observa em alguns programas do gênero, o tema central eram anomalias sociais de toda espécie, tratadas por uma óptica perversa, quase sempre contrariando os mais elementares princípios da dignidade humana.

Após um incêndio que destruiu estúdios e equipamentos, em razão de dificuldades financeiras, a TV Cultura passou ao controle da Fundação Padre Anchieta, vinculada ao governo do estado de São Paulo. A negociação transcorreu em clima tenso, de inflamados debates na Assembléia Legislativa de São Paulo, motivados pela suspeita de "negociata" e favorecimento ao grupo empresarial proprietário da emissora.

Depois de algum tempo fora do ar para se submeter a reformulações de ordem técnica e operacional, a TV Cultura voltou a funcionar no dia 15 de junho de 1969, alicerçada em base administrativa singular. A emissora organizou-se sob a forma de uma instituição de direito privado, sustentada por verbas públicas estaduais. Iniciava-se, assim, em plena vigência do Ato Institucional nº 5, "uma trajetória marcada por projetos liberais, esperanças democráticas, imposições autoritárias e crises dramáticas" (Leal Filho, 1988: 21).

Uma dessas crises transformou-se inclusive em episódio crucial da história brasileira contemporânea pelo seu caráter ao mesmo tempo extremamente trágico e redentor: o assassinato do jornalista Vladmir Herzog, então diretor de jornalismo da TV Cultura, em outubro de 1975, pelos órgãos de repressão política do governo militar. Um documento minucioso sobre o acontecimento e suas repercussões foi elaborado por Fernando Pacheco Jordão (1979).

Desde sua criação, a TV Cultura viveu, portanto, constantemente ao sabor de embates ideológicos intensos, que se refletiam diretamente na programação.

Da sua compra pelo Estado, cercada de desconfianças, passamos pelo projeto elitista de levar erudição ao "povo inculto" e de, ao mesmo tempo, atender às elites com programas de "bom gosto", chegamos à constatação da existência de visões divergentes entre direção e produção, introduzindo a idéia da presença do conflito no interior de um meio de comunicação que se pretendia homogêneo. (Leal Filho, 1988: 29)

Mais de 20 anos depois, a TV Cultura, felizmente já não sofria de forma tão violenta os efeitos dos conflitos ideológicos. A crise, no entanto, persistiu e se revelou nos números de sua contabilidade, ameaçando, pelo déficit crescente, a sobrevivência da emissora. O orçamento anual de 45 milhões de dólares que a TV Cultura recebeu do governo do estado não foi suficiente sequer para pagar as contas de água, luz e telefone, em 1996. Com isso, as dívidas já somavam, naquela época, US$ 25 milhões, mais da metade do orçamento concedido.

Tal quadro expõe outra faceta paradoxal da história da emissora: a TV que produzia e exibia a programação de melhor nível encontrava dificuldades para se manter em funcionamento. Essa contradição escandalosa despertou a indignação da mídia nacional. Em matéria especial, a revista *Veja* partiu do destaque ao "caráter iluminista" da programação da emissora, concebida para cumprir a missão de "educar o povo, defender a cultura e definir uma identidade", para denunciar: "Está ocorrendo um crime em São Paulo — a destruição da TV Cultura. É grave, porque se trata simplesmente da melhor emissora, quando examinada pelo critério que importa, o da qualidade" (Lima e Valladares, 1996: 162).

As conseqüências do descaso tornaram-se evidentes na programação da TV Cultura. Em 1996, de cada 10 programas exibidos 6 eram repetições. A falta de dinheiro interferiu também na produção da reportagem sobre a queda do avião da TAM, em novembro de 1996, em São Paulo: as baterias das câmeras descarregadas atrasaram a cobertura jornalística do acidente.

Em artigo publicado na *Folha de S.Paulo*, o sociólogo da Universidade de São Paulo, Emir Sader, criticou também o governo do Estado pela atitude de considerar a TV Cultura "[...] e a cultura como um todo, como um problema de equilíbrio de caixa" (Sader, 1996: 1-3). Ele baseou sua defesa na descrição da atuação exemplar da emissora, "um embrião de instituição pública" que "se diferencia tanto dos outros meios de comunicação, em que o marketing prima sobre a informação, a isenção, o pluralismo" (id. ibid.).

A programação gerada pela TV Cultura vai além das fronteiras do estado de São Paulo e repercute em todo o Brasil. Além das 146 retransmissoras próprias, que transmitem a mesma programação da estação geradora, os programas chegam, via satélite, a outros 20 estados integrantes da rede nacional, cobrindo um total de 1 300 municípios brasileiros (Falgetano, 1997). Na verdade, é mesmo impossível determinar com exatidão o alcance do sinal da TV Cultura, ao se considerar as milhares de antenas parabólicas instaladas em todas as regiões do país e os internautas de todo o mundo que conseguem acompanhar, ao vivo, a programação da emissora.

Mas os méritos da TV Cultura não param por aí. Em 1996, dos 10 melhores programas exibidos pela TV Educativ*a*, do Rio de Janeiro, emissora cabeça da Rede Brasil, nove foram reapresentações de produções da TV Cultura. Esse dado assumia ainda maior relevância quando se verificava que a TVE dispunha de um orçamento anual de R$ 160 milhões, 3 vezes e meia maior do que o da TVC, e de um quadro de pessoal de 2 800 funcionários, 2 vezes e meia superior ao da emissora da Fundação Padre Anchieta (Lima e Vallares, 1996: 162).

Para minorar os reflexos do permanente déficit de caixa e buscar recursos para custear a produção de seus programas, a TV Cultura passou a recorrer ao apoio cultural de empresas como o Bank Boston, Brastemp, Nestlé e Vasp. Graças a essas receitas suplementares, o idealismo dos profissionais da emissora conseguiu preservar o grau de excelência da programação, atestado pelos telespectadores e organismos internacionais da área cultural.

Em setembro de 1997, a TV Cultura foi distinguida com o *Prix Camera*-95/96, prêmio concedido pela Unesco, por um júri internacional, a emissoras públicas ou privadas. O prêmio representou o reconhecimento ao desempenho da TVC no campo da comunicação social, artística e cultural.

Pesquisa do Datafolha em São Paulo, em novembro de 1997, divulgada em comercial publicado na *Folha de S.Paulo*, constatou que 66% dos telespectadores avaliam a programação da TV Cultura como "ótima ou boa", índice superior ao da Rede Globo (65%), SBT (52%) e TV Bandeirantes (45%). (*Folha de S.Paulo*, 1997: 4-7).

O jornalismo na TV Cultura

O gênero infantil predominava na programação da TV Cultura, segundo levantamento realizado na semana de 14 a 20 de outubro de 1996 (Aronchi de Souza, 1997: 66). A pesquisa indicou também que o telejornalismo ocupava 13% da programação semanal da emissora, com telejornais, programas de entrevistas e debates. Naquele ano, as produções jornalísticas regulares da TV Cultura eram: *Jornal da Cultura 60 minutos*, *Jornal da Cultura*, *Metrópolis*, *Repórter Eco*, *Opinião Nacional*, *Roda Viva*, *Cartão Verde* e *Grandes Momentos do Esporte*.

O telejornalismo praticado pela TV Cultura sustenta-se em três princípios. *Independência*, pela qual se preconiza que uma emissora pública deve servir aos "telespectadores e não a grupos e indivíduos". O "Manual de Redação da TV Cultura" sugeria, ainda nesse sentido, que ao jornalista cabe "defender os direitos do telespectador em todas as instâncias e contra qualquer antagonista". *Precisão*, que se baseia no pressuposto de que a "informação de qualidade só existe se for correta, precisa" e que "só é notícia o que decorre dos fatos" e não de uma realidade virtual. *Equilíbrio*, traduzido pela postura de "ouvir sempre todos os lados envolvidos numa mesma história", o que exige do jornalista o tratamento de "pessoas, instituições, eventos e opiniões com distanciamento crítico, ética e justiça" (Nascimento, Barbosa, Spartacus, 1997: 26).

Outra particularidade do jornalismo da TV Cultura decorre do modo como se encara a questão da audiência. Parte-se da idéia de que "não deve haver relação imediata de causa e efeito entre o que é exibido e o retorno em audiência". Por considerar o telejornal "um serviço", a "boa audiência" é vista como "resultado de bom trabalho" e precisa estar sempre "conciliada com padrões culturais elevados". Ainda quanto ao público telespectador, o Manual alerta que pelo fato de a programação da emissora alcançar praticamente todo o país, pela transmissão via satélite, a seleção e a abordagem dos fatos nos programas jornalísticos deve ter essa perspectiva nacional (id. ibid.: 31).

Ao se referir à prática do jornalismo opinativo, o "Manual de Redação da TV Cultura" admite que "noticiar fatos pode não ser suficiente para levar ao telespectador informação de qualidade". Nesses casos, propõe-se acrescentar à notícia uma análise do fato. Essa análise, no entanto, adverte o Manual "não deve ser confundida com opinião de caráter pessoal" e deve se restringir ao "tempo considerado razoável em televisão (entre um e dois minutos)" (id. ibid.: 51-2).

A produção de telejornalismo da TV Cultura estava informatizada pelo sistema *Basys*. A rede integrada de computadores permitia a todos os jornalistas a comunicação, por seus terminais, ao sistema de controle de edição. Era possível, assim, acompanhar todas as etapas de produção de um telejornal, da apuração à apresentação das notícias, visto que o sistema propiciava inclusive alterar a redação de uma matéria diretamente no *teleprompter*.

Idealismo, trabalho, criatividade e tecnologia constroem o telejornalismo da TV Cultura, aplaudido pela crítica e por um considerável contingente de telespectadores. Uma das provas da boa avaliação que recebeu é o *Prêmio Simon Bolivar* de Jornalismo, que lhe foi atribuído em 1996. O respaldo junto ao público confirmava e reforçava a boa imagem do telejornalismo da Cultura.

Pesquisa feita em maio de 1995, pelo Instituto Gallup e revista *Imprensa*, na Grande São Paulo, revelou que dos 89% dos telespectadores que disseram ver telejornais, 13,3% informaram que assistiam aos noticiários da TV Cultura. O estudo constatou, entre esses telespectadores, que "[...] os telejornais da emissora alcançam o maior índice de credibilidade" comparado ao que todas as outras redes de televisão obtiveram, "atingindo percentual em torno de 90%" (Bresser, 1996: 27). Outro indicador da imagem positiva mostrou que, depois das 10 da noite, o telejornalismo da TV Cultura era o terceiro em audiência na região metropolitana de São Paulo, superado apenas pelos noticiários da Rede Globo e do SBT.

O *Jornal da Cultura*

O *Jornal da Cultura* estreou em agosto de 1988, ancorado pelo também editor-chefe, Carlos Nascimento. O telejornal ia ao ar às 10 da noite. Diferente mesmo era a sua estrutura editorial, segundo depoimento do âncora e editor-executivo, Mílton Jung, ao autor: "A equipe comandada por Carlos Nascimento era dividida em editorias de economia, política, internacional e geral. Cada uma das áreas era formada por um editor-executivo e dois editores de texto. Nascimento ancorava o jornal que mantinha comentaristas para diferentes assuntos" (Jung, 1997).

Carlos Nascimento ficou pouco tempo na TV Cultura. Com passagens igualmente rápidas, sucederam-no no cargo William Waack, Rodolfo Konder, e o jornalista especializado em economia, Marco Antônio Rocha.

Mílton Jung conta que "com o passar do tempo, o *Jornal da Cultura* foi se adaptando a um novo momento da TV Cultura", sofrendo diretamente os prejuízos que a crise financeira da emissora provocava no setor de jornalismo. Agora, o telejornal "de sua origem tem muito pouco além do nome e o horário". Dispõe de apenas dois editores — de política e economia — e outros três que cuidam da editoria geral. Eliminou-se a participação de comentaristas e "os comentários, quando feitos, são de minha responsabilidade", esclarece Jung (Jung, 1997).

O *Jornal da Cultura* oferecia ainda uma cobertura das atividades do Congresso Nacional, mantendo um correspondente em Brasília. Para os fatos que ocorriam no restante do mundo, conta com a experiência e o talento do jornalista Lucas Mendes, que com seu estilo pessoal, ancora o noticiário internacional em sua base, Nova York.

A redução do quadro de jornalistas, em decorrência dos problemas orçamentários da TV Cultura, tornou-se mais acentuada em 1995.

Conforme informação fornecida pelo chefe de reportagem e editor-chefe do *Jornal da Cultura*, Sérgio de Castro, o número de jornalistas caiu de 155 para 95, sem que houvesse qualquer queda no volume de produção de departamento do jornalismo.

No contato que mantivemos, Sérgio de Castro definiu o perfil do *Jornal da Cultura* como um informativo que reúne o factual, com um resumo dos acontecimentos mais importantes do dia, e matérias especiais — em que se percebe o cunho educativo-cultural — voltadas para a prestação de serviço e às questões de interesse comunitário. O noticiário tinha um caráter não opinativo, propondo-se a prover o telespectador de informações que lhe permitissem formar o próprio juízo a respeito de fatos e temas da atualidade.

Castro esclareceu ainda que o telejornal seguia um estilo redacional objetivo, porém mais livre do rigor das normas de elaboração de textos. Isso ficava explícito no *Manual de Redação da TV Cultura*, editado em 1997. De circulação interna, o Manual dá mais ênfase a procedimentos éticos e técnicos, não entrando em detalhes sobre regras de redação de notícias.

Na visita que fizemos à TV Cultura, em 3 de junho de 1997, pudemos observar o processo de finalização da edição do *Jornal da Cultura*. São Paulo passava naquela tarde-noite por um dos dias mais caóticos. A ameaça de desabamento da Ponte dos Remédios sobre a Marginal Tietê havia transtornado ainda mais o já extremamente confuso trânsito da cidade. E o *Jornal da Cultura* no mesmo ritmo alucinante, facilitado pela informatização de seu processo de produção, procurava refletir, para o telespectador, como o paulistano tinha enfrentado toda aquele enorme alvoroço.

Enquanto fechava o *espelho* e redigia as últimas notícias, a editora-executiva do telejornal, Maria Lins, ainda encontrou tempo e paciência para comentar alguns aspectos da feitura do programa. Explicou, por exemplo, que para a contagem do tempo das notícias, tinha de se considerar a diferença de ritmo de leitura entre Mílton Jung e Valéria Grillo. Um texto que Jung leria em 1 minuto, na locução de Valéria duraria 1 minuto e 16 segundos.

Recordou ainda que por ter um público mais qualificado culturalmente, os editores recebiam, com freqüência, telefonemas, fax, *e-mails* ou carta, com questionamentos quanto ao conteúdo e à forma do noticiário. Um desses telespectadores, lembrou Maria Lins, insistia em criticar a utilização do presente do indicativo pelos apresentadores, ao se despedirem do público — "voltamos amanhã". Cansados de tentar convencer o exigente telespectador de que essa forma verbal era usada justamente por ser própria da linguagem coloquial, recomendável ao telejornalismo, os editores preferiram ceder. Trocaram a informalidade do "voltamos amanhã" pela precisão gramatical do futuro simples — "voltaremos amanhã". Um detalhe apenas, mas o suficiente para evidenciar a personalidade do *Jornal da Cultura*.

Há poucos dados relativos ao número de telespectadores que assistiam ao *Jornal da Cultura*. Na semana de 20 a 26 de janeiro de 1997, o telejornal apareceu como o terceiro programa de maior audiência — empatado com *X-Tudo* e *Família Twist* — da TV Cultura, em São Paulo, segundo dados do Ibope divulgados pela *Folha de S.Paulo* (TV Folha, 1997: 2). Os 3 pontos do Ibope correspondiam a uma audiência respeitável para um programa jornalístico de uma emissora pública, exibido em um horário pouco acessível a grande parte da população: 240 mil telespectadores.

Quanto à audiência do nacional, não se dispunha de nenhum valor preciso. Sabia-se, por informação do editor-chefe Sérgio de Castro, que o noticiário é captado em todas as regiões do país, pelas 289 retransmissoras. O quanto isso significava em termos de número de telespectadores era impossível calcular com precisão. Mas não devia ser pouco.

Passos metológicos para o estudo comparativo

> *Num comentário de trinta segundos,
> não se pode desperdiçar uma única palavra.*
> Joelmir Beting

Seis edições consecutivas que ocorrem num período de uma semana, de cada um dos telejornais estudados, constituem a amostragem do objeto pesquisado. Considera-se o tamanho da amostra suficientemente representativo por se referir a um fenômeno estável, relacionado a uma questão estrutural da prática da linguagem jornalística na televisão brasileira. Chega-se a essa constatação a partir de duas evidências interdependentes em seu caráter teórico-prático: as normas de elaboração de notícias contidas nos manuais de telejornalismo e a observação das características das matérias jornalísticas tal como foram divulgadas pelos telejornais.

Por se tratar de um fenômeno estável, a escolha da semana constitutiva da amostra se deu de modo aleatório. Cuidou-se apenas de evitar que caísse em um período em que o conteúdo do noticiário estivesse afetado por alguma circunstância — recesso parlamentar, inexistência de competições esportivas, ou a ocorrência de algum evento que ocupasse em demasia a atenção da mídia (Olimpíadas, Copa do Mundo, Natal, eleições). Essa preocupação decorreu da necessidade de evitar que a predominância de um determinado fato ou tema pudesse condicionar o modo de produção telejornalística, favorecendo o uso de algum elemento de linguagem (icônico, lingüístico, sonoro) ou influenciasse até mesmo na forma de composição do texto noticioso.

A amostra escolhida abrangeu o período correspondente à semana de 19 (segunda-feira) a 24 de agosto (sábado) de 1996. A semana de seis dias explica-se em razão de que nenhum dos três telejornais teve edição aos domingos. Naquele época, por causa do horário político gratuito nas emissoras de televisão, transmitido, à noite, de 20h30 às 21h, a grade de programação passou por um arranjo.

De segunda a sexta-feira, o *Tj Brasil* foi ao ar no horário de 18h50 às 19h40, antecedido e seguido por duas séries ficcionais, *Colégio Brasil* e *Maria Mercedes*. No sábado, o telejornal entrou mais tarde, às 19h15 e se prolongou até as 19h55.

O horário de apresentação do *Jornal Nacional* também mudou, saindo das 20h, do qual o telejornal raramente deixou durante toda a sua história. Precedido pela novela *Vira-lata*, as seis edições do programa começaram às 19h55 e terminaram pouco antes de 20h30, quando tinha início o horário político. Nesse período, o *JN* perdeu uma de suas características mais marcantes: entremear as duas novelas principais da Rede Globo de Televisão. Enquanto durou o horário político, a novela das oito na época, *O rei do gado*, foi transferida para o horário das 21 às 21h30.

O *Jornal da Cultura* manteve o seu horário habitual de 22h às 22h30 de segunda a sexta-feira e de 12h, aos sábados, com apenas uma mudança que nada teve a ver com o horário político. Na terça-feira, dia 20, a apresentação do telejornal ocorreu das 23 às 23h30, para que fosse ao ar uma edição especial do programa *Opinião Nacional* sobre a onda de violência que estava aterrorizando São Paulo.

Todas as 18 edições dos telejornais — seis de cada — foram gravadas em vídeo e áudio, na casa do autor, em São João del-Rei, estado de Minas Gerais, de emissões captadas por antena parabólica. As gravações restringiram-se popositadamente ao conteúdo integral dos noticiários — desde as manchetes até a despedida dos locutores — e omitiram o que se veiculou antes, nos intervalos e após a transmissão dos telejornais. Acidentalmente, vez ou outra, gravou-se uma publicidade ou uma chamada para outros programas da emissora, que sequer foi transcrita, porque não fazia parte do objeto em estudo.

Todos os telejornais gravados passaram por um processo minuciosamente rigoroso de transcrição, do qual não escapou uma palavra sequer, mesmo aquelas quase ininteligíveis ditas em algumas *sonoras* de curtíssima duração, identificadas após repetidas audições. A consulta ao noticiário publicado em dois jornais impressos nos mesmos dias da pesquisa, *O Globo* e a *Folha de S.Paulo*, possibilitou desfazer dúvidas sobretudo a respeito de nomes próprios de pessoas, locais, instituições em língua estrangeira, a maioria constantes das notícias internacionais.

Palavras, frases, períodos, notícias inteiras, ou seja, toda a informação verbal divulgada pelos telejornais foram reconstituídas com base no que se interpretou da entonação, pausas e inflexões de voz feitas pelos diversos falantes: locutores, comentaristas, repórteres, entrevistados. Por resultar assim de uma percepção subjetiva, pessoal, a conversão do texto falado — ouvido em texto escrito — seria razoável supor a existência de algumas diferenças em relação aos *scripts* reais dos noticiários, especialmente quanto à pontuação dos textos. De uma dessas diferenças, sabe-se: das sonoras, os *scripts* só contêm as deixas iniciais e finais (as primeiras e últimas palavras); não as reproduzem na totalidade.

A despeito, portanto, de eventuais equívocos de transcrição, o estudo comparativo reportou-se unicamente aos telejornais recompostos pelo autor. Nessa recomposição, a informação verbal aparece acompanhada de anotações correspondentes à parte visual e sonora (música, ruídos ambientais) das notícias. Essas anotações se justificam porque facilitam o entendimento da intensa interação entre os elementos icônico e lingüístico e sonoro na construção das notícias.

O *script* reconstituído em sua estrutura — manchetes, noticiário em blocos, chamadas no final dos blocos — submeteu-se, então, a uma primeira fragmentação que indicou as *matérias jornalísticas* presentes em cada edição. Por *matéria jornalística* considerou-se o conjunto de informações, de caráter informativo e/ou opinativo, referente a um determinado fato ou assunto, expostas em um todo contínuo. Com base nessa conceituação, uma *matéria jornalística* poderia se formar da junção de uma nota ou reportagem e um comentário ou editorial. Para melhor esclarecer: a *matéria jornalística*, no âmbito deste livro, não corresponde necessariamente a somente um formato telejornalístico.

Outra observação cabível refere-se à possibilidade de um mesmo acontecimento ou assunto ser classificado como *matéria jornalística* mais de uma vez em uma mesma edição. Para que isso acontecesse, bastaria que se lhe fizesse menção em outra seqüência do informativo, em razão da ocorrência de algum novo aspecto ou desdobramento do fato (em fase de evolução) ou tema em questão. Há, por outro lado, casos em que a reincidência ocorre sob a forma de uma simples retificação de uma informação divulgada anteriormente.

O procedimento metodológico seguinte foi a quantificação de manchetes, chamadas nos finais de blocos e das *matérias jornalísticas*. A quantificação operou-se em dois planos, o do tempo e o do número de palavras, levando em conta variáveis avaliadas posteriormente no estudo: os formatos jornalísticos (notas, entrevistas, reportagens, comentários etc.) falantes ou enunciadores (apresentadores, repórteres, comentaristas, entrevistados em reportagens).

No que se refere às palavras, a contagem, feita por um instrumento do *winword*, foi praticamente precisa. Quanto ao tempo, a mensuração tentou aproximar-se do real, sem, no entanto, ousar alcançar a exatidão. Preferiu-se optar pelo arredondamento em segundos, orientando-se pelo cronômetro do próprio videocassete, a se perder em um perfeccionismo inútil de um fracionamento de tempo ainda menor. Tinha-se, portanto, cada edição dos telejornais devidamente decupada pronta para passar pelas análises quantitativa e qualitativa.

A viabilização do estudo comparativo proposto exigiu ainda a aplicação de outro tratamento dos dados constantes nos *scripts* reconstituídos, fragmentados e quantificados. As *matérias jornalísticas* foram agrupadas em sete segmentos: 1) as presentes em edições dos três telejornais; 2) as comuns ao *Tj* e ao *JN*; 3) as comuns ao *Tj* e ao *JC*; 4) as comuns ao *JN* e ao *JC*; 5) as exclusivas do *Tj*; 6) as exclusivas do *JN*; 7) as exclusivas do *JC*. Como o estudo abrangeu o período de uma semana, adotou-se o critério de considerar comum não só as matérias presentes nas edições dos telejornais de um mesmo dia. Se um determinado fato foi, por exemplo, noticiado em dois telejornais na segunda-feira e em outro, na quinta-feira, a *matéria jornalística* incluiu-se entre as integrantes do primeiro segmento (comum aos três telejornais).

Descritos e interpretados os dados das tabelas referentes à classificação por formatos jornalísticos e por falantes-enunciadores recolhidos dos telejornais, a pesquisa passará a se deter no exame de aspectos qualitativos.

O processo analítico incidirá sobre amostragens de quatro segmentos de *matérias jornalísticas*: as comuns aos três telejornais, e as exclusivas de cada um dos noticiários. O estudo será feito por amostragem, porque a repetição de fatos e assuntos noticiados em *suite* durante a semana torna desnecessário um exame da totalidade das *matérias*. Quanto às *matérias exclusivas*, a adoção do critério da amostragem justifica-se pelo objetivo de concentrar-se apenas nas particularidades que definem o perfil editorial de cada telejornal.

A palavra na estrutura e no conteúdo

Se a imagem mostra, só a palavra esclarece.
Armando Nogueira

Os três telejornais adotam uma estrutura básica semelhante. Depois da *escalada* (todas as expressões em itálico relativas à estrutura e ao processo de produção estão devidamente conceituadas no capítulo sobre gêneros e formatos jornalísticos), o noticiário se desenvolve em *blocos* até os *créditos* no encerramento. Ao final de cada bloco, à exceção do último, apresentam-se as chamadas para a principal notícia do bloco seguinte.

Uma vinheta com duração de 17 segundos abre a transmissão do *Telejornal Brasil*. A música que a acompanha, tema do programa, fica em *bg* até o fim da *escalada*. Um locutor de cabine anuncia o telejornal e o nome do apresentador da edição daquela noite: "Começa agora o *Telejornal Brasil* com Boris Casoy". Em seguida, o apresentador aparece no vídeo e, antes de ler o texto das manchetes do dia, diz uma fala ritual de saudação ao público e introdução do programa: "Boa noite. Estas são as manchetes do *Telejornal Brasil*". Sem intervalo, uma mudança de câmera indica o início do primeiro bloco de notícias. Entre os demais blocos — são seis — a emissora veicula os comerciais e as chamadas para outros programas. Uma vinheta de 4 segundos reintroduz o telejornal do segundo ao último bloco, que é seguido pela despedida do apresentador e exibição dos créditos dos realizadores do informativo.

187

Do mesmo modo, uma vinheta de 4 segundos marca a abertura do *Jornal Nacional*. Depois, com a música típica do *JN* em *bg*, dois locutores se alternam na apresentação das manchetes. A *escalada* termina e um dos locutores diz: "Veja a seguir no *Jornal Nacional*". Entra, então, um intervalo comercial que se repetirá entre os quatro blocos de matérias que compõem o noticiário. No início de cada bloco, depois dos anúncios, reaparece a vinheta do *JN* por 4 segundos. Os créditos do programa vêm após a despedida dos apresentadores, no quarto bloco.

O *Jornal da Cultura* começa com uma vinheta de 17 segundos, em que se faz referência explícita às duas empresas (Banco de Boston e Brastemp) que davam apoio cultural (a forma de publicidade legalmente permitida em uma emissora pública de direito privado, caso da TV Cultura) ao noticiário. Em seguida ao cumprimento à audiência, os dois locutores, alternadamente, anunciam as manchetes, sempre com a música característica do *JC* em *bg*. A primeira parte do programa conclui-se com um dos locutores dizendo: "O *Jornal da Cultura* começa agora". A mesma vinheta do *JC* — que faz menção aos patrocinadores — separa a *escalada* do primeiro bloco de notícias e pontua também o início dos outros dois blocos integrantes do telejornal.

Tabela 1
Estrutura dos telejornais
(Tempo em segundos)

Telejornal	*Telejornal Brasil*			*Jornal Nacional*				*Jornal da Cultura*		
Estrut. Dia	Escalada	Notícia	Chamada	Esc.	Not.	Cham.	M. Fin.	Escalada	Notícia	Chamada
19	36	1989	35	52	1250	24	18	64	1182	43
20	30	1821	63	53	1344	25	18	75	1422	43
21	33	1743	62	42	1318	24	18	78	1451	46
22	40	1858	61	51	1368	25	18	86	1584	45
23	32	1917	63	44	1373	25	18	57	1302	34
24	32	1967	60	47	1295	24	—	70	1276	38
Média	33,8	1882,5	57,3	48,1	1324,6	24,5	15 (18)	71,6	1369,5	42

A única pequena diferença de estrutura entre os três telejornais está no *Jornal Nacional*. Informações apenas escritas sobre os números do dia no mercado financeiro (cotações do ouro e das bolsas de valores do Rio de Janeiro e de São Paulo, taxas de rendimento da poupança e das aplicações em CDBs) fecham os três primeiros blocos de notícias, nas edições de segunda à sexta-feira (19 a 23 de agosto).

Conforme se vê na Tabela 1, se a estrutura é idêntica, o tamanho líquido, medido em tempo, sem computar as vinhetas de abertura, encerramento e início de blocos e os comerciais, variou de noticiário para noticiário e de emissão para emissão. O *Tj Brasil* teve a maior média semanal para o noticiário propriamente dito — 1882,5 segundos (31 minutos e 22 segundos) — e para as chamadas no final dos blocos (*passagens de blocos*) — 57,3 segundos. Por outro lado, as manchetes de sua *escalada* ocuparam um tempo menor, de 33,8 segundos.

O *Jornal da Cultura*, por sua vez, reservou mais tempo para as *manchetes* — média de 71,6 segundos (1 minuto e 11 segundos) e ficou em segundo lugar no noticiário divulgado em seu três blocos — 1369,5 segundos (22 minutos 50 segundos). Quanto à duração das chamadas (*passagens de bloco*), a média chegou a exatos 42 segundos.

No caso do *Jornal Nacional*, as alterações de dia para dia foram irrisórias em relação às chamadas (*passagens de bloco*) — 24,5 segundos de média semanal e inexistentes para as informações referentes ao mercado financeiro — 18 segundos, segunda a sexta-feira. Mudanças pouco significativas ocorreram na extensão da *escalada* — 48,1 segundos de média — e nas matérias que constituíram, a cada edição, os quatro blocos informativos. O valor médio situou-se em 1346,6 segundos (22 minutos e 5 segundos), pouco menor do obtido pelo *JC*.

Manchetes, blocos e chamadas

No que diz respeito especificamente à *escalada*, outros resultados comparativos se destacam (ver Tabela 2). O número de manchetes oscilou também por edição e por telejornal. O *Tj* apresentou o índice mais baixo, com uma média de 5,1 *manchetes* na semana, superado pelo *JC* (6,3) e pelo *JN* (6,8).

Tabela 2
Escalada nos telejornais
(Manchetes em número e tempo total e médio em segundos)

Telejornal	Telejornal Brasil			Jornal Nacional			Jornal da Cultura		
Dia Manchetes	Número	Tempo	Média	Número	Tempo	Média	Número	Tempo	Média
19	6	36	6"	8	52	6,5"	6	64	10,6"
20	5	30	6"	7	53	7,6"	7	75	10,7"
21	5	33	6,6"	6	42	7"	7	78	11,1"
22	5	40	8"	7	51	7,3"	7	86	12,3"
23	4	32	8"	6	44	7,3"	5	57	11,4"
24	6	32	5,3"	6	47	7,8"	6	70	11,7"
Média	5,1	33,8	6,6"	6,8	48,1	7,1"	6,3	71,6	11,4"

Os tempos médios das manchetes revelam um quadro comparativo distinto. Apesar da superioridade em número — 7 contra 6 em valores redondos — a duração das manchetes do *JN* (7,1 segundos) é consideravelmente inferior à do *JC* (11,4 segundos). Quase se iguala aà do *Tj Brasil* (6,6 segundos correspondente à uma média de 5 manchetes).

As razões para essas diferenças se evidenciam ao se observar a forma de apresentação da escalada. A menor duração das manchetes do *Telejornal Brasil* se deve não só ao fato de serem menos numerosas. São mais breves porque, em nenhuma das edições estudadas, verificou-se a utilização de imagens móveis do fato acompanhando ou complementando o texto lido pelo apresentador ao vivo na tela. Pelo menos nesse aspecto, o predomínio da informação verbal em detrimento do uso de imagens, a *escalada* do *Tj* se assemelhou à de um noticiário em rádio. Em compensação, pelo mesmo motivo, ganhou ritmo e agilidade.

Escalada do *TJ Brasil*, na edição do dia 22

Boris Casoy (V) *Boa noite. Estas são as manchetes do Telejornal Brasil:*
— *Dois estudantes são assassinados por engano em frente a uma escola pública da Grande São Paulo.*
— *Encontrada uma bomba de baixa potência num banheiro da Bienal do Livro.*
— *Castor de Andrade volta para a cadeia: a prisão domiciliar durou menos de 24 horas.*
— *Sem-terra fazem novas exigências para não promover novas invasões.*
— *Ieltsin reaparece no Kremlin e nega que vá passar por cirurgia do coração.*

Enquanto isso, das 38 manchetes que o *Jornal da Cultura* apresentou nas seis edições, 28 (73,6%) tiveram imagens. Na maioria das vezes, elas cobriram a narração do apresentador *em off*. Em duas delas, registrou-se também a participação breve de repórteres. Houve três casos ainda em que o *bg* subiu para mostrar o áudio correspondente às imagens mostradas — uma cena de uma dança e dois comerciais, um da Semp-Toshiba e outro de uma campanha contra a sujeira dos cães nas ruas de Londres. Se por um lado, deu-se ênfase ao visual, por outro, o andamento da escalada do *JC* foi mais lento e pausado.

Escalada do *Jornal da Cultura*, edição do dia 23

Milton Jung (V) *Boa noite. O dinheiro que ficar 90 dias na poupança estará livre do imposto da saúde.*

Valéria Grillo (V) *O Ateliê de Artes de Santo André, no* ABC *paulista, dá sentido à vida de crianças abandonadas. Com a ajuda do profeta das*
Valéria Grillo (Off) *cores elas pintam o sete e acreditam no futuro.*

191

Milton Jung (V)	*Um tratamento especial devolve ao pianista João Carlos Martins o prazer de tocar.*
J. C. M. dedilha o piano	*"...Na hora que eu ponho aqui..." (som do piano).*
Valéria Grillo (V) Grillo-Off-Ação policial Atriz E. Béart	*A polícia invade uma igreja na França para expulsar os imigrantes ilegais. Muitos franceses que tentaram impedir a violência foram presos, inclusive a atriz Emmanuelle Béart.*
Milton Jung (V) Jung-Off-Comercial Milton Jung (V)	*A Inglaterra quer acabar com a sujeira que os cachoros fazem nas ruas causando impacto. (música do comercial). O Jornal da Cultura começa agora.*

O *Jornal Nacional* ficou mais ou menos no meio-termo entre as duas tendências. Do total de manchetes na semana — 40 —, 18 (45%) foram apresentadas apenas pelo locutor em quadro. Nas 22 restantes (55%), recorreu-se à narração do locutor em *off* ou se elevou o *bg* do som ambiente. Dessa maneira, o *JN* equilibrou o seu *timing* ágil característico com o poder expressivo das imagens dos acontecimentos tratados nas manchetes.

Escalada do *Jornal Nacional*, na edição do dia 21

L. W. Fibe (V)	*Exclusivo: o Jornal Nacional mostra a matança de animais na selva amazônica.*
W. Bonner-Off-Imagens	*Nenhuma espécie é poupada...*
animais mortos. Fibe-Off	*E os caçadores exibem os troféus do extermínio.*
W. Bonner (V)	*Confusão na Rússia. A segunda maior potência nuclear está sem comando.*
L. W. Fibe (V)	*O governo americano decide: o cigarro é uma droga.*
W. Bonner (V) Bonner-Off-Lances	*O tira-teima comprova mais dois erros de arbitragem na rodada do brasileirão.*

L. W. Fibe (V) *Voluntários lutam para salvar trezentas ba-*
Fibe-Off-Baleias *leias encalhadas na Austrália.*
W. Bonner (V) *Revolução no ABC paulista: operários demi-*
 tidos viram funcionários do comércio.
L .W. Fibe (V) *Veja a seguir no Jornal Nacional.*

Os telejornais tomaram uma outra postura nas *passagens de bloco* (chamadas, em sua maioria, relativas às notícias temas das manchetes da *escalada*), recurso utilizado para acender à curiosidade do telespectador e evitar que ele mude de canal durante o intervalo comercial.

Tabela 3
Passagens de blocos
(Em número e tempo em segundos)

Telejornal	*Telejornal Brasil*		*Jornal Nacional*		*Jornal da Cultura*	
Dia	Número (c/ imagens)	Tempo	Número (c/ imagens)	Tempo	Número (c/ imagens)	Tempo
19	7 *(3)*	35	5 *(0)*	24	5 *(2)*	43
20	9 *(4)*	63	6 *(1)*	25	6 *(2)*	46
21	8 *(4)*	62	6 *(0)*	24	6 *(2)*	46
22	8 *(5)*	61	6 *(0)*	25	5 *(2)*	45
23	7 *(4)*	63	5 *(0)*	25	3 *(2)*	34
24	9 *(5)*	60	3 *(0)*	24	3 *(2)*	38
Total Média (c/ im.)	48 - 8 *(25 - 4,2)*	344 - 57,3	31 - 5,2 *(0 - 0)*	147 - 24,5	28 - 4,7 *(12 - 2)*	252 - 42

No *Jornal Nacional* — com médias de 5,2 *passagens* de 24,5 segundos por dia — quase todas se constituíram apenas do relato verbal pelo apresentador em quadro, sem qualquer imagem sobre os fatos abordados. A única exceção ocorreu na passagem do terceiro para o quarto bloco, na edição do dia 20, na chamada sobre a agressão que o jogador Júnior Baiano praticou em um jogo do campeonato alemão de futebol.

O predomínio absoluto da palavra, supõe-se, se deu não por deficiência técnica (inexistência de boas imagens), mas pela necessidade de preservar o ritmo do noticiário. Afinal, como disse Evandro Carlos de Andrade, baseado no comportamento da audiência, o *JN* não pode durar mais do que 30 minutos

Já o *Telejornal Brasil*, ao contrário do procedimento adotado em relação à *escalada*, usou sem parcimônia imagens móveis em suas *passagens de bloco*. Das 48 apresentadas nas seis edições (média de 8 por dia), correspondente a um tempo médio diário de 57,3 segundos, em 25 (52,1%) a informação visual dos acontecimentos conjugou-se com a leitura do locutor em *off*. A relativa folga de tempo de que o *TJ* dispôs, se comparado à estrutura compactada do *JN*, tornou possível desacelerar o andamento do noticiário pela confecção de chamadas em que elementos dos códigos lingüístico e icônico se complementaram.

Apesar de inferior em número (média de 4,7) ao *JN*, as *passagens de bloco* no *Jornal da Cultura* ocuparam um tempo médio maior (42 segundos). Essa aparente disparidade decorreu do modo de apresentação. Durante a semana pesquisada, 12 *passagens de bloco* (42,9%) — uma média de duas por edição — recorreram à utilização de imagens móveis dos fatos. Proporcionalmente como no *TJ*, a ênfase no casamento das imagens com as palavras prevaleceu sobre a alternativa de uma linguagem puramente verbal, tal qual o *Jornal Nacional* empregou em suas *passagens de bloco*.

Os dados da Tabela 4 mostraram que não houve regularidade quanto ao número de matérias e à duração dos blocos de notícias nas seis edições do *Telejornal Brasil*. A diversidade no número de matérias perfez um leque de uma notícia no 6º bloco dos dias 19 e 20 de agosto a 6 no 5º bloco do dia 24. Grande também foi a oscilação no tamanho dos blocos: de 1 minuto e 14 segundos no 6º bloco do dia 19 a 9 minutos e um segundo no bloco 2 do dia 22. O *TJ* alcançou na semana a seguinte média (Tabela 5) 3,4 matérias equivalentes a um um bloco de 5 minutos e 29 segundos.

Tabela 4
Blocos de matérias do *Telejornal Brasil*
(Número de matérias e duração dos blocos, inclusive o tempo das chamadas no final do bloco)

Bloco	1º bloco		2º bloco		3º bloco		4º bloco		5º bloco		6º bloco	
Dias	Mat.	Dur.	Mat.	Dur.	Mat.	Dur.	Mat.	Dur.	Mat.	Dur.	Mat.	Dur.
19	3	6'54"	6	7'47"	3	7'31"	2	4'52"	3	5'26"	1	1'14"
20	3	7'27"	3	4'41"	4	7'44"	2	4'16"	4	5'47"	1	1'29"
21	3	6'49"	3	3'48"	3	5'47"	3	8'16"	2	2'43"	4	2'42"
22	3	4'45"	4	9'01"	3	4'18"	4	6'28"	3	3'57"	4	3'28"
23	4	7'40"	4	8'12"	4	5'46"	3	3'19"	4	3'21"	5	4'42"
24	3	5'46"	4	6'33"	4	4'40"	3	4'38"	6	4'09"	4	4'41"

Tabela 5
Média do número de matérias e de duração de blocos do *Tj*

Dias	19	20	21	22	23	24	Média
Matérias	3	2,8	3	3,5	4	4	3,4
Duração	5'37"	5'14"	5'01"	5'20"	5'30"	5'38"	5'29"

O *Jornal Nacional* (Tabela 6) apresentou a mesma tendência à falta de uniformidade. O número de matérias variou de 2 (1º bloco nos dias 19 e 22 e 2º bloco do dia 21) a 7 (4º bloco do dia 24). Na duração dos blocos constatou-se, ao contrário, que as diferenças foram menos significativas — do mínimo de 4 minutos e 29 segundos no 2º bloco do dia 24 a 7 minutos e 29 segundos no 3º bloco do dia 22.

Mais balanceado na divisão do tempo em blocos, o *JN* teve, em média, nas seis edições (Tabela 7) 4,2 matérias jornalísticas para um tempo de 5 minutos e 35 segundos, números próximos aos do *Tj Brasil* — 5 minutos e 29 segundos para 3,4 matérias.

Tabela 6
Blocos de matérias do *Jornal Nacional*
(Número de matérias e duração dos blocos,
inclusive o tempo das chamadas no final dos blocos)

Bloco	1º bloco		2º bloco		3º bloco		4º bloco		Média	
Dias	Mat.	Dur.	Mat.	Dur.	Mat.	Dur.	Mat.	Dur.	Mat.	Dur.
19	2	5'48"	5	4'23"	5	4'57"	7	4'44"	3,2	4'58"
20	5	6'22"	5	5'33"	6	4'28"	6	5'53"	5,5	5'34"
21	3	6'37"	2	4'25"	5	5'12"	4	6'26"	3,5	5'40"
22	2	4'32"	5	4'35"	5	7'29"	4	6'55"	4	5'53"
23	3	6'13"	6	5'23"	6	6'38"	3	5'22"	4,5	5'54"
24	4	5'47"	4	4'29"	3	4'54"	7	6'49"	4,5	5'30"

Tabela 7
Média do número de matérias e de duração de blocos do *JN*

Dias	19	20	21	22	23	24	Média
Matérias	3,2	5,5	3,5	4	4,5	4,5	4,2
Duração	4'58"	5'34"	5'40"	5'53"	5'54"	5'30"	5'35"

Observou-se (Tabela 8) no *Jornal da Cultura* o mesmo nível de variação no número de matérias — de 3 no 3º bloco do dia 24 a 12 no 1º bloco do dia 19 — e na duração dos blocos — 4 minutos e 5 segundos no 3º bloco do dia 24 a 10 minutos e 16 segundos no 2º bloco do dia 21 de agosto.

Tabela 8
Blocos de matérias do *Jornal da Cultura*
(Número de matérias e duração de blocos,
inclusive do tempo da chamadas no final dos blocos)

Bloco	1º bloco		2º bloco		3º bloco		Média	
Dias	Mat.	Dur.	Mat.	Dur.	Mat.	Dur.	Mat.	Dur.
19	12	8'11"	4	6'23"	6	5'51"	7,3	6'48"
20	9	6'02"	4	9'48"	11	7'58"	8	7'56"
21	11	7'20"	11	10'16"	3	7'21"	8,3	8'19"
22	10	9'18"	8	8'02"	8	9'49"	8,7	9'03"
23	9	8'44"	5	5'35"	8	8'02"	7,3	7'27"
24	5	9'04"	11	8'45"	3	4'05"	6,3	7'18"

Tabela 9
Média do número de matérias e duração de blocos do JC

Dias	19	20	21	22	23	24	Média
Matérias	7,3	8	8,3	8,7	7,3	6,3	7,7
Duração	6'48"	7'56"	8'19"	9'03"	7'27"	7'18"	7'49"

Resultado muito diferente apurou-se da combinação de dois fatores — menor número de blocos e maior quantidade de notícias — que se traduzem em quadro em que as médias diárias são sensivelmente superiores às dos outros dois telejornais. A diferença torna ainda mais visível os valores médios das seis edições (Tabela 9). Às 7,7 matérias correspondeu uma duração de 7 minutos e 49 segundos.

As palavras no tempo

Os três telejornais submeteram-se a uma análise comparativa referente ao índice da relação da duração total dos noticiários *versus* número de palavras (incluídas todas as falas). O cômputo das palavras abrangeu todas que compuseram os telejornais, sem distinguir classes (artigo, preposição, numeral etc.), tempos verbais e nomes próprios — de pessoas, locais, instituições, pontos geográficos — que se formam, geralmente, pela junção de vários vocábulos.

Um exemplo é o nome do presidente da República do Brasil, Fernando Henrique Cardoso. No cálculo feito, cada vez — das numerosas — que se mencionou o nome completo dele, foram computadas três palavras: Fernando, Henrique e Cardoso. A soma de palavras constante da Tabela 10 compreendeu também todas as repetições lingüísticas presentes nos noticiários.

Tabela 10
Relação tempo/número de palavras

Telejornal	Telejornal Brasil			Jornal Nacional			Jornal da Cultura		
Tempo/palavras Dias	Tempo	Palavra	Ind.	Tempo	Palavra	Ind.	Tempo	Palavra	Ind.
19	34'20"	5559	2,70	22'24"	3481	2,59	21'29"	3479	2,69
20	31'44"	4846	2,53	24'	3512	2,44	25'43"	3972	2,57
21	30'38"	4693	2,55	23'22"	3372	2,40	26'15"	3933	2,50
22	32'39"	4741	2,42	24'22"	3393	2,32	28'35"	4440	2,59
23	33'32"	4884	2,43	24'20"	3564	2,44	23'13"	3345	2,40
24	34'19"	5451	2,64	22'46"	3515	2,57	23'04"	3427	2,47
Total Média de Palavras	198'12"	30188 (5031)	2,54	141'14"	20837 (3473)	2,46	147'37"	22596 (3766)	2,55

O telejornal de maior duração (Tabela 10*)* — *Tj Brasil* — foi o que utilizou mais palavras, uma média de 5 031 nas seis edições.

Mais curtos, O *Jornal Nacional* e o *Jornal da Cultura* apresentaram um número médio de palavras bastante aproximado, respectivamente, 3 473 e 3 766. Um dado interessante, no entanto, se revela pelo índice da relação tempo *versus* número de palavras. Enquanto o *Tj* e o *JC* têm índices praticamente iguais, 2,55 e 2,54, o *JN* fica um pouco abaixo, 2,46.

Esse resultado aponta para duas interpretações: 1) a média de palavras por segundo nos três noticiários representativos do telejornalismo brasileiro não alcança o índice máximo de três palavras por segundo, conforme se obtém no caso de telejornais redigidos em língua inglesa (Yorke, 1994: 89); 2) a diferença de índices, apesar de pequena, significa que o *Jornal Nacional* foi dos três noticiários o que empregou menos o código verbal na elaboração das matérias jornalísticas.

Tabela 11
Matérias jornalísticas
(Não inclui o tempo referente às manchetes e às chamadas de final de bloco)

Telejornal		*Telejornal Brasil*		*Jornal Nacional*		*Jornal da Cultura*	
Dia	Mat. Jorn.	Número	Tempo	Número	Tempo	Número	Tempo
19 Média		18	33'09" 1'51"	22	21'08" 57'6"	22	19'42" 53'7"
20 Média		17	30'21" 1'47"	25	22'42" 54,4"	24	23'42" 59,2"
21 Média		18	29'03" 1'37"	17	22'16" 1'18"	25	24'11" 58"
22 Média		21	30'58" 1'28"	19	23'06" 1'13"	26	26'24" 1'01"
23 Média		24	31'57" 1'20"	21	23'11" 1'06"	22	21'42" 59,2"
24 Média		24	32'47" 1'22"	18	21'35" 1'12"	19	21'16" 1'07"
Média Total Geral		20,3	31'23" 1'33"	18,6	22'20" 1'12"	22,3	22'50" 1'01"

Pela Tabela 11, verifica-se que o *Jornal Nacional* e o *Jornal da Cultura* tiveram uma duração média praticamente igual, durante a semana estudada, com uma diferença de apenas 30 segundos a favor do *JC* (22'50" contra 22'20"). No entanto, por divulgar um número maior de notícias por edição (22,3 contra 18,6), o tempo médio das matérias jornalísticas no *JC* foi um pouco menor do que no *JN* (1'01" e 1'12" respectivamente). O *Tj Brasil*, por outro lado, manteve uma média bastante superior (1'33"), correspondente à relação de 20,3 matérias para uma duração de 31'23", em decorrência de seu estilo editorial, sobretudo pelo teor mais fortemente opinativo do que o dos outros dois noticiários.

CAPÍTULO 14

Perfil comparativo das matérias

> *Se assistirmos aos telejornais [...] abstraindo-nos do locutor,*
> *não sabemos qual a estação que está no ar,*
> *pois a pauta é praticamente idêntica.*
> Zevi Ghivelder

A comparação das matérias jornalísticas permitiu identificar as 27 matérias comuns aos três programas (Tabela 12). À exceção dos dias 19 (6) e 21 (5), uma média de quatro notícias esteve presente nos telejornais. Do total, 20 trataram de fatos que aconteceram no país e sete incluíram-se no noticiário internacional. A previsão da meteorologia — em seis vezes — foi a única constante de todas as edições.

Cinco das 14 matérias do noticiário nacional (excluídas as seis da previsão do tempo) traziam referências diretas (campeonato brasileiro, convocação da seleção) ou indiretas ao futebol (duas sobre a morte de um torcedor em Apucurana, no estado do Paraná, e uma a respeito do casamento do jogador Romário). Outra modalidade esportiva, o basquete, serviu também como referência à notícia policial que dava conta da multa que a jogadora Hortência teria de pagar por causa de uma briga no trânsito, em São Paulo.

O presidente Fernando Henrique Cardoso se sobressai como personagem principal em três matérias — uma da inauguração da Hidrelétrica de Rosana e duas relativas à visita que fez à Amazônia.

Na cobertura que os três telejornais deram à visita, na edição do presidente à Amazônia, na edição dia 23, observaram-se diferenças no uso dos recursos de linguagem. O *Telejornal Brasil* tentou com-

201

pensar a falta de imagens do fato com uma longa descrição verbal (dada a circunstância) de 1 minuto e 17 segundos, feita por Álvaro Pereira, coberta por uma foto do repórter congelada sobre um mapa da Amazônia. A matéria aproximou-se, assim, muito do que se denomina de "rádio ilustrada", conforme conceito de Michel Chion, ou de "rádio na TV", segundo comentário de Heródoto Barbeiro.

Tabela 12
Matérias jornalísticas comuns aos três telejornais
(Por dia, matéria e tempo em segundos em cada telejornal)

Dia	Matérias Jornalísticas	Tj	JN	JC
19	Abuso sexual contra crianças na Bélgica	56	116	123
	Morte de torcedor em jogo de futebol, em Apucarana	55	91	25
	Acertado acordo para salvar finanças de Alagoas	152	26	97
	Fernando Henrique inaugura Usina de Rosana	199	31	164
	Previsão do tempo	69	34	91
	Morrem o ator Jofre Soares e o palhaço Torresmo	74	52*	31*
20	Onda de violência em São Paulo	186	54*	201
	Morte de torcedor em jogo de futebol em Apucarana	81	26	19
	Zagallo convoca jogadores para seleção brasileira	55	104	33
	Previsão do tempo	78	33	65
21	EUA classificam nicotina como droga	193	101	278
	Jogos do Campeonato Brasileiro de Futebol	56	149	28
	Ampliação do prazo do seguro-desemprego	138	94	92
	Salvamento de baleias na Austrália	35	34	40
	Previsão do tempo	77	35	64
22	Libertação de Castor de Andrade	94*	94	26
	Previsão do tempo	62	34	63
	Fernando Henrique visita a Amazônia	120	75	81
	Bélgica enterra meninas vítimas de abuso sexual	49	57	54
23	Previsão do tempo	75	40	60
	Fernando Henrique visita Amazônia	114	68	65
	Hortência é condenada a pagar multa por agressão	48	24	15
	Polícia francesa invade igreja para prender imigrantes	66	96	61
24	Casamento do jogador Romário	105	58	44
	Previsão do tempo	68	38	55
	Corínthians vence torneio na Espanha	14*	21*	14*
	Treino de Fórmula 1	43*	96*	20*

202

B. Casoy (V)	*O presidente Fernando Henrique Cardoso passou o dia no interior da Amazônia onde visitou bases militares. O repórter Álvaro Pereira dá as informações por telefone.* (12" — 25 palavras)
Rep. off-foto congelada de Álvaro ao telefone sobre mapa da Amazônia	*Foi um dia inteiro na selva amazônica. A primeira parada da comitiva presidencial ocorreu no Pelotão de Iauaretê, na fronteira com a Colômbia. O presidente Fernando Henrique Cardoso esteve primeiro com os homens da Infantaria de Selva do Exército, responsáveis por programas de assistência social. No contato com representantes indígenas da tribo dos tucanos, Fernando Henrique ouviu reiteradas reivindicações para que a terra deles fosse demarcada. O presidente se disse emocionado com a integração entre indígenas e militares e elogiou bastante o trabalho do Exército. Depois, recebeu uma série de homenagens. Mais tarde, em São Gabriel da Cachoeira, à beira do Rio Negro, Fernando Henrique Cardoso visitou uma outra unidade militar. Recebeu representantes de organizações não governamentais que defendem o meio ambiente e novamente esteve com indígenas. Numa rápida entrevista aos jornalistas, ele disse que o aumento do déficit público não é sinal de descontrole das contas do governo, mas não forneceu maiores detalhes. A comitiva presidencial já deixou a Amazônia, devendo chegar à Brasília dentro de mais alguns instantes. Heraldo Pereira para o Telejornal Brasil.* (1'17" — 176 palavras)

O *Jornal Nacional*, ao contrário, tirou todo o proveito das imagens de que dispunha para noticiar o fato e o repórter não poupou o uso de metáforas:

L. W. Fibe (V)	*O presidente Fernando Henrique visita bases militares e aldeias indígenas na Amazônia.* (7" — 13 palavras)
Rep. Délis Ortiz-off- FHC e índios. Crianças cantam e batem palmas. Freira e FHC. Cidade Rios – soldados nativos FHC caminha pela floresta. FH anda de canoa. Sol forte – populares	(Som ambiente) *Fernando Henrique jura que foi coincidência, mas aterrissou justo no meios dos tucanos. Essas crianças aprendem tucano e português.* (som ambiente — canto e palmas). *A professora missionária diz que esse presidente tem coragem. Aqui é fronteira onde tudo parece abandonado. Do outro lado do rio Uauapés é a Colômbia e quem faz a segurança aqui é um pelotão especial, diferente, com a cara da selva. Sol a pino, com cara de 50 graus: todo o jeito de um programa de índio. Em plena floresta, não se justifica um esforço eleitoreiro. Um ministro da comitiva explica: a visita do presidente é para deixar claro que a Amazônia tem dono. A vigilância é prioridade e o governo vai ocupar espaço aqui. Só não quer lembrar que falta dinheiro.* (54" — 124 palavras)
FHC fala aos repórteres	*"Mas eu não vim aqui para falar de déficit. Vim para falar de coisa [...] de superávit de vontade de fazer um Brasil grande, um Brasil forte."* (7" — 26 palavras)

Do mesmo modo que o *JN*, o *Jornal da Cultura* baseou sua reportagem em imagens da visita, esclarecendo-as com o relato verbal. Houve até espaço para mostrar o bom humor do presidente no final da reportagem.

Milton Jung (V)	*Índios do Alto Rio Negro, no Amazonas, pedem ao presidente Fernando Henrique a demarcação urgente de terras que pertencem a eles. A reserva de quase 11 mil hectares já foi criada no papel, mas falta estabelecer os li-*

	mites. O presidente foi visitar bases militares na Amazônia, mas a presença de índios tucanos acabou mudando os planos. (21" — 56 palavras)
FHC recebido pelos índios. Rep. Wellington Ney off. Imagens TVE – Amaz	*Foi uma festa a chegada do presidente à tribo dos Iauaretê com cartazes cobrando rapidez na demarcação de terras* (som ambiente). *Os índios pediam também o reconhecimento de que a natureza faz parte da vida deles.*
FHC no palanque FHC revista tropas FHC e índios FHC e crianças	*No pelotão do 5º BIS, o presidente assistiu à apresentação de tropas do Exército que atuam na fronteira do Brasil com a Colômbia e a Venezuela* (som ambiente). *Recebeu dos representantes indígenas um documento com várias reivindicações. Conheceu um grupo de alunos de uma escola mantida pelo Exército na região* (som ambiente — fala das crianças). *Para o presidente, os índios também são brasileiros e precisam ser reconhecidos.* (38" — 95 palavras)
Fernando Henrique	"*O grosso da população aqui fala tucano, mas isso não é por causa do tucano* (sorri). *Nós é que imitamos os tucanos.*" (6" — 21 palavras)

    Outros fatos relacionados ao governo foram temas de duas notícias — o acerto para salvar as finanças de Alagoas e a ampliação do prazo de pagamento do seguro-desemprego nas principais regiões metropolitanas do país.
    A onda de violência em São Paulo, que se destacou mais nos noticiários do *Tj Brasil* e no *Jornal da Cultura* — cujas emissoras não por acaso estão sediadas na capital paulista —, teve uma única incidência comum aos três telejornais, no dia 20 de agosto. Mesmo assim, ocupou um tempo muito maior nos telejornais do SBT (186") e da TV Cultura (201") do que no *Jornal Nacional* (54").
    No dia 19, a morte de dois artistas recebeu um tratamento diferente. Enquanto o TJ se referiu a Jofre Soares e ao palhaço Torresmo em uma única matéria, o JC divulgou os fatos em duas notas cobertas

e o *JN* noticiou apenas o falecimento do ator de cinema e televisão, sem fazer qualquer menção ao profissional circense, mais conhecido em São Paulo do que no restante do país.

Já no dia 20, nas informações sobre a onda de violência que assolava São Paulo, o *Jornal Nacional* reportou-se ao assunto por meio de duas notícias independentes, uma sobre a "campanha Reage São Paulo" e outra a respeito de uma chacina cometida na periferia da capital paulista. A libertação de Castor de Andrade por motivo de saúde, determinada pela justiça, no dia 22, foi divulgada duas vezes pelo *Tj Brasil* em razão das idas-e-vindas do bicheiro à prisão, em decorrência de decisões judiciais confusas.

À participação do Corínthians na final do Troféu Ramón de Carranza, na Espanha, dia 24, os telejornais também dedicaram relatos diferentes. O *Jornal da Cultura*, transmitido aos sábados às 12 horas, só pôde anunciar a partida que se realizaria naquela tarde. O *Tj Brasil* deu apenas o resultado do jogo sem imagens e o *Jornal Nacional* mostrou os gols que deram o título do torneio ao Corínthians.

No mesmo dia, o telejornal da Rede Globo se valeu da condição de exclusividade na transmissão das corridas de Fórmula 1, para fazer uma cobertura amplamente documentada em imagens próprias e intervenção de enviados especializados do treino para o Grande Prêmio da Bélgica, disputado no domingo. Sem dispor dessa estrutura, os noticiários do SBT e da TV Cultura se referiram à competição esportiva dentro de suas possibilidades técnicas. Tanto o *JC* como o *Tj* recorreram a imagens passadas fornecidas por agências de notícias internacionais para ilustrar a informação sobre a ordem de largada que os pilotos alcançaram nos treinos do sábado de manhã.

A pouca familiaridade com a Fórmula 1 talvez tenha sido inclusive a causa de equívoco praticado pelo apresentador do *JC* na edição de sábado, Heródoto Barbeiro, ao trocar o nome do piloto Jacques Villeneuve, pelo de seu pai, o ex-automobilista canadense, Gilles Villeneuve. No bloco de notícias seguinte, Barbeiro, de improviso, retificou a informação.

Afora essas duas matérias sobre esporte, o noticiário internacional realçou a decisão do governo norte-americano de classificar a nicotina como droga, a ação violenta da polícia francesa para prender imigrantes africanos e o espetáculo lírico de salvamento de baleias na Austrália. O destaque mesmo ficou por conta do caso de abuso sexual na civilizada Bélgica, que chocou o mundo com a morte de duas crianças, mencionado duas vezes (dias 19 e 22 de agosto).

No comovente enterro das duas meninas (dia 22), os três telejornais, em notícias de conteúdo muito parecido, deram uma demonstração da perfeita conjugação dos três códigos da linguagem televisiva.

Boris Casoy (V)	*A Bélgica pára durante os funerais de duas garotas vítimas de uma gang de pervertidos sexuais.* (7" — 16 palavras)
Casoy – off – Funeral – belgas choram na Basílica S. Martin. Missa – Padres Cortejo fúnebre – Pessoas com fotos das meninas Coroa de flores Populares com cartazes "Combien de Phedophiles chez nous dirigeants?	*O funeral aconteceu em Liège, em clima de muita emoção. Dezenas de milhares de pessoas se reuniram na Basílica de Sain Martin e nas ruas próximas. A cerimônia foi transmitida pela TV. A Bélgica inteira fez um minuto de silêncio* (aplauso quando o cortejo passava) *em memória das meninas. Julie e Melissa, de 8 anos, foram seqüestradas e submetidas a abusos sexuais* (som de sino). *Morreram de fome no porão da casa de um dos criminosos* (sino e som ambiente). *Quatro pessoas foram presas. No funeral, houve protestos contra a justiça belga e parentes das vítimas pediram penas mais severas para quem comete crimes contra crianças.* (42" — 95 palavras)

O *Jornal Nacional* economizou palavras e soube explorar com extrema eficácia o teor dramático do acontecimento, pela alta carga emocional que as imagens, o efeito sonoro (sino) e a música triste proporcionavam.

William Bonner (V)	*Os belgas pararam hoje para se despedir de duas meninas, Julie e Melissa, de 8 anos. Elas foram seqüestradas por uma quadrilha que usava crianças na produção de filmes pornográficos. As duas acabaram morrendo de fome.* (15" — 36 palavras)

207

Bonner – Off – Imagem aérea da cidade – Povo no cortejo pela rua Basílica – Homem chora Caixões entram na igreja Crianças passam pelos caixões e choram. Menino canta na igreja. Pessoas desoladas na igreja	*Em todo o país, um minuto de silêncio* (som de sino). *Lojas e indústrias fechadas na cidade de Liège. Dez mil pessoas lotaram as ruas por onde o cortejo passou até a Basílica de Sain Martin* (Som direto — aplausos da multidão ao cortejo. Homem diz em francês: "Toujours, Julie e Melissa" — Entra música triste cantada pelas crianças presentes no funeral — vai a bg). *As crianças se despediram das amigas Julie e Melissa, cantando por todas as crianças do mundo.* (Sobe bg canto do menino ...) (35" — 42 palavras)
L. W. Fibe (V)	*A polícia prendeu hoje mais um da quadrilha de seqüestradores. É o quinto que vai para cadeia.* (7" — 18 palavras)

Embora contando com o mesmo material, o *Jornal da Cultura* se perdeu por se exceder na expressão verbal. Baseado na recomendação dos manuais de telejornalismo de se optar preferencialmente pela simplicidade vocabular, causou estranheza o uso repetido da palavra *pedófilo* pouco comum até mesmo entre telespectadores mais instruídos.

Valéria Grillo (V)	*A Bélgica se despede, com um misto de revolta e tristeza, das duas meninas de 8 anos, vítimas do assassino pedófilo, que chocou o país. Julie Lejeune e Melissa Russo foram enterradas depois de uma cerimônia religiosa cheia de emoção.*
V. Grillo – off – Liège-Bélgica Multidão segue o cortejo Homens e mulheres choram Pessoas lotam Basílica Pais das meninas choram	*O país inteiro parou e fez um minuto de silêncio em homenagem às duas crianças. Nas ruas, cerca de 100 mil pessoas assistiram ao cortejo sem esconder a tristeza* (som de sinos em bg). *A missa foi celebrada na Basílica de Sain Martin de Liège com a presença de mais de 6 mil pessoas. Na primeira fila, os pais das meninas não conseguiam conter a emoção*

Adultos e crianças   *que tomou conta de todos, embalada pela*
choram. Adultos   *canção* (canção em *bg*) *interpretada por um*
beijam caixão   *menino* (sobe *bg*). *As duas amigas insepará-*
Cenas da igreja   *veis que morreram de fome em um porão na*
                          casa do líder da quadrilha de pedófilos (som
                          ambiente — outra canção triste em *bg*), *o ele-*
                          tricista Marc Doutroux, foram enterradas
                          juntas em uma supultura do cemitério de
                          Mount de Liège. (39" — 108 palavras)

Outro acontecimento integrou o conteúdo dos três noticiários, só que em edições de dias distintos e só por isso não entrou na tabela anterior. A aprovação de emenda constitucional pelo Parlamento do Peru, possibilitando a reeleição do presidente Alberto Fujimori, constou do *JC* (dias 22 e 24) e do *Tj* e *JN* (dia 23).

Tabela 13
Matérias jornalísticas comuns ao *Tj* e ao *JN*
(Por dia, matéria e tempo em segundos)

Dia	Matérias Jornalísticas	*Tj*	*JN*
19	Gols da rodada do Campeonato Brasileiro de Futebol	78	71
	Crise no Corínthians	53	104
21	Libertação do bicheiro Castor de Andrade	24	39
22	Jogos da rodada do Campeonato Brasileiro de Futebol	62	99
23	DIEESE divulga pesquisa sobre gasto familiar em São Paulo	164	123
	Vitória do Corínthians em torneio na Espanha	23	51*
	Gols da rodada do Campeonato Brasileiro de Futebol	68	58
	Santos ameaçado de perder pontos do jogo com o Fluminense	53	15
	Reeleição de Fujimori	35	35
24	Conflito de terra no Pará	100	21
	Campeonato Brasileiro de Futebol	8*	64

Onze matérias foram comuns em cinco edições do *Telejornal Brasil* e do *Jornal Nacional* (Tabela 13), das quais sete estavam relacionadas ao Campeonato Brasileiro de Futebol. Em uma delas,

209

notou-se uma grande diferença de tratamento jornalístico do fato noticiado. Dia 24, o *Tj* apenas registrou em nota simples de 8 segundos os resultados dos jogos disputados na tarde de sábado. O *JN* deu a mesma informação, mas com uma grande riqueza de imagens, exibindo os gols da rodada.

Uma matéria poderia fazer parte da lista se não tivesse sido divulgada em edições diferentes (dia 20 no *Tj* e dia 21 no *JN*), e com enfoque também diverso: a notícia sobre o gorila que salvou um menino em um zoológico de Illinois, nos Estados Unidos. No espírito espetaculoso da indústria cultural, o caráter inusitado e o tom emotivo do fato acabaram transformando o gorila Bent em herói para os americanos e provavelmente para o restante do mundo.

TJ e JC

Maior afinidade de conteúdo demonstraram o *Telejornal Brasil* e o *Jornal da Cultura* (Tabela 14). Das 20 matérias comuns ao *Tj* e ao *JC*, quase a metade (9) tratou de fatos ocorridos em São Paulo. O destaque foram a onda de violência (4 notícias) e a Bienal Internacional do Livro, com duas matérias. A cobertura internacional abrangeu sete notícias comuns, versando sobre os mais diferentes assuntos, dos conflitos na Chechênia e no Oriente Médio à pitoresca matéria sobre uma campanha publicitária na Inglaterra com o objetivo de diminuir a sujeira deixada pelos cães nas ruas de Londres (dia 23).

Outras duas matérias de âmbito nacional compuseram o noticiário dos dois telejornais durante a semana: a escolha da Semp-Toshiba pela revista *Exame* como empresa do ano (dia 21 no *JC* e dia 22 no *Tj*) e o depoimento de testemunha *bomba* da morte de Paulo César Farias e Suzana Marcolino, à polícia de Alagoas (dia 23 no *JC* e dia 24 no *Tj Brasil*). O caso PC, aliás, motivou também a divulgação do depoimento do legista Jorge Sanguinetti na edição do dia 21 nos dois telejornais.

Constrangido pelo horário de transmissão no sábado, ao meio-dia, o *Jornal da Cultura*, porém, tirou vantagem dessa dificuldade na reportagem sobre o show de rock no Pacaembu. Como o espetáculo começou já pela manhã com a chegada do público, a cobertura se enriqueceu com a intervenção ao vivo do repórter João Palomino, diretamente do estádio de futebol. O *Telejornal Brasil* mostrou também o fato e até com alguns detalhes que o *JC* não pôde registrar, porque ocorreram no transcorrer do show, mas durante a tarde e à noite.

Tabela 14
Matérias Jornalísticas comuns ao *Tj* e ao *JC*
(Por dia, matéria e tempo em segundos)

Dia	Matérias Jornalísticas	*Tj*	*JC*
19	Polícia mineira liberta prefeito de Brumadinho de seqüestro	156	18
20	Desemprego no setor automotivo de São Paulo	101	13
	Instalação de fábrica de automóveis da Chysler no Brasil	141	25
21	Ex-presidente da África do Sul pede desculpas por atos de violência	44	28
	Depoimento do legista Jorge Sanguinetti no caso PC Farias	134	29
	Violência em São Paulo	153	37*
20	Bomba na Bienal do Livro em São Paulo	74	94
	Assassinato de jovens em São Paulo	100	18
	Micarecandanga em Brasília	135	111
	Governo israelense impede viagem de Arafat	50	24
	Guerra na Chechênia	50	58
	Covas faz reunião sobre violência em São Paulo	127	160
23	EUA consideram nicotina como droga	136	30
	Negociações do governo e MST sobre reforma agrária	92	77
	Campanha publicitária para reduzir sujeira feita por cães nas ruas de Londres	41	72
24	Encerramento da Bienal do Livro de São Paulo	67	107
	Acidente mata torcedor em *rallye* na Finlândia	55	29
	Show de rock no Pacaembu em São Paulo	127	203
	Bala perdida mata criança em São Paulo	20	22
	Festival de Artes Cênicas em São Paulo	98	48*

O Festival de Artes Cênicas em São Paulo apareceu em cada noticiário com uma perspectiva própria, no dia 24. O *Tj* expôs uma descrição mais generalizada dos grupos, especialmente os estrangeiros, que participavam da mostra (98"). O Jornal da Cultura preferiu enfatizar somente o espetáculo encenado pela companhia francesa Decodex. (58")

JN e JC

A intercessão do *Jornal Nacional* e do *Jornal da Cultura* (Tabela 15) constituiu-se de 12 matérias em cinco edições (de 19 a 23 de agosto). Em oito, a economia — particularmente o mercado financeiro (4 vezes) — despontou como categoria temática predominante. Das outras quatro, todas internacionais, uma mostrou a estréia de Ronaldinho no Barcelona e as demais focalizaram conflitos internos em três países (Argentina, Coréia do Sul e Colômbia).

Tabela 15
Matérias jornalísticas comuns ao *JN* e ao *JC*
(Por dia, matéria e tempo em segundos)

Dia	Matérias Jornalísticas	JN	JC
19	Governo anuncia redução do imposto de importação de carro	38	16
20	Conflito na Colômbia entre governo e plantadores de cocaína	65	28
	Conflito entre polícia e estudantes na Coréia do Sul	51	29
	Tiroteio entre sindicalistas na Argentina	45	28
	Resultado da balança comercial brasileira	52	51
	Estréia de Ronaldinho no Barcelona	30	52
	Números do mercado financeiro	18*	44
21	Números do mercado financeiro	18	45
22	Produto Interno Brasileiro	41	19
	Números do mercado financeiro	18	39
23	Regulamentação da CPMF	120	70
	Números do mercado financeiro	18	47

Os dois telejornais deram as mesmas informações sobre o mercado financeiro com uma linguagem diversa. Em uma demonstração de como aproveitar ao máximo o tempo sempre escasso no telejornalismo, o *JN* projetava essas informações por escrito, na tela, ao final de cada bloco de notícias, em inserções de 6 segundos cada uma. Em um tempo duas vezes e meio maior do que a soma das três inserções, em torno de 44 segundos, o *JC* divulgava os mesmos números, em um relato em *off* pelo locutor, cobrindo os dados por escrito.

O início da comercialização da carne de tartaruga proveniente de criadouros autorizados pelo governo federal ganhou também realce nos dois telejornais. Enquanto recebeu uma breve menção no *Jornal da Cultura* em uma nota coberta de 21 segundos, no dia 21, a novidade apareceu mais detalhada em reportagem de 116 segundos na edição do dia 22 do *Jornal Nacional*.

Matérias exclusivas

Nas matérias exclusivas — que melhor espelham o perfil editorial de cada telejornal — o *Jornal da Cultura* se destacou pelo número total, 74, que proporcionou uma média de 12,3 nas seis edições. Esse índice só caiu mesmo no sábado (9 matérias) por fatores circunstanciais relativos ao horário de transmissão do programa, 12 horas.

No *Jornal Nacional*, o número de matérias exclusivas chegou a 59, ficando bem abaixo das 74 do *JC*. De edição para edição, houve uma oscilação acentuada, de um mínimo de 6 matérias no dia 21 a 12, nos dias 20 e 24, correspondendo a uma média de 9,8.

Dos três telejornais de edições mais longas, o tempo maior no *Telejornal Brasil*, porém, não se converteu em número de matérias, inclusive nas que noticiou com exclusividade. Elas atingiram, nos seis dias, a soma de 57, com uma média diária de 9,5, praticamente a mesma do *JN*.

Tabela 16
Matérias exclusivas de cada telejornal

Dia	Telejornal Brasil	Jornal Nacional	Jornal da Cultura
19	Violência em S. Paulo (198)	Aluguel de imóveis (190)	Camp. "Reage São Paulo" (38)
	Tosse crônica (111)	Apostador não aparece (21)	Violência em Fco. Morato (98)
	Medalhas para-olimpícas (46)	Ac. Am. de TV no Projac (39)	Rodízio de carros (19)
	Fórmula Indy (104)	Assédio sexual (144)	Massacre de Eldorado (27)
	Balanço do Bamerindus (96)	Arma finlandesa (24)	Acidente com ônibus (11)
	Laudo de S. Marcolino (56)	Criança assalta banco (28)	Remédio vencido (15)
	Balança comercial (65)	Mercado financeiro (18)	Estação orbital MIR (29)
	SBT festeja 15 anos (202)	TV Digital (71)	Assalto a promotor (20)
	Entrevista com Genoíno (219)	Castor de Andrade (26)	Aniversário de Clinton (126)
		Homem-aranha no Rio (111)	Queda de avião russo (40)
		Uso da Globo na eleição (33)	Guerra na Chechênia (24)
			Protesto na Austrália (24)
			Informát. p/ def. visuais (143)
20	Seqüestros no Rio (122)	Cartão de crédito (169)	Imp. de imp. de carro (23)
	Min. Just. do Mercosul (128)	Lei do concubinato (129)	Jovens escritoras (134)
	Torcidas organizadas (120)	Méd. acusado de assédio (147)	Aids em Jundiaí (24)
	Neg. da reforma agrária (103)	Homem-aranha preso (26)	Seqüestrador preso (26)

213

Tabela 16
Matérias exclusivas de cada telejornal (cont.)

Dia	Telejornal Brasil	Jornal Nacional	Jornal da Cultura
	15 anos do SBT (219)	Pesq. Eleit. em C. Grande (63)	Peixe estragado no RS (22)
	Eleições no Rio e SP (172)	Telecurso para inglês (42)	Atent. a Bem. Nigéria (22)
	Lula, Itamar e Brizola (109)	Recuperação de Tina (14)	Medalha para-olímpica (13)
	Ac. Am. de TV no SBT (33)	Dívida do FGTS (20)	Pedofilia na Bélgica (87)
	Gorila salva menino (89)	J. Baiano no Flamengo (110)	Guerra na Chechênia (28)
		Apostador perde juros (49)	Fim de ICM para export. (36)
		Bomba no Maracanã (16)	100 anos de Piaget (188)
		Pesq. Eleitoral em SP (99)	PFL feliz com eleições (216)
			Balança comercial (51)
21	Menores de rua em SP (178)	Matança na Amazônia (258)	Teste com desinfetantes (41)
	Teatro Globe (33)	Macarena nos EUA (139)	Enchente no Vietnã (25)
	Gripe mata no inverno (101)	Gorila vira herói (31)	Semp-Toshiba (166)
	Semana da APAE (58)	Aparece apostador (24)	Carne de tartaruga (21)
	FHC fala sobre eleição (127)	Pacote na Argentina (43)	Barcelona é campeão (23)
	Boris entrevista Chicuta (227)	Pesq. eleit. em Curitiba (101)	Banimento do amianto (161)
	Fim do Monza (15)		Protesto de metalúrgicos (32)
			Bandido no México (24)
			Acidente com avião (43)
			Rodman lança livro (27)
			FHC versus Itamar (99)
			Pais aesesperados em SP (26)
			Pedofilia na Bélgica (43)
			Guerra na Chechênia (61)
22	Circ. TV ajuda polícia (113)	Matança na Amazônia (162)	Origami pela paz em SP (29)
	Polícia revista favelados (132)	Cobrança de multas (95)	Pol. Federal em SP (29)
	Vigilância particular (169)	Méd. acusado de assédio (46)	Caligrafia de médicos (31)
	Ironildes Teixeira e PC (119)	Pesq. Eleitoral em BH (84)	Qualidade do leite (17)
	Apuração das eleições (65)	Carne de tartaruga (116)	Bomba em Recife (21)
	Lei eleitoral do RS (71)	Flamengo vence (66)	Negócio próprio (125)
	Corumbiara (105)	Pesq. Eleit. em Salvador (78)	Pesq. Eleit. em SP (85)
	Melhores da *Exame* (99)	Pesq. Eleit. no Rio (115)	Reeleição de Fujimori (21)
	Escultura de Da Vinci (59)	Demissão no TSE (26)	Fumo é droga nos EUA (140)
		Festa do Peão (180)	Mandela e Dalai-lama (28)
			Ancara e não Istambul (22)

Tabela 16
Matérias exclusivas de cada telejornal (cont.)

Dia	Telejornal Brasil	Jornal Nacional	Jornal da Cultura
23	Abuso de menores (99)	Contas já pagas (167)	Defeitos congênitos (230)
	Boris critica Rossi (64)	Jovem economista (71)	Segurança na Bienal (26)
	ICM para exportação (130)	Globo Repórter (50)	Pianista J. C. Martins (171)
	Meireles lança livro (11)	Boxe nos EUA (12)	Testemunha do caso PC (28)
	Jô entrevista FHC (14)	Treino de Fórmula 1 (106)	Tiroteio em São Paulo (23)
	Complexo Anhangüera (134)	Pesq. Eleit. em Recife (84)	Pesquisa sobre violência (92)
	Massacre de Carajás (52)	Pesq. Eleit. em Goiânia (50)	Rodízio de carro em SP (52)
	Pres. Câmara visita SBT (43)	Arquivos da Censura (203)	Violência reúne autorid. (38)
	Acidente da TWA (62)		Reportagens sobre Aids (88)
	Guerra na Chechênia (78)		Teatro francês em SP (57)
	Movimento da Bienal (176)		Protesto na Colômbia (38)
			Croácia e Iugoslávia (26)
			Ateliê de arte no ABC (180)
			Protesto no Banespa (23)
24	Testemunha do caso PC (117)	Matança na Amazônia (150)	Campeonato brasileiro (70")
	Intercâmbio estudantil (110)	Paciencia vence no boxe (60)	Reportagens sobre Aids (82)
	Ilha dos Marinheiros (119)	Hortência paga multa (28)	Idosos de Veranópolis (134)
	Mercado financeiro (93)	Lixo agrotóxico (152)	Medalha para-olímpica (13)
	Tragédia no Himalaia (50)	Chamada do Globo Rural (28)	Imigrantes na França (55)
	Serv. de entrega rápida (106)	Festa do Peão (157)	Reeleição de Fujimori (46)
	Mensagem pelo mar (45)	P. Eleit. em Florianópolis (79)	Ateliê de arte no ABC (147)
	Suspeitos presos (39)	Cham. do Fantástico (51)	Combate ao fumo no BR (90)
	Boris entrevista Comte (407)	Madre Teresa (15)	Método Montessori (85)
	Carnaval em Brasília (31)	Encontro de craques (88)	
	Independ. das Filipinas (46)	Baleia no litoral do Rio (36)	
	Manchetes da mídia (51)	Brasileiras em NY (147)	

215

Formatos jornalísticos nos três telejornais

> *E a televisão faz rádio na tevê,
> quando não tem imagem para apresentar.*
> Heródoto Barbeiro

Ao submeter as matérias a uma classificação por formatos, emergiu a necessidade de explicitar ressalvas. Em primeiro lugar, há que se ressaltar que em decorrência das especificidades do estilo editorial de cada programa, alguns formatos só apareceram em um determinado telejornal. Deve-se observar ainda que uma mesma matéria jornalística pode abrigar mais de um formato, inclusive de gêneros diferentes. No *Tj Brasil*, por exemplo, os editoriais de Boris Casoy complementaram muitas vezes o relato de reportagens ou de notícias.

Finalmente, cabe advertir que se fez o enquadramento por formatos, em algumas poucas oportunidades, mediante critérios não absolutamente objetivos, abrindo-se a possibilidade para uma interpretação mais pessoal do pesquisador. Para que se saiba quando esse procedimento foi adotado, a descrição a seguir alertará previamente o leitor.

Formatos no *Telejornal Brasil*

As matérias jornalísticas do *Tj* se distribuíram em oito formatos, cinco do gênero informativo (nota, notícia, reportagem, entrevista

216

e indicadores) e três opinativos (editorial, comentário e crônica). Cinco participaram de todas as edições — nota, notícia, reportagem, indicador e editorial. Dos três restantes, dois tiveram inserções regulares programadas: o editorial — de segunda, 19 a sexta-feira, 23 — e a entrevista — em três edições — segunda, quarta-feira e sábado, dia 24. A crônica esteve presente apenas em uma edição, no dia 24.

Os formatos informativos preencheram, somados, um tempo de 9346" (155 minutos e 46 segundos) equivalentes a 82,8% do conteúdo das seis edições do *Tj Brasil*. O espaço restante, de 17,2%, ficou por conta dos formatos opinativos com uma duração, na semana, de 1949" (32 minutos e 29 segundos).

Com uma única aparição durante a semana (dia 24, 176"), a crônica incluiu-se entre aqueles raros exemplos de interpretação subjetiva do pesquisador. Em razão da natureza às vezes ambígua dos formatos jornalísticos, identificou-se a crônica travestida na roupagem de uma reportagem que Neide Duarte fez sobre o movimento da Bienal do Livro, em São Paulo.

Logo no início da matéria, a conjugação de imagens, palavras e música indicava que a cobertura não se comportaria nos limites do informativo. Mais do que um registro objetivo, revelava-se o olhar poético da jornalista por meio de uma combinação de elementos expressivos que sugeria uma variedade de conotações, resvalando nos domínios da literatura. O tom de crônica já se entrevê na *abertura* feita por Boris Casoy. Veja um trecho da matéria:

Boris Casoy (V)	*A Bienal Internacional do Livro em São Paulo. Os visitantes entram em um mundo de informações que parece não ter fim. Nesse universo à parte, prosa, verso e ficção antecipam o futuro e reinventam o passado. A reportagem é de Neide Duarte.*
Rep. Neide Duarte – off – "Os Lusíadas". Desenho de Camões – PG da Bienal "Livro sobre o nada"	(Entra um "fado" e vai a *bg*). *As armas e os barões assinalados agora estão nas telas do computador. Todo "Os Lusíadas", toda poética, todo Camões estão num CD-Rom. Versos decassílabos do século XVI* (fim da música).

Livros de Cecília Meireles, Cruz e Souza – Desenho de Drummond – Letras no chão – letras empilhadas	*Bienal do Livro é assim: poemas espalhados por toda parte* (música Odisséia 2001): *um novo Cruz e Souza, um novo Drummond. Um século de luzes* (sobe e desce *bg*). *Algumas letras estão pelo chão, outras empilhadas no alto. Nelas, a possibilidade de 80 mil palavras da língua portuguesa...*

Notas

De todos os formatos o mais simples no telejornalismo, a nota foi utilizada 16 vezes no *Tj*. Sua incidência por edição não seguiu nenhum padrão, variando de 1 (dia 19) a 4 (dias 22 e 23). Por seu caráter de relato breve, teve um tempo médio, na semana, de 22,7 segundos. Verificou-se a predominância quase absoluta das notas simples ou *peladas* (15 com um tempo total de 330"), baseada apenas no registro verbal lido pelo locutor. A única nota coberta durou somente vinte segundos e mostrou imagens de mais um caso de morte de criança por bala perdida em São Paulo (edição do dia 24).

Observou-se ainda que, de todas as notas, apenas uma referia-se a um acontecimento internacional de última hora: a aprovação pelo parlamento peruano da possibilidade de mais uma reeleição para o presidente Alberto Fujimori (dia 23).

Boris Casoy (V) Selo – bandeira do Peru	*Numa sessão tumultuada, o Congresso peruano aprovou, na madrugada de hoje, uma resolução que abre caminho para um terceiro mandato do presidente Alberto Fujimori. Os governistas, que controlam o Congresso, definiram que o limite de apenas mais uma reeleição não se aplica a Fujimori. Isso porque a norma foi criada em 93 e, segundo os governistas, só poderia valer para os futuros mandatos. Na época, Fujimori estava em seu primeiro mandato. Na oposição, houve protestos e houve retirada do plenário antes da votação.* (35" — 85 palavras)

Tabela 17
Classificação por formatos do *TJ Brasil*
(Por número N, tempo total T e tempo médio M em segundos)

Dia	19		20		21		22		23		24		TOTAL	
Formato	N	T	N	T	N	T	N	T	N	T	N	T	N	T
Nota	1	38	2	27	2	39	4	100	4	104	3	542	16	350
T. Médio	38		13,5		19,5		25		26		14		22,7	
Notícia	5	277	3	119	6	253	5	270	8	426	7	325	34	1670
T. Médio	55,4		39,7		42,2		54		61,7		46,4		46,7	
Reportagem	10	1026	10	1100	7	777	11	1086	7	707	10	981	55	5677
T. Médio	102,6		110		111		98,7		101		98,1		103,6	
Entrevista	1	219	—	—	1	227	—	—	—	—	1	407	3	853
T. Médio	219		—		227		—		—		407		284,3	
Indicador	1	69	2	207	2	145	1	62	3	185	3	128	12	796
T. Médio	69		103,5		72,5		62		61,7		42,7		66,3	
Editorial	8	302	9	278	5	232	9	255	9	251	—	—	40	1318
T. Médio	37,8		30,9		46,4		28,3		27,9		—		33	
Comentário	1	58	1	90	1	70	1	85	1	68	1	84	6	455
T. Médio	58		90		70		85		68		84		75,8	
Crônica									1	176			1	176
T. Médio	—	—	—	—	—	—	—	—	176		—	—	176	
Total	28	1989	26	1821	24	1743	31	1858	33	1917	25	1967	167	11295
Média	71		70		72,6		59,9		58,1		78,7		68,6	

Notícia

Um pouco mais elaborada, já que associa os dois tipos de nota — simples e coberta —, a notícia ocupou 14,8% correspondentes a um tempo de 1670" (27 minutos e 50 segundos) distribuídos em 34 inserções nas seis edições (média diária de 5,8). A duração média das notícias chegou a 46,7 segundos.

As notícias internacionais (21, 1029") prevaleceram tanto em número quanto no tempo total sobre as notícias nacionais (13, 641"), mantendo uma mesma relação proporcional em torno de 62 e 38% nos dois aspectos (quantidade e duração).

No âmbito da cobertura internacional, na maioria das notícias preponderou um conteúdo essencialmente conflitual. Entre elas, duas se destacaram durante a semana: a guerra da Chechênia — presente nas edições dos dias 21, 22, 23 e 24 com um tempo total de 209" — e o crime sexual contra crianças, na Bélgica — dias 19 e 22, 103".

Em outras nove notícias, o conflito desponta também direta ou indiretamente: 1) a ação violenta da polícia francesa para expulsar imigrantes de uma igreja em Paris; 2) a tentativa do governo israelense em impedir uma viagem do presidente palestino Yasser Arafat; 3) o protesto contra os Estados Unidos nas comemorações dos cem anos de independência das Filipinas; 4) o pedido de desculpas do ex-presidente da África do Sul pelos atos contra direitos humanos praticados quando seu partido estava no poder; 5) as novas descobertas sobre o acidente-atentado com o avião da companhia norte-americana TWA; 6) uma tragédia provocada por uma avalanche no Himalaia; 7) as inundações no Vietnã; 8) a morte de um espectador em um *rallye* na Finlândia; 9) Conferência Internacional, na Suécia, sobre abusos cometidos contra menores.

Em uma proporção muito menor, o noticiário privilegiou a cultura por meio de notícias que prestaram reverência a dois artistas geniais que viveram há séculos: Shakespeare, a propósito da reinauguração do Teatro Globe, às margens do rio Tâmisa, em Londres (dia 21, 33"), e Leonardo da Vinci, quanto à sua escultura inacabada de um cavalo, que um grupo de artistas plásticos americanos estava executando movidos pelo sonho de um milionário já falecido (dia 22, 59").

Um toque de amenidade proveio ainda de três notícias. A história do garoto sul-africano que achou no mar uma garrafa contendo uma mensagem enviada por uma menina norte-americana (dia 24, 45") lembra a face mítica, lendária da realidade. Na matéria sobre o salvamento de baleias na Austrália (dia 21, 35"), subjaz, em seu lirismo, também um pouco dessa ancestralidade humana sempre a ser resgatada. O pitoresco e o cômico, bem ao molde do humor inglês, se projetaram na notícia a respeito da campanha publicitária para reduzir a sujeira feita pelos cães nos locais públicos de Londres (dia 23, 41").

O esporte encontrou um pequeno espaço no noticiário internacional. Além do acidente no *rallye* na Finlândia, já mencionado, dois fatos trouxeram informações sobre eventos esportivos, uma realçando a participação de atletas brasileiros nas Para-Olímpíadas (dia 19, 46") e outra relativa ao treino para o Grande Prêmio da Bélgica de Fórmula 1 (dia 24, 43").

Situação bem mais favorável desfrutou o esporte entre as notícias nacionais do *Telejornal Brasil*. Três delas registraram jogos e resultados do Campeonato Brasileiro de Futebol — dia 21 (56"), dia 22 (62") e dia 23 (68"). O futebol reapareceu em evidência na notícia sobre a convocação de jogadores para a seleção brasileira (dia 20, 55").

Em dois acontecimentos, esporte e polícia se misturam como tema: a multa paga pela jogadora de basquete Hortência por causa de uma briga de trânsito (dia 23, 48") e a morte de um torcedor em um jogo de futebol amador, em Apucarana, no Paraná (dia 19, 47"). A cobertura policial manifestou-se ainda com a notícia da prisão de suspeitos de crimes em São Paulo (dia 24, 39") e associado à política na matéria referente ao laudo psicológico de Suzana Marcolino, ex-namorada de PC Farias, encontrada morta junto com o empresário. De política nacional mesmo, sobrou a presença do presidente Fernando Henrique Cardoso na inauguração de uma mostra de fotografias políticas, em Brasília (dia 20, 31").

Na notícia sobre as mortes do ator Jofre Soares e do palhaço Torresmo (dia 19, 74"), o texto assumiu claramente, em uma única vez nas seis edições do *Tj*, a forma de *perfil*. Imagens de arquivo, bem mais numerosas no caso de Jofre Soares, ilustraram as informações relativas à carreira profissional dos dois artistas.

O *Tj* ganhou uma marca visível de autoreferencialidade em duas notícias a respeito do aprimoramento tecnológico e empresarial do SBT com a inauguração do Complexo Anhangüera: as visitas que a emissora recebeu do presidente da Academia Americana de TV (dia 20, 33") e do presidente da Câmara de Deputados, Luís Eduardo Magalhães (dia 23, 37"). Essa característica autoreferencial se expressou também na notícia sobre a Semana da Apae, na qual, como convidado de honra do evento, se sobressaiu a figura do próprio editor-chefe e âncora do *Tj Brasil*, Boris Casoy — dia 21, 35".

Reportagem

Com um média de 103,6" (1 minuto e 44 segundos), as 55 reportagens veiculadas pelo *Telejornal Brasil* representaram, em seus 5677"

(94 minutos e 37 segundos), a metade (50,3%) de todas as matérias jornalísticas divulgadas nas seis edições. Do total, apenas cinco reportagens (539" ou 8 minutos e 59 segundos) tratavam de acontecimentos internacionais. Houve edições inclusive — dias 22 e 24 — em que nenhuma reportagem internacional foi divulgada. As demais 50 incidências do formato (5138" ou 85 minutos e 38 segundos) referiam-se a fatos ocorridos no Brasil.

A classificação da nicotina como droga pelo governo dos Estados Unidos transformou-se no assunto de destaque com duas reportagens — dia 21, 127" e dia 23, 136". Em outras duas, o Brasil estava envolvido direta ou indiretamente: a primeira sobre a Fórmula Indy (dia 19, 104"), campeonato automobilístico transmitido com exclusividade pelo SBT, do qual participam vários pilotos brasileiros e a segunda relativa à reunião de ministros da Justiça dos países do Mercosul (dia 20, 88"). Por fim, o bizarro pintou na tela para realçar a inusitada e comovente atitude de um gorila que salvou a vida de um menino nos Estados Unidos (dia 20, 87").

No cenário nacional, os fatos policiais assumiram uma dimensão privilegiada. A primeira característica que se desenhou — repetindo tendência observada nas notícias — foi a freqüência de divulgação de quatro reportagens policiais (437" ou 7 minutos e 17 segundos no total) relacionadas à onda de violência que estava assustando São Paulo: dia 19 (119"), dia 20 (141"), dia 21 (121"), dia 22 (100").

O tema da violência, no entanto, ultrapassou as fronteiras paulistas para mostrar também aspectos do submundo do crime em outros estados do país. Do Rio de Janeiro, saíram duas reportagens, uma sobre seqüestros (dia 20, 97") e outra referente a uma *blitz* da polícia carioca à procura de suspeitos entre habitantes de favelas (dia 22, 101"). De Minas Gerais, veio a reportagem a respeito do seqüestro do prefeito da cidade de Brumadinho (dia 19, 130"). O Rio Grande do Sul também se evidenciou com a matéria sobre o auxílio de câmeras de TV em circuito interno em estabelecimentos comerciais para a captura de assaltantes (dia 22, 106"). Com esse mesmo caráter não factual, o *Tj Brasil* abordou a questão por meio de reportagem relativa aos serviços de vigilância particular existentes em São Paulo (dia 22, 134").

Em um terreno limítofre entre a política e a polícia situaram-se reportagens envolvendo o empresário Paulo César Farias. Duas diziam respeito às investigações do assassinato dele e da namorada, Suzana

Marcolino (tema de notícia no dia 19): os depoimentos do legista Jorge Sanguinetti (dia 21, 134") e de uma testemunha *bomba* do crime (dia 24, 117"). No dia 22, PC Farias participou indiretamente da reportagem com Ironildes Teixeira (dia 22, 110"), acusado de ser testa-de-ferro do empresário alagoano, durante o governo do presidente Fernando Collor de Melo.

Tal como aconteceu entre as notícias, o esporte — ou melhor dizendo o futebol — também ocupou uma posição notável no conjunto das reportagens do *Tj*. Em uma delas, revelou-se sua afinidade com um fato policial (que tinha sido notícia no dia 19): a morte de um torcedor vítima de uma briga em um jogo de futebol, em Apucarana, no Paraná (dia 20, 101"). Polícia e futebol confundiram-se também na reportagem a respeito da volta das torcidas organizadas aos estádios paulistas (dia 20, 101").

O Campeonato Brasileiro de Futebol — presente em várias notícias — voltou a se destacar em três reportagens: os gols da rodada (dia 19, 78"), a crise do Corínthians pelos insucessos consecutivos (dia 19, 53") e a possibilidade de o Santos perder pontos por escalar um jogador em situação irregular (dia 23, 53").

Por intermédio do futebol, o telejornalismo exercitou também a trivialização da vida privada de personalidades olimpianas, uma das práticas mais típicas da indústria cultural. Dessa vez, a estrela em foco foi o jogador de futebol Romário, na cerimônia de seu segundo casamento (dia 24, 105").

As reportagens, porém, não se limitaram aos fatos policiais e esportivos. O *Telejornal Brasil* deu ênfase também à cobertura política nacional. Nesse palco, o presidente Fernando Henrique Cardoso desempenhou o papel de protagonista de destaque em quatro oportunidades. No dia 19, dirigiu a solenidade de inauguração da Hidrelétrica de Rosana (137") e no dia 21, entre repórteres de várias emissoras, analisou as perspectivas eleitorais de seu candidato à prefeitura de São Paulo, José Serra (57"). As outras duas reportagens ressaltaram momentos da visita de Fernando Henrique à Amazônia — dia 22 (120") e dia 23 (89").

Possíveis concorrentes de Fernando Henrique Cardoso na sucessão presidencial, o encontro de três políticos de projeção nacional — Itamar Franco, Luís Inácio da Silva Lula e Leonel Brizola — com vistas à uma eventual composição — ganhou destaque na edição do dia 20 (92"). A eleição voltou a ser assunto no *Tj Brasil* em reportagem sobre explicação do TSE — Tribunal Superior Eleitoral — acerca de procedimentos técnicos da apuração eletrônica de votos (dia 22, 65") no pleito municipal que se realizaria em outubro de 1996.

Além da ótica personalista, uma questão política se tornou notável ao longo das seis edições estudadas. A reforma agrária integrou o conteúdo de quatro reportagens em diferentes perspectivas: a crítica dos "ruralistas" — talvez para não dizer grandes proprietários — às ações governamentais (dia 20, 103"), o impasse nas negociações entre o ministro Raul Jungmann e os representantes do MST — Movimento dos Sem-terra (dia 23, 92") e fatos relativos a conflitos pela posse da terra, como a morte de posseiros no Pará (dia 24, 100") e o julgamento dos policiais envolvidos no massacre de Corumbiara, também no território paraense (dia 22, 105").

Interface estreitamente afinada com a política, a economia teve uma participação também significativa no *Telejornal Brasil*. Ao todo, foram cinco reportagens. Uma tratou do acordo para salvar as finanças do estado de Alagoas (dia 19, 177"). Nesse mesmo dia, o telejornal apresentou uma matéria a respeito do desempenho da balança comercial brasileira (65"). As três reportagens econômicas restantes ocuparam a edição do dia 20: a instalação de uma fábrica de automóveis da Chrysler, no Brasil (91"), a extinção do ICM para exportação (99") e as repercussões na indústria brasileira de fumo das medidas contra a nicotina tomadas pelo governo norte-americano (104").

O *Telejornal Brasil* deixou extravasar também nas reportagens seu compromisso com as manifestações culturais, complementando um conjunto de notícias afins. Entre as modalidades de expressão artístico-cultural, salientaram-se o teatro, a música, a literatura e o carnaval.

No dia 21, exibiu-se uma reportagem sobre a estréia da montagem inglesa da ópera "Tommy". Com um nome estranho, *Micarecandanga*, o carnaval extemporâneo de Brasília foi tema de reportagem no dia 22 (126"). A festa carnavalesca em Brasília voltou a ser mencionada na edição de sábado, dia 24 (31"), juntamente com outras três reportagens relativas a eventos realizados na capital paulista: Festival de Artes Cênicas (98"), encerramento da Bienal do Livro, em intervenção ao vivo do repórter (68") e o show de rock no Pacaembu (127").

Prova de que sábado é realmente um dia atípico no telejornalismo, as reportagens de *gaveta*, que não envelhecem tão rapidamente como o factual, se destacaram no *Tj*. Na edição do dia 24, duas delas procediam do Rio Grande do Sul — os problemas que uma jovem gaúcha enfrentou em um programa de intercâmbio estudantil, nos Estados Unidos (110") e a miséria na Ilha dos Marinheiros, próxima de Porto Alegre (119") — e outra do Rio de Janeiro, a respeito dos *bike courier* responsáveis por serviços de entrega rápida, com bicicletas (106").

Em edições anteriores, *features* contemplaram três assuntos: a tosse crônica (106", dia 19), as seqüelas deixadas pela gripe nas pessoas mais idosas (101", dia 21) e o difícil processo de reintegração social de menores de rua (137", dia 21).

Já aparente em outros formatos, a autoreferencialidade definiu também o perfil das reportagens do *Telejornal Brasil*. Mas no caso, uma razão circunstancial esclareceu, em parte, o procedimento adotado. Naquela época, o SBT tinha dois motivos para comemorações: o aniversário de 15 anos da rede e a inauguração das instalações do Complexo Anhangüera, com estúdios adequados e equipamentos da mais moderna tecnologia.

O clima festivo e claramente autopromocional ambientou duas extensas reportagens de Neide Duarte (202 segundos, dia 19 e 219" no dia 20). Pronunciamentos emocionados de Boris Casoy contribuíram para estabelecer um estado de justa euforia vivido na emissora. Com um espírito não tão ufanista, o repórter Antônio Carlos Ferreira (dia 23, 134") descreveu as inovações técnicas que seriam implantadas na emissora e ouviu do diretor de Programação do SBT, Luciano Calegari, de que modo tudo se refletiria na qualidade da programação.

Indicador

As informações de interesse para o telespectador que podem ajudá-lo a avaliar a realidade e tomar decisões, geralmente por escrito na tela sob a forma de números ou orientações verbais sucintas, características do formato *indicador*, preencheram 7% do tempo das seis edições do *Tj Brasil*. Nas 12 vezes que participaram do noticiário, para um total de 796" (13 minutos e 16 segundos) o formato obteve uma duração média de 66,3 segundos (1 minuto e 6 segundos).

Integrante de todas as edições, a previsão do tempo representou metade das inserções dos *indicadores*. As demais seis referiram-se aos seguintes fatos: pesquisa eleitoral no Rio e São Paulo (dia 20, 129"), ampliação de prazos para pagamento do seguro-desemprego (dia 21, 138"), chamada para entrevista de Jô Soares com Fernando Henrique Cardoso (dia 23, 14"), pesquisa do DIEESE sobre o gasto familiar em São Paulo (dia 23, 164"), manchetes de domingo nos principais jornais e revistas do país (dia 24, 51") e a desvalorização da poupança em relação aos fundos de renda fixa (dia 24, 9").

Entrevista

O *Tj Brasil* notabilizou-se pelo seu nível de excelência no que ele tinha de mais original: as entrevistas feitas por Boris Casoy em estúdio, ao vivo ou gravadas. Programada para ser realizada em três dias determinados da semana — segunda-feira, quarta-feira e sábado — a entrevista totalizou um tempo de 853" (14 minutos e 13 segundos) equivalente a 7,5% do total das matérias apresentadas pelo telejornal.

Na semana pesquisada, Boris Casoy entrevistou três políticos paulistas de duas correntes políticas opostas: o deputado estadual Compte Lopes, do PPB, Partido Popular Brasileiro (dia 24, 407") e outros dois parlamentares filiados ao PT — Partido dos Trabalhadores — o deputado federal, José Genoíno (dia 19, 219") e o vereador Francisco Whitaker — Chicuta (dia 21, 227").

No trecho inicial da entrevista com o vereador, pausas, inflexões e repetições, reforçadas por elementos extra-segmentais (sorrisos, gestos), caracterizam a riqueza comunicacional da língua falada. A pontuação da fala é uma mera tentativa de reconstituir toda a informalidade da conversa.

Boris Casoy (V) ao lado do vereador	*Na redação do Telejornal Brasil, aqui em São Paulo, um vereador paulistano, Chico Whitaker, que é do PT, que tem uma história fantástica. Ele deu uma entrevista há alguns dias ao jornal "O Estado de S.Paulo", dizendo que não é candidato, porque... Con-*

	tou uma série de fatos estarrecedores da Câmara Municipal de São Paulo e resolveu desistir da política. É isso vereador? (21" — 63 palavras)
Vereador e Casoy Vereador sozinho na tela	*Não, não, por favor. Eu simplesmente estou mudando de lugar. Na verdade, o que aconteceu comigo é que eu entrei na Câmara, fui aprendendo no processo... sete anos de mandato, agora no 8º ano de mandato...* (12" — 37 palavras)
Boris	*Aprendendo, mas não praticando...*
Vereador	*É exatamente...* (sorri) *Vendo, observando e entendendo o que estava acontecendo. Fiquei muito impressionado. Primeiro impressionado com a importância do legislativo para a democracia; é essencial. Ao mesmo tempo, impressionado com a maneira como a nossa Câmara funciona mal, funciona extremamente distorcida. E a minha última conclusão neste processo foi que ela funciona mal porque a sociedade não a controla, ou seja, deixamos que o vereador se vire, inclusive na hora da eleição nem se pensa muito na eleição do vereador... Vota logo no primeiro nome que passa né? ... quase. E os vereadores que se virem. E eles têm um poder enorme e usam às vezes, de maneira totalmente distorcida...* (38" — 112 palavras)

Com duração média de 219 segundos, inconcebível em outras emissoras, as entrevistas, pelo tom mais coloquial próprio do formato, permitiam aos entrevistados respostas mais bem estruturadas e mais inteligíveis, muito diferentes do que se vê nos pronunciamentos extremamente lacônicos das sonoras que integram reportagens.

Tabela 18
Porcentual por formatos do *Tj Brasil*
(% relativa ao tempo T, em segundos, de cada formato)

Dia	19		20		21		22		23		24		TOTAL	
Formato	T	%	T	%	T	%	T	%	T	%	T	%	T	%
Nota	38	1,9	27	1,5	39	2,2	100	5,4	104	5,4	42	2,1	350	3,1
Notícia	277	13,9	119	5,5	253	14,5	270	22,2	426	22,2	325	16,5	1670	14,8
Reportagem	1026	51,6	1100	60,4	777	44,6	1086	58,5	707	36,9	981	49,9	5677	50,3
Entrevista	219	11,0	—	—	227	13,0	—	—	—	—	407	20,7	853	7,5
Indicador	69	3,5	207	11,4	145	8,3	62	3,3	185	9,7	128	6,5	796	7,0
Editorial	302	15,2	278	15,3	232	13,3	255	13,7	251	13,1	—	—	1318	11,6
Comentário	58	2,9	90	4,9	70	4,1	85	4,6	68	3,5	84	4,3	455	4,0
Crônica	—	—	—	—	—	—	—	—	176	9,2	—	—	176	1,6
Total	1989	100	1821	100	1743	100	1858	100	1917	100	1967	100	11295	100

Editorial

Outra particularidade do *Tj*, típica do modo singular com que Boris Casoy exerce seu trabalho de ancoragem ao emitir sua opinião pessoal a respeito de fatos que noticiava, é que os editoriais cobriram 11,6% relativos aos 1318" (21 minutos e 58 segundos) do tempo total das seis edições. Ausentes apenas da edição de sábado, 24, dia em que Hermano Henning substituía Boris Casoy na apresentação do *Tj Brasil*, os editoriais duravam em média 33 segundos nas 40 vezes que complementaram as informações veiculadas em notas, notícias e reportagens. Em todas, Casoy se valeu unicamente da expressão verbal.

A classificação dessas intervenções como editorial se justifica, no nosso entender, à medida que elas refletem a posição do editor-chefe do telejornal, o qual apesar de ser um empregado do SBT, gozava de total autonomia em relação à direção da emissora para produzir o *Telejornal Brasil*. Diferentemente do que ocorre na imprensa, em que o editorial exprime anonimamente a opinião da empresa jornalística, no caso em questão observa-se uma exceção: o editorial expressa a opinião pessoal do editor-chefe do noticiário.

Prova dessa autonomia intransferível se teve no sábado, quando, sem Boris na ancoragem, o telejornal não apresentou um único editorial. Essa interpretação se reforça na consideração que o crítico de TV da *Folha de S.Paulo* fez quanto a essas enunciações de Boris Casoy, qualificando-as como editoriais "fortes e curtos".

Em todas as passagens de um formato informativo (nota, notícia, reportagem ou indicador) para o editorial uma variação de enquadramento do rosto de Boris Casoy sinalizava a alteração da perspectiva jornalística. Para indicar a presença do editor em substituição ao mero apresentador, operavam-se dois procedimentos técnicos da linguagem visual: a mudança de câmara e de plano, por um leve *zoom in* de *primeiro plano* para *close*.

Dos quarenta editoriais apresentados, 7 (183" ou 3 minutos e três segundos) versavam sobre fatos internacionais e 33 tratavam de acontecimentos registrados no Brasil (1135" ou 18 minutos e 55 segundos). Em apenas uma oportunidade, o editorial apareceu sozinho sem complementar uma matéria informativa. Isso se verificou na edição do dia 23, quando Boris Casoy utilizou 64 segundos para criticar a atitude do candidato do PDT — Partido Democrático Trabalhista à prefeitura de São Paulo, Francisco Rossi, em insinuar que o *Tj Brasil* teria se manifestado favoravelmente a uma proposta de sua campanha relativa ao problema dos menores de rua.

Dois editoriais referentes ao noticiário internacional tiveram uma duração de somente 2 segundos. Neles, com poucas palavras, Boris Casoy ora apenas acentuou que a violência era uma problema mundial — dia 19, na notícia sobre os crimes de abuso sexual contra crianças na Bélgica ("Você vê que não é só no Brasil, né?") — ora externou sua ironia diante da insensatez de certos políticos — dia 20, na reportagem a respeito do gorila que salvou um menino em um zoológico nos Estados Unidos ("Tem gorilas que até presidem países"). Em outra situação, o âncora do *Tj* chegou a gastar 66 segundos no ataque irrestrito ao hábito de fumar, ao analisar a medida assumida pelo governo dos Estados Unidos em considerar a nicotina droga (dia 21).

O editorial serve também como ilustração do uso pertinente de uma linguagem coloquial — marcada por repetições lingüísticas e simplicidade vocabular.

Boris Casoy (V) *Olha, droga é um problema que não está sendo*
Grande Plano   *resolvido nem pelas grandes potências, que estão sendo derrotadas pelo tráfico. No Brasil, a coisa é pior. O tráfico cresce e a droga acaba gerando violência. Isso sob os olhos atônitos das autoridades que, sem uma polí... uma polícia decentemente armada, decentemente preparada e equipada e sem uma política para drogas, ficam a ver navios. Agora cigarro é uma outra coisa. Essa história de que cigarro é igual à maconha, igual à cocaína, não é verdade. É muito pior. É pior porque as pessoas estão fumando sem saber o que estão fumando. Pensam que é uma coisa linda, maravilhosa. É um veneno terrível, cujos malefícios mortais são escondidos pela indústria de cigarros, que faz propaganda enganosa no mundo inteiro. Os Estados Unidos sabem, pelo menos em saúde, o que estão fazendo e isso vai acabar sendo o futuro do mundo: o fim do cigarro. Quem quiser que continue fumando...* (66" — 159 palavras)

Um pouco menos demorado foram os editoriais relativos à reunião de ministros da Justiça do Mercosul (40", dia 20), à Conferência Internacional sobre o abuso de menores (35", dia 23), à guerra da Chechênia (16", dia 23) e à prisão de imigrantes africanos escondidos em uma igreja, pela polícia francesa (22", dia 23). Em alguns casos, Boris não se conteve na mera avaliação do fato. Exprimiu sua preocupação com uma possível anistia aos seqüestradores do empresário Abílio Diniz em razão de acordos no âmbito do Mercosul, denunciou o incentivo de agências turísticas européias à prostituição de menores no Brasil, manifestou seu receio pela acefalia no governo russo e assinalou a questão do desemprego como fator deflagrador da ação do governo francês em relação aos imigrantes.

Os editoriais relacionados ao noticiário nacional refletiram os fatos e temas predominantes nos formatos informativos. Os fatos policiais receberam atenção em 12 editoriais que ocuparam um tempo de 405 segundos (6 minutos e 45 segundos). A tônica da análise centralizava-se na crítica à impunidade ou falta de um tratamento mais severo aos criminosos e no despreparo da polícia, mal remunerada e equipada inconvenientemente, para combater o crime no país.

A intensificação da violência em São Paulo naquela época suscitou a opinião de Boris Casoy em seis editoriais: dia 19 (79"), dia 20 (45"), dia 21 (32"), e no dia 22, quando o assunto surgiu associado às matérias sobre a bomba na Bienal do Livro (19"), a reunião de Covas com autoridades da sociedade civil (79") e o crescimento de serviços de vigilância particular (26").

Os acontecimentos policiais determinaram também a elaboração de editoriais sobre a violência no Rio de Janeiro — dia 20 (25") e 22 (21") — em Brumadinho, Minas Gerais — dia 19 (26"), em Apucarana, no Paraná — dia 19 (8") e no Rio Grande do Sul, a partir da reportagem sobre o trabalho da polícia auxiliada por câmeras internas de TV instaladas em casas comerciais, dia 22 (7"). Isso sem computar os 28 segundos do editorial relativo à libertação do bicheiro Castor de Andrade, no Rio de Janeiro (dia 22).

À política e à economia destinaram-se 529 segundos (8 minutos e 49 segundos) em outros 14 editoriais. O presidente Fernando Henrique Cardoso protagonizou três deles: sobre seu discurso na inauguração da Hidrelétrica de Rosana (dia 19, 62"), acerca dos comentários relativos à eleição municipal de São Paulo (dia 21, 70") e a respeito de sua visita estratégica à Amazônia (dia 23, 25").

As eleições motivaram, aliás, a apresentação de outros quatro editoriais. Três referiam-se à eleição municipal que ocorreria dois meses depois: a crítica de Boris ao comportamento à Francisco Rossi — já mencionada (dia 23, 64") — o excesso de rigidez que a justiça eleitoral estaria impondo à atuação da imprensa (dia 22, 44"), e as perspectivas dos candidatos às prefeituras de São Paulo e do Rio de Janeiro (dia 20, 43"). Outro editorial avaliou as possibilidades eleitorais de uma aliança entre Brizola, Lula e Itamar Franco quanto à sucessão presidencial, em 1998 (dia 20, 17").

Dois fatos fugiram da temática da eleição, entre os editoriais sobre política. Em um, Boris ironizou a inconsistência dos argumentos de Ironildes Teixeira, acusado de envolvimento em operações ilícitas praticadas por Paulo César Farias durante o governo do presidente Fernando Collor: "Essa entrevista teve o patrocínio exclusivo da CPI dos corruptores que o Congresso Nacional prometeu e o gato comeu" (dia 22, 9").

No âmbito dos assuntos econômicos, os temas dos editoriais foram mais dispersos: o acordo para salvar as finanças de Alagoas (dia 19, 35"); a instalação de fábrica da Chrysler no Brasil (dia 20, 50"); a situação do Banco Bamerindus (dia 20, 37"); os malefícios causados pela nicotina (dia 23, 35") e os efeitos da extinção do ICM na exportação (dia 23, 21"). Na análise sobre o julgamento de policiais que participaram do massacre de posseiros em Carajás, Boris Casoy reitera sua descrença em relação à justiça no Brasil, afirmando seu receio de que tudo de novo poderia "acabar em pizza" (dia 23, 17").

A marca da autoreferencialidade transpareceu em três oportunidades: quinze anos do SBT, na maior intervenção opinativa de Boris Casoy nas seis edições (85 segundos, dia 19), os elogios ao trabalho da APAE (23", dia 21) e a exaltação do Complexo Anhangüera a propósito da visita do presidente da Câmara de Deputados.

Quatro editoriais não se enquadraram em nenhuma categoria. Após a reportagem sobre a tosse crônica, dia 19, Boris Casoy fez uma menção bem-humorada de 5 segundos ao telejornal do meio-dia na TV Record, emissora em que ele viria a trabalhar depois. No dia 20, expôs sua rejeição à idéia de um possível retorno de torcidas organizadas aos estádios de futebol (19") e cobrou a adoção de uma política governamental para impedir a permanência de menores nas ruas das grandes cidades (dia 21, 41"). Em um assunto mais ameno, o carnaval fora de época em Brasília, Boris explicitou sua crítica às regalias de que servidores públicos, inclusive deputados, iriam gozar com ampliação do fim de semana com o feriado festivo (dia 22, 12").

Comentário

No domínio do gênero do jornalismo opinativo, reconheceu-se a manifestação de outro formato no *Tj*: o comentário. Como lhe é característico, sua autoria cabe a um especialista que analisa e explica fatos atuais pertinentes a uma área específica de conhecimento. Sempre por intermédio da jornalista econômica Salette Lemos, o comentário integrou regularmente as seis edições, com uma duração média de 75,8 segundos (1 minuto e dezesseis segundos) para um total de 455 segundos (7 minutos e 25 segundos), que corresponderam a 4% das matérias exibidas *Telejornal Brasil* na semana.

Os assuntos focalizados nos comentários decorreram invariavelmente de notas, notícias ou reportagens. No dia 19 (58"), Salette orientou os correntistas do Banco Bamerindus quanto a medidas de segurança para a proteção de investimentos. A crescente extinção de empregos na indústria resultante da racionalização administrativa e do avanço tecnológico constituiu a essência do comentário do dia 20 (90"), esclarecendo a nota sobre o desemprego no setor automotivo, em São Paulo.

Os outros temas analisados por Salette Lemos durante a semana foram a utilidade e os desvios no uso do seguro-desemprego (dia 21, 70"), uma avaliação do comportamento das empresas instaladas no Brasil (dia 22, 85"), as mudanças de hábitos nos gastos das famílias de São Paulo (dia 23, 68") e os baixos rendimentos proporcionados pela caderneta de poupança (dia 24, 84").

É interessante ressaltar que, quando completavam a informação veiculada por indicadores — seguro-desemprego, gasto familiar, rendimentos de aplicação financeira, cuidados para evitar prejuízos com a crise do Bamerindus —, os comentários de Salette Lemos assumiram também uma nítida função de prestação de serviços. O esclarecimento de questões confusas e a recomendação para tomar certas atitudes cumpriam assim o papel de propiciar ao telespectador uma orientação especializada.

Boris Casoy (V) divide a tela com Salette Lemos	*Salette, e os clientes e investidores do Bamerindus como é que ficam?*
Salette Lemos	*Devem ficar atentos, Boris. Até porque não existem motivos para pânico. Com o seguro-depósito, clientes, correntistas e investidores não correm o risco de perder dinheiro a não ser aqueles que mantêm aplicações em valor superior a 20 mil reais, um privilégio de uma*

faixa bastante estreita. De qualquer maneira, vale lembrar que o seguro-depósito criado junto com o Proer, que é um programa de ajuda financeira aos bancos, só não cobre os fundos de investimento. Até o limite de 20 mil reais, o seguro cobre tanto o dinheiro depositado em conta corrente, quando em CDB, RDB e caderneta de poupança. Se eu fosse, portanto, um cliente Bamerindus, faria apenas e tão-somente por telefone, uma transferência de aplicações. Em vez de fundo de investimento, poupança e CDB, respeitando o limite do seguro, ou seja, 20 mil reais, Boris.* (dia 21, 53" — 135 palavras)

Os formatos no *Jornal Nacional*

Os números do Jornal Nacional traçaram um perfil editorial acentuadamente peculiar e muito diferente do observado no *Tj*. O predomínio dos formatos informativos quase chegou a ser absoluto. Eles ocuparam 7 410 segundos (123 minutos e 30 segundos) que correspondem a 93,3% do tempo total das seis edições, enquanto aos opinativos couberam 6,7% relativos a 538 segundos (8 minutos e 58 segundos).

Registram-se também outras duas diferenças fundamentais em relação às características do telejornal do SBT: a ausência do formato entrevista e a incidência do editorial uma só vez, em toda a semana, e assim mesmo de forma circunstancial. Em um caso de autoreferência justificável, o apresentador William Bonner encerrou a edição do dia 19 (33") explicitando — sem mencionar nomes de políticos e de partidos — o desagrado da Rede Globo de Televisão pelo uso indevido de seus programas jornalísticos e dos profissionais que os produziam, no horário eleitoral gratuito da TV.

Notas

As dezoito notas veiculadas nas seis edições somaram 389 segundos (6 minutos e 39 segundos) e alcançaram uma duração média de 22,8 segundos. Do total, 15 (340" — 5 minutos e 40 segundos) eram *simples* e apenas três (49") *cobertas*. Quanto à referência geográfica, quinze (318") tratavam de fatos nacionais e três (71") incluíam-se no noticiário internacional.

Os acontecimentos policiais estiveram presentes em três notas (71"), todas *simples*: a criança assaltante de banco (dia 19, 28"), a libertação do bicheiro Castor de Andrade (dia 19, 26"), um chacina no subúrbio de São Paulo (dia 17"). Outras três (68") tinham uma natureza híbrida, policial-esportiva: a *nota coberta* sobre uma bomba encontrada no Maracanã (dia 20, 16") e, por duas vezes do tipo *simples*, a multa paga pela jogadora de basquete Hortência por causa de uma briga no trânsito — dia 23 (24") e 24 (28").

Isoladamente, o esporte despontou em duas *notas cobertas* — a recuperação da jogadora de vôlei, Tina (dia 20, 14") e a vitória do Corínthians em um torneio na Espanha (dia 24, 21") — e em uma *simples*, sobre os pontos que o Santos poderia perder no Campeonato Brasileiro de Futebol (dia 23, 15").

A política e a economia sobressaíram-se em seis notas *simples* (134"). Uma relacionava-se com a aprovação pelo Congresso do Peru de emenda possibilitando mais uma reeleição ao presidente Fujimori (dia 23, 35"), e as outras cinco integravam a cobertura nacional: o acordo para salvar as finanças de Alagoas (dia 19, 26"), os números da balança comercial brasileira (dia 20, 12"), a renegociação de dívidas do FGTS (dia 20, 20"), a demissão do secretário de informática do Tribunal Superior Eleitoral — TSE (dia 22, 41") e um conflito de terra no Pará (dia 24, 21").

Sem uma classificação definida, ficaram três *notas simples*. Duas, do noticiário nacional, referiam-se ao ganhador da sena naquela semana — dia 19 (21") e dia 21 (24"). A outra, internacional, informava a respeito do agravamento do estado de saúde de Madre Teresa (dia 24). Na agilidade dos 15 segundos de duração, pôde-se notar a simplicidade vocabular e sintática peculiar ao estilo jornalístico televisivo.

William Bonner (V) *Madre Teresa de Calcutá, que de manhã estava um pouco melhor, teve uma recaída. Seu estado de saúde é considerado delicado. Os médicos disseram que o principal problema é o coração que apresenta um ritmo irregular.* (15" — 36 palavras)

Notícias

Os 1202 segundos (20 minutos e 2 segundos) das 25 notícias divulgadas pelo *JN* representaram 15% do conteúdo do telejornal na semana pesquisada. Com um tempo médio de 50,1 segundos, o formato só foi superado, em participação no noticiário, pelas reportagens e pelos indicadores. O número e o tempo das notícias nacionais (15, 688") foram ligeiramente maiores do que os das internacionais (10, 514").

As oito notícias esportivas, com 499 segundos (8 minutos e 19 segundos), ocuparam 41,5% do tempo total do formato. Metade delas (292") referia-se ao Campeonato Brasileiro de Futebol. Das restantes, duas mostravam os resultados dos jogos do Flamengo e do Corínthians na Espanha (117"), outra exibia os lances da estréia de Ronaldinho no Barcelona da Espanha (30"), enquanto apenas uma não falava sobre futebol: a vitória do boxeador norte-americano Victor Pacienza (dia 24, 60").

Os acontecimentos policiais estiveram presentes em quatro notícias (179"). Uma relacionava-se também com o futebol, a investigação sobre a morte de um torcedor no estádio de Apucarana (dia 20, 26") e outra envolvia o bicheiro Castor de Andrade (dia 21, 39"). Na edição do dia 22, as imagens e a música ambiente criaram um clima de emoção no enterro de duas meninas vítimas de abuso sexual na Bélgica (57").

Acusado de assédio sexual, o depoimento do médico carioca João Américo Alvim à polícia enquadrou-se também como notícia policial (dia 22, 46"). Esse fato, porém, não deve ser examinado isoladamente, mas num contexto que inclui mais duas reportagens que o *JN* divulgou durante a semana. Como se poderá observar adiante, não se trata de matéria policial corriqueira, mas de uma manifestação de jornalismo autoreferencial forjado.

Autoreferência constituiu, aliás, o ponto de ligação entre outras três notícias (107"). Não se identificou, por exemplo, nenhum atributo jornalístico suficiente para justificar as informações sobre a visita do presidente da Academia Americana de TV ao Projac, centro de produções de novela da Globo, no Rio de Janeiro (dia 19, 39") ou quanto à exibição, na Inglaterra, de programas do Telecurso 2º grau produzidos pela Fundação Roberto Marinho (dia 22, 42"). Só mesmo a menção autoreferencial poderia também servir como argumento para a notícia da detenção do homem-aranha (dia 20, 26"), francês, cujas escaladas em prédio do Rio de Janeiro tinham sido documentadas com exclusividade pelo *Fantástico* e o próprio *Jornal Nacional*. Conflitos internos caracterizaram três notícias internacionais na edição do dia 22. Na Argentina, o confronto se deu entre sindicalistas (45"). Em outro país sul-americano, a Colômbia, plantadores de coca enfrentaram o exército (65"). A reunificação das duas Coréias motivou o choque entre estudantes e policiais em Seul (51").

Por outro lado, somente uma notícia deu atenção à política nacional. Em 31 segundos, o *JN* reportou-se à participação do presidente Fernando Henrique Cardoso na inauguração da Usina Hidrelétrica de Rosana, na divisa dos estados de São Paulo e Paraná (dia 19, 31").

Duas personalidades públicas protagonizaram notícias de conteúdo emocional muito diferente. Romário vivia mais um momento de alegria com o seu segundo casamento (dia 24, 58") enquanto cenas de filmes e novelas ilustraram o *perfil* do ator Jofre Soares, falecido na tarde do dia 19 de agosto (52").

O pitoresco e a aura de espetáculo sempre presente no *JN* se expressaram em três notícias procedentes do exterior. Dos Estados Unidos, chegou a imagem do gorila que salvou menino no zoológico (dia 21, 31"); da Austrália, vieram as cenas apaziguadoras do doce nado de baleias (dia 21, 34"); e da longínqua Finlândia, surgiu uma engraçada e pouco prática arma para capturar criminosos em fuga de carro (dia 19, 24").

Indicadores

Os *indicadores* tiveram uma participação substancial no *Jornal Nacional*. Foi o primeiro formato em número de inserções — 34 — e o segundo em tempo (2 436" ou 40 minutos e 36 segundos) e porcentual (30,3%), ficando atrás apenas das reportagens. Obteve um índice médio de duração de 71,6 segundos.

Único indicador a integrar todas as edições, a previsão do tempo somou 214 segundos (3 minutos e 34 segundos), com uma média diária de 33,3 segundos. Com uma forma particular de linguagem — números e palavras por escrito ao final dos blocos —, o *JN* divulgou de segunda (19) a sexta-feira (23) os valores do mercado financeiro em 90" (18" por edição).

Reflexo da conjuntura da época, período de efervescência política pela proximidade de eleições municipais em todo o país, a divulgação de pesquisas eleitorais (9 vezes para um tempo de 753" — 12 minutos e 33 segundos), representou mais do que a quarta parte (29,6%) do total dos indicadores veiculados pelo JN. Contratadas com exclusividade pela Rede Globo ao Ibope, as pesquisas integraram todas as edições, exceto a do dia 19, revelando as perspectivas de vitória dos candidatos às prefeituras de algumas das principais cidades brasileiras: Campo Grande (63") e São Paulo (99") dia 20; Curitiba (101") dia 21; Belo Horizonte (84"), Salvador (78") e Rio de Janeiro (115") dia 22; Recife (84") e Goiânia (50") dia 23; Florianópolis (79") dia 24.

Nessas matérias, duas particularidades se salientaram: o emprego de palavras e escritas, como é próprio do formato, e a adoção de uma estrutura de texto padronizada semelhante a um formulário, em que se preenchem apenas os espaços em branco para atualizar as informações. A tarefa, ao que parece, não exige criatividade, mas essa prática facilita muito o trabalho rotineiro do jornalista.

William Bonner (V) Selo – eleições	*A candidata do PPB, Ângela Amin, cai, mas continua na frente na quarta rodada da pesquisa Ibope-Rede Globo sobre a disputa para prefeito de Florianópolis. Veja os números.* (13" — 33 palavras)
Vinheta característica Bonner – Off – Nomes e escritos na tela	*Se as eleições fossem hoje, Ângela Amin teria 32 por cento dos votos; Edson Andino, do PMDB, 18 por cento; Vinícius Lummertz do PFL, 13; Afrânio Beuapré, do PT, 10 e Joaninha de Oliveira, PSTU, teria 1 por cento. Votos em branco, nulos e eleitores indecisos, 26 por cento.* (23" — 49 palavras)
Bonner (V)	*Rogério Portanova, do PV, teve menos de 1 por cento dos votos na pesquisa. O Ibope ouviu 600 pessoas entre os dias 16 e 20 de agosto.* (11" — 27 palavras)

Fátima Bernardes (V)	*Veja agora o sobe-e-desce dos candidatos mais bem colocados. A comparação é com as três pesquisas anteriores.* (6" —11 palavras)
Fátima Bernardes – Off – gráfico com nomes e números na tela	*Ângela Amin tinha 39 por cento, caiu para 37, voltou aos 39 e agora tem 32. Edson Andino tinha 19, foi para 21 e está com 18. Vinícius Lummertz tinha 3, foi para 5, voltou aos 3, subiu para 13. Afrânio também tinha 3, foi para 8, a 9 e agora aos 10 pontos.* (24" — 57 palavras)

 Particularidade expressiva do perfil editorial do *JN*, a autoreferência se manifestou também nos indicadores, por meio de chamadas de outros programas jornalísticos, regulares ou não, que seriam exibidos pela TV Globo nos dias seguintes. Verificou-se a ocorrência dessa prática quatro vezes (141"): *Globo Repórter* (50") e luta de boxe nos Estados Unidos (12") dia 23; *Globo Rural* (28") e *Fantástico* (51"), dia 24.

 Os *indicadores* não se destacaram apenas pelo sentido da autopromoção. Relevaram-se principalmente pelo marcante caráter de jornalismo de serviço que prevaleceu no *JN* ao longo da semana. Os 1238 segundos (20 minutos e 38 segundos) distribuídos em dez matérias, todas sob a forma de reportagens, corresponderam a 50,8% do tempo disponível para o formato e a 15,4% da duração total das seis edições.

 A preocupação com os direitos do cidadão evidenciou-se em informações e orientações, na maioria das vezes por escrito, para se obter o máximo de clareza e precisão. Deve-se atentar para o fato de que a maioria dessas matérias caracterizou-se como *features,* em que o factual não atua como critério editorial preponderante.

 Essas matérias cobriram um leque amplo de assuntos: aluguel de imóveis (dia 19, 152"); prejuízos provenientes de cartões de crédito indesejados (119") e as interpretações da lei do concubinato (129"), dia 20; a prorrogação do prazo de seguro-desemprego (94") e as condições de reemprego na região do ABC paulista (133"), dia 21; a indefinição quanto aos índices de taxas de multas (95"), dia 22; os aborrecimentos causados pela cobrança de contas já pagas (167"), a regulamentação do CPMF (74") e os resultados da pesquisa do DIEESE sobre o gasto familiar em São Paulo (123"), dia 23; os perigos provenientes do lixo agrotóxico no campo (152"), dia 24.

Reportagens

Apesar de segunda em número de inserções, as 29 reportagens obtiveram o maior porcentual — 42,3% — relativo ao tempo total — 3473 segundos (57 minutos e 53 segundos) — que ocuparam nas seis edições do *Jornal Nacional*. Em razão de suas características estruturais, o formato ficou em primeiro lugar também no índice de duração média: quase dois minutos (119,4").

Tabela 19
Classificação por formatos do *Jornal Nacional*
(Por número N, tempo total T e tempo médio M em segundos)

Dia	19		20		21		22		23		24		TOTAL	
Formato	N	T	N	T	N	T	N	T	N	T	N	T	N	T
Nota	4	101	5	79	1	24	1	26	3	74	4	85	18	389
T. Médio	25,3		15,8		24		26		24,4		21,3		22,8	
Notícia	5	217	6	322	3	104	4	268	2	109	3	182	23	1202
T. Médio	43,4		40,3		34,7		67		54,5		60,7		50,1	
Reportagem	6	637	3	322	5	744	5	627	5	499	5	644	29	3473
T. Médio	106,2		107,3		148,8		125,4		99,8		128,8		119,4	
Indicador	3	204	6	461	5	381	6	424	9	618	5	348	34	2436
T. Médio	68		76,8		76,2		70,7		68,7		69,6		71,6	
Editorial	1	33	—	—	—	—	—	—	—	—	—	—	1	33
T. Médio	33												33	
Comentário	2	76	4	129	2	83	1	41	1	46	—	—	10	375
T. Médio	28		32,3		41,5		41		46				37,5	
Crônica			1	49			—	—	1	45	1	36	3	130
T. Médio	—	—	49		—	—			45		36		43,3	
Total	21	1268	26	1632	16	1336	17	1386	21	1391	18	1295	119	8038
Média	60,4		52,4		83,5		81,5		66,2		71,9		67,5	

As reportagens nacionais foram, em número (20 — 69%), mais de duas vezes superior às internacionais (9 — 31%). Quanto ao tempo correspondente — 1467 segundos (24 minutos e 27 segundos) contra 969" (16 minutos e 9 segundos) — a diferença caiu para a proporção de 60% contra 40%.

O esporte liderou em número de inserções por tema: sete com um tempo de 718 segundos (11 minutos 58 segundos). Entre as modalidades esportivas, o futebol predominou com cinco reportagens: crise no Corínthians (dia 19, 104"); convocação de jogadores para a seleção brasileira (dia 20, 74"); gols do campeonato brasileiro (21, 149"); o cronfronto entre o atacante Muller e o goleiro Edinho (dia 24, 88") e a volta do zagueiro Júnior Baiano ao Flamengo (dia 20, 101").

Sobre as duas últimas matérias, convém observar que elas fogem dos padrões do tratamento convencional que a mídia adota na cobertura sobre o futebol. Adversários dentro de campo, Muller e Edinho são apresentados como amigos que se desejam boa sorte no *clássico* que disputariam no domingo (São Paulo e Santos). O clima de informalismo se acentua, quando, no restaurante, Edinho, em uma encenação com muito bom humor, ao olhar para a panela de frango, garante que aquele era um prato que ele não comeria no jogo do dia seguinte. Já na reportagem sobre o retorno de Júnior Baiano ao Flamengo, o repórter descreve o *perfil* vigoroso do zagueiro por imagens de jogos passados.

O *Jornal Nacional* abriu também espaço para outra modalidade esportiva, o automobilismo da Fórmula 1, da qual a Rede Globo detém exclusividade de transmissão das provas, para o Brasil. Na sexta-feira, dia 23 (106") e no sábado, dia 24 (96"), exibiu reportagens sobre os treinos para o Grande Prêmio da Bélgica, que se realizaria no domingo. Na cobertura feita por enviados especiais, o repórter Marcos Uchôa se sobressaiu pelo texto pessoal, simples, porém recheado de atraentes figuras de linguagem.

Marcos Uchôa – Off – Treino do Grande Prêmio da Bélgica Nuvens de chuva no céu	*Em poucos lugares, o céu é tão olhado como em Sparfrancorchamps. Aqui, os pilotos entram logo na pista, porque eles não correm só contra o tempo, mas principalmente contra o mau tempo* (som amb. da pista). *Há sempre nuvens pairando... e parando carros...*

Embora não se defina como esporte, o rodeio se caracteriza também por ser uma competição. Em dois dias — 22 (180") e 24 (157") — a Festa do Peão de Barretos, no interior de São Paulo, a mais tradicional no gênero, integrou o conteúdo do *JN*. O destaque que a reportagem recebeu proporcionou inclusive a utilização de um recurso técnico pouco freqüente: intervenção dos repórteres em *flashes ao vivo* diretamente da arena.

Três acontecimentos policiais, divulgados pelo *JN* durante a semana em outros formatos informativos, tornaram-se também assunto de reportagens. Foram eles a morte de um torcedor por causa de uma briga, no estádio da cidade paranaense de Apucarana (dia 19, 91"), os desencontros da justiça na libertação do bicheiro Castor de Andrade, no Rio de Janeiro (dia 22, 94") e o abuso sexual contra crianças belgas (dia 19, 116").

As reportagens internacionais contemplaram temas extremamente sérios e outros de enorme leveza. Dois fatos trouxeram a marca do conflito — a ação da polícia francesa na invasão de uma igreja para prender imigrantes africanos ilegais (dia 23, 96") e as dificuldades para se chegar a uma trégua duradoura na guerra entre a Rússia e os separatistas chechenos (dia 21, 97"). A gravidade do noticiário internacional manifestou-se ainda na reportagem a respeito da decisão do governo norte-americano em classificar a nicotina como droga (dia 21, 101").

Do mundo para o Brasil, a política se projetou na cobertura da viagem que o presidente Fernando Henrique Cardoso fez à Amazônia. No dia 22 (75"), a reportagem deu ênfase aos atos administrativos de lançamento de projetos de desenvolvimento regional. Mas a edição do dia 23 (68") mostrou o presidente em saudável campanha pela floresta, cumprimentando militares, acariciando crianças ou ouvindo as reivindicações dos tucanos — não os seus correligionários, porém os índios de uma tribo identificada por esse nome.

A política nacional apareceu não só em decorrência da atualidade. Os amargos tempos da ditadura militar voltaram à tona na reportagem sobre os arquivos da censura. A cobertura exibiu documentos escritos que registravam a insensatez dos censores que tantos danos causaram à cultura nacional, dilacerando obras musicais, literárias e cinematográficas (dia 23, 158").

Tão evidente em outros formatos a autoreferência renovou-se, nas reportagens, como traço particular do *Jornal Nacional*. A própria mídia televisiva foi a referência na matéria sobre a TV digital (dia

19, 71"), em que o repórter Ernesto Paglia descreveu as maravilhas que a nova tecnologia irá propiciar em um futuro próximo.

Em outras situações, a autoreferência seguiu caminhos extremamente melindrosos e polêmicos em termos da ética jornalística. Essa tendência se tornou aparente nas reportagens em que outro programa da TV Globo, *Fantástico*, ressurgiu como inspiração de pauta: a matéria sobre a audaciosa escalada que o francês conhecido como homem-aranha fez em um edifício do centro do Rio de Janeiro (dia 19, 111") e a respeito do médico carioca que supostamente teria o hábito de assediar sexualmente suas pacientes (dias 19 e 20, com um tempo total de 263").

No caso do médico, a acusação contra ele resultou de uma dramatização interpretada por uma repórter da TV Globo, não identificada, que, a pretexto de um problema de coluna, consultou-se com o ortopedista. O *Fantástico*, do dia 18, reproduziu a cena gravada (reprisada no *JN*) por uma câmera oculta, em que o médico parecia colocar a repórter sentada no colo, alegando que se tratava de uma técnica de exame. Para reforçar a denúncia, no mesmo dia, um repórter, em situações semelhantes, passou também por um exame com o médico, o qual, pelas cenas mostradas, pouco interesse demonstrou em examiná-lo tão intimamente.

Por mais clara que tenha sido a intenção do ortopedista, aos olhos de um espectador mais crítico, acentuou-se a suspeita de que se tratava de uma matéria forjada. Com que propósitos, isso seria difícil dizer.

O veredicto do julgamento sumário do médico feito pela Globo aparece nas primeias palavras da abertura da reportagem, na edição do dia 19.

William Bonner (V)   *Um dia depois do **crime** (destaque meu), o **castigo**. O médico denunciado por assédio sexual na reportagem do "Fantástico" de ontem foi afastado pelo Ministério da Saúde, vai responder a um processo no Conselho Regional de Medicina e ainda terá que se explicar na polícia.* (18" — 46 palavras)

O aspecto de matéria fabricada transparece também na edição do dia 23 (71"). Desta feita, o personagem é um menino simpático que, apesar das dificuldades financeiras dos pais, concretiza o sonho de comprar um aparelho de televisão (olha a autoreferência de novo), depois de juntar pacientemente moedas de troco, com as quais pagou a compra, para espanto e muito trabalho do caixa da loja. No final da reportagem, sem qualquer inibição, o garoto promete repetir a façanha agora para adquirir um videogame.

William Bonner (V)	*Um jovem economista* (sorriso), *com certeza o mais jovem do Brasil, fez as contas e chegou aonde queria. O caminho do sonho foi de moedinha em moedinha.* (11" — 27 palavras)
Bonner – off – Brasília Diego com o pai e a mãe	*O nosso economista tem 6 anos. Diego pediu ao pai, caminhoneiro, uma televisão só para ele. O pai não tinha dinheiro, mas o menino já tinha descoberto a matemática* (som amb. — fala do menino). (14" — 29 palavras)
Diego Rodrigues – 6 anos	*"...Os trocos de pão, leite... o que sobrava de moeda eu jogava dentro da minha lata."* (8" — 15 palavras)
Bonner – off – Diego e o pai Diego pegando a caixa	*Diego usou uma caixinha, depois 2 latas...* *"Me ajude aqui, papai..."*
Bonner – off – Menino com as moedas	*E as 2 432 moedas encheram uma caixa de sapato* (som amb.). *Diego juntou 430 reais.* (11" — 13 palavras)
Diego	*"Mais de um ano que eu junto as moedinhas."* (3" — 9 palavras)
Bonner – off – Diego na loja Caixa conta moedas Diego anda pela loja	*Chegou o dia da compra: o sonhado aparelho de TV... Trabalho pesado pra caixa da loja... E o nosso minieconomista já tem novos planos.* (12" — 24 palavras).
Diego	*"Juntar mais moedinhas pra comprar o videogame"* (entra música suave.) (6" — 7 palavras)

A despeito de toda a sedução que o menino despertava, a notícia mais parecia um anúncio sobre as facilidades que uma economia sem inflação poderia proporcionar a toda a população, até mesmo às crianças, sem dúvida uma forma de trivializar a solução de problemas econômicos. O grande herói, mesmo sem ser mencionado, não seria o *real*, ou talvez o seu idealizador, simbolizado na figura paterna...

Tabela 20
Porcentual por formatos no *Jornal Nacional*
(% relativa ao tempo T, em segundos, de cada formato)

Dia / Formato	19 T	19 %	20 T	20 %	21 T	21 %	22 T	22 %	23 T	23 %	24 T	24 %	TOTAL T	TOTAL %
Nota	101	8,0	79	5,8	24	1,8	26	1,9	74	5,3	85	6,6	389	4,8
Notícia	217	17,1	322	23,6	104	7,8	268	19,3	109	7,8	182	14,1	1202	15,0
Reportagem	637	50,2	322	23,6	744	55,7	627	45,2	499	35,9	644	49,7	3473	43,2
Indicador	204	16,1	461	33,9	381	28,5	424	30,6	618	44,5	348	26,8	2436	30,3
Editorial	33	2,6	—	—	—	—	—	—	—	—	—	—	33	0,4
Comentário	76	6,0	129	9,5	83	6,2	41	3,0	46	3,3	—	—	375	4,7
Crônica	—	—	49	3,6	—	—	—	—	45	3,2	36	2,8	130	1,6
Total	1268	100	1362	100	1336	100	1386	100	1391	100	1295	100	8038	100

Baleias lendárias, gorilas heróis: a exaltação à natureza, ao meio ambiente, figura como um dos pontos básicos da linha editorial da TV Globo. Nessa diretriz, encaixou-se a reportagem politicamente correta a respeito do comércio de carne de tartarugas procedentes de criadouros autorizado pelo Ibama (dia 22, 116").

Outro fato sobre ecologia se transformou no assunto que consumiu mais tempo do *Jornal Nacional* nas seis edições — 576" (9 minutos e 36 segundos) — em uma série de reportagens do repórter Marcelo Rezende veiculadas nos dias 21, 22 e 24. Exímio especialista do telejornalismo investigativo, Marcelo denunciou a ação perversa de caçadores na Amazônia. Gravações em câmeras VHS que os próprios caçadores envolvidos fizeram documentavam a matança indiscriminada de animais da selva, muitos deles ameaçados de extinção. A revolta aumentava com o aparente prazer que os caçadores demonstravam sentir em entrevista ao repórter, sem que soubessem do objetivo daquela despretensiosa conversa.

Nem mesmo a enorme repulsa que a atitude cruel suscitava poderia, contudo, explicar alguns excessos praticados na reportagem. Antes de qualquer julgamento, os caçadores foram qualificados, até explicitamente, como assassinos, conforme se verifica na abertura da série de reportagens, dia 21, em texto nitidamente opinativo, lido pelo apresentador William Bonner:

Cenas de crueldade e de exibicionismo: um documento exclusivo de matança de animais na Amazônia. A reportagem de Marcelo Rezende que você vai ver agora traz imagens gravadas por criminosos (o destaque é do autor), caçadores que invadem a floresta simplesmente para matar animais de qualquer espécie. E por puro prazer.

O crime ecológico, por mais hediondo, só se consubstancia depois de trñnmitado pelas esferas judiciais. Até que se conclua todo o processo, acusações de toda a natureza são indevidas. Desse modo, o caráter investigativo correu sério risco de se prejudicar em virtude da conduta ética inconveniente.

No extremo oposto do horror, amenidades e jornalismo se aliaram em matérias internacionais que o *Jornal Nacional* veiculou com exclusividade. No dia 21 (139") realçou-se a moda do ritmo da Macarena nos Estados Unidos. A reportagem sobre o êxito alcançado por manicures brasileiras em Nova York encerrou a edição do dia 24 e o ciclo de uma semana do *JN*.

E o fechamento não poderia ter um final mais apropriado, tão ao gosto do *JN*. Apresentou a cantora Roberta Flack, cliente fiel do salão da beleza das brasileiras, entoando, emocionada, em um português sofrível, os versos de uma canção de Tom Jobim e Vinícius de Moraes, música tema do filme *Orfeu do Carnaval*.

Comentários e crônicas

O *Jornal Nacional* revelou-se parcimonioso no jornalismo opinativo explícito e essa opção editorial refletiu-se nos comentários. O formato teve dez incidências em cinco edições (não ocorreu no sábado) com uma duração média de 33,1" e um tempo total de 375" (6 minutos e 15 segundos), equivalente a 4,7% do conteúdo do telejornal na semana.

Oito comentários referiram-se à economia (336") e dois ao futebol (39"). Âncora e editora do JN, Lilian Wite Fibe fez sete comentários econômicos (296") e Joelmir Beting, decano entre os especialistas no tema, apresentou um (dia 20, 40").

Nos comentários de Lilian Witte Fibe, um leve movimento de aproximação da câmera, para enquadrá-la em um plano mais fechado, evidenciava a mudança de função da jornalista, passando da condição de apresentadora para a de comentarista. No texto, entrevia-se sutilmente o estilo pessoal, com a opinião manifestando-se discretamente sempre assentada em dados, seguindo uma linha de argumentação dedutivo-indutiva, como se observa em trecho do comentário sobre o mercado de imóveis para aluguel (dia 19, 38").

Costuma-se dizer que um negócio quando bem-feito pode e deve ser bom para as duas partes. Não é o que tem acontecido no mercado de aluguel residencial. Com freqüência, tanto inquilino quanto proprietário se vêem diante de muitos problemas, poucos negócios e, pior ainda, poucos bons negócios. Esse mercado anda tão complicado que só em São Paulo 9 mil imóveis estão trancados...

Em outras circunstâncias, o comentário de Witte Fibe sai do tom analítico para assumir um sentido claramente de orientação, próprio do jornalismo de serviço (dia 20, 50").

O Código de Defesa do Consumidor diz que é prática abusiva enviar qualquer produtor ou fornecer qualquer serviço que não tenha sido solicitador pelo consumidor. Por lei, esse tipo de presente é amostra grátis. O Procon aconselha as pessoas a rasgar o cartão e a pedir, por escrito, o cancelamento, à empresa ou ao próprio Procon. É necessário protocolar a entrega da correspondência. Mas ainda segundo o Procon, não é prudente deixar de pagar a fatura que eventualmente chegar pelo correio. A sugestão é que a pessoa pague para não cair em listas negras. Depois, também pelo Código de Defesa do Consumidor, ele vai ter direito a receber em dobro o que pagou pelo cartão.

O estilo de Joelmir Beting é diferente. Em sua única intervenção (dia 20, 40"), ele descreve as operações da engenharia do comércio internacional com uma objetividade espantosa, que não dispensa as comparações, o jogo de palavras e a ironia, para arrematar o comentário com uma opinião claramente expressa.

O importante nas importações é que os bens de consumo representam menos de um quinto das compras lá fora. O grande resto é feito de matérias-primas, componentes, máquinas e equipamentos para a modernização da economia. O problema da balança comercial não está na importação que é necessária. Está na exportação que ainda é ridícula. Hong Kong, menor do que o Rio, exporta o dobro do Brasil. Então, a ordem não é dificultar as importações, mas facilitar as exportações, começando pela eliminação dos impostos dos produtos embarcados. Afinal, o mundo inteiro exporta subsídios; só o Brasil exporta confiscos. Quer dizer, um dos dois deve estar errado: ou o Brasil ou o mundo.

Sem o mesmo refinamento de carpintaria verbal, até porque o assunto é de domínio de todo o povo brasileiro, Galvão Bueno externou, também no dia 22, por duas vezes sua opinião a respeito dos acontecimentos do futebol. Um comentário referiu-se à volta de Júnior Baiano ao Flamengo (9") e o outro avaliou a convocação da seleção brasileira (30"). Como um recurso argumentativo, a opinião se manifesta implicitamente nas indagações.

A novidade desta convocação é o zagueiro Gonçalves do Botafogo, mas hoje o mais importante foi o desabafo de Zagallo. De que adianta a seleção fazer um amistoso por mês se neles o técnico não pode chamar os melhores jogadores. E quem pode explicar a incoerência. Se o Barcelona, da Espanha, Nápoli e o Parma da Itália podem ceder mais de um jogador, por que os privilégios para os clubes daqui? E agora uma pimentinha: como será que Zagallo vai escalar o ataque dos jogos olímpicos? Ronaldinho e Bebeto andaram se estranhando fora de campo.

A participação da crônica no *JN* foi ainda mais restrita. Com uma duração média de 43,3 segundos, as três crônicas da semana representaram um porcentual de apenas 1,6% relativo a um tempo total de 130 segundos (2 minutos e 10 segundos).

Não fosse, aliás, a existência de duas matérias assim classificadas por uma interpretação pessoal do autor — uma sobre a excentricidade de um ganhador da sena que não aparecia para receber o prêmio e estava perdendo milhares de reais de juros por dia (dia 20, 49") e outra a respeito da visita das baleias ao litoral brasileiro (dia 24, 36") —, a incidência do formato se resumiria à intervenção de Arnaldo Jabor, na edição do dia 23 (45").

Sem se dedicar a um assunto específico, Jabor usa as lentes de artista para fazer as leituras do cotidiano. Na semana pesquisada, analisa a questão da censura às artes no Brasil a partir de uma perspectiva paradoxal, que, superado o susto ao ouvi-la, aos poucos revela-se perfeitamente compreensível.

Bons tempos quando éramos o mal. A censura deu aos artistas nacionais uma importância que foi até estimulante pra criação. É incrível mas os anos da censura foram os mais ricos da arte brasileira recente. Nos sentíamos vítimas e heróis, gênios que eram calados pela polícia. Nunca fomos tão livres sob a ditadura. Hoje, temos liberdade e onde está a nova arte? Estamos sendo censurados por uma liberdade sem limites, onde quem proíbe qualquer criação não é mais a censura, mas o mercado. O que não dá dinheiro não passa. O mercado iguala Shakespeare e Tiririca. Aliás, Tiririca faz mais sucesso.

Os formatos no *Jornal da Cultura*

Os quatro formatos informativos somaram 8 155 segundos (135 minutos e 55 segundos), equivalentes a 99,2% do conteúdo do *Jornal da Cultura* nas seis edições. O índice seria suficiente para se atribuir ao telejornal um caráter exclusivamente informativo.

A todo rigor, porém, o porcentual poderia até subir. A matéria do dia 22, rotulada de *outro (retificação),* nada tem de opinativa. Aliás, se aproxima muito mais do informativo. Ganhou uma classificação distinta para se assinalar a incidência, no *JC*, desse procedimento jornalístico tão recomendável — e que deveria ser comum, porque ninguém possui o dom da infalibilidade —, em que o objetivo é reparar e explicar algum equívoco cometido. No caso, chama a atenção também o tom pessoal de pedido de desculpas do âncora, Milton Jung.

Mílton Jung (V)   *O "Jornal da Cultura", na edição de ontem se enganou. A capital da Turquia é Ancara e não Istambul, como falamos na reportagem sobre a queda do avião. Istambul é a maior e mais importante cidade do país. Por ser mais conhecida do que Ancara, é confundida, com freqüência, com a capital. Eu peço desculpas pela nossa confusão.* (22" — 60 palavras)

Na outra matéria qualificada como crônica, pode-se observar também que o autor utilizou-se de sua capacidade subjetiva de avaliação para classificá-la como tal e não como uma *nota coberta*. Ressalve-se, contudo, que a interpretação se baseia em algum indício que a justifique. Na matéria em questão, referente ao salvamento de baleias encalhadas no litoral da Austrália, transcende-se os limites do informativo para passar alguma mensagem de valor estético e emotivo, própria da crônica. Tem-se essa impressão sobretudo quando, após a emocionante solidariedade exibida pelos ecologistas, o lirismo das imagens de baleias nadando livremente no mar se acentua ao som da música instrumental clássica, que parece reger aquela indescritível dança da natureza.

Mílton Jung — off Homens empurram baleias para o mar *Dumsborough* Austrália – baleias mortas Baleias nadam em alto-mar	*Uma equipe de 500 biólogos e voluntários trabalha sem parar em Dumsborough, no oeste da Austrália, para salvar a vida de 300 baleias que encalharam na praia. A operação de resgate varou a noite e a maioria das baleias foi carregada com vida de volta ao mar. Catorze não resistiram e morreram, mas o trabalho dos ecologistas não terminou ainda. Algumas baleias insistem em voltar para a praia (entra música instrumental clássica e vai a bg)... quando se encontram em alto-mar."* (40" — 74 palavras)

Notas

Ao contrário do que se verificou no *Tj* e no *JN*, a *nota* foi o formato mais numeroso do *Jornal da Cultura*, com 58 inserções. Entretanto, por ter a menor média de duração (23"), quanto ao tempo total de 1 353 segundos (22 minutos 33 segundos) — que lhe dá um porcentual de 16,2% — ficou em terceiro lugar, quase igual os *indicadores* e muito atrás das *reportagens*.

Tanto em número de notas — 35 contra 23 — quanto em duração — respectivamente 759 segundos (12 minutos e 39 segundos) e 575 (9 minutos e 35 segundos) — o noticiário nacional superou o internacional, no formato. Em relação ao tipo de notas, a supremacia das *cobertas* (41 — 953") sobre as *simples* (17 — 381") foi flagrante.

Esses dados confirmam uma das características editoriais conscientemente assumida pelo *JC*, apontada na definição do objeto e da amostragem, de oferecer um resumo dos fatos do dia, em razão até mesmo do horário em que o programa é transmitido de segunda à sexta-feira, às 22 horas.

A intencionalidade dessa opção jornalística se explicita em seção do noticiário, convenientemente denominada de *resumo do dia*, marcada por vinhetas de apresentação e de intervalo entre as notas divulgadas, invariavelmente tratando somente de fatos que aconteceram no Brasil. Apenas na edição de sábado, dia 24, quando o número de notas caiu de uma média de 10 para 3, constatou-se a ausência dessa seção.

A observação de trecho do resumo do dia (em que aparecem duas notas-*perfil*) apresentado na edição do dia 19, reproduzido a seguir, permite verificar a adequação do texto às normas de linguagem recomendadas pelos manuais de telejornalismo. Pela simplicidade vocabular e pela estrutura sintática, a composição verbal adquire a agilidade e a clareza requeridas de um estilo *hard news*.

A seção tem ainda outra particularidade em relação ao uso da palavra escrita, além da função de atribuir crédito a locais e personagens de notícias. Inexistente nas outras notas: as matérias são acompanhadas de títulos por escrito, na tela (os títulos sublinhados estão indicados a seguir, à esquerda, na indicação de vídeo: *Adeus, Jofre Soares...*

Maria Lins (V)	*Veja agora as notícias que foram destaque nesta segunda-feira.* (entra música típica da seção e vai a *bg*)
M. Lins – off – Imagens de Jofre Soares "Adeus, Jofre Soares"	*O cinema perde um de seus mais premiados atores. Morreu na madrugada de hoje, em São Paulo, o ator Jofre Soares. Ele estava internado há dez dias no Hospital Santa Marcelina, com leucemia. Jofre Soares, que tinha 77 anos, participou de 85 filmes nacionais e fez várias novelas.*
Cortina — Varredura	(sobe *bg*) — 17" — 48 palavras
M. Lins – Off – Imagens Imagens de Torresmo "Tristeza no circo!"	*Morre em São Paulo o palhaço Torresmo. Brasil Carlos Querolo tinha 78 anos e estava internado na Clínica Tremembé com insuficiência respiratória. Torresmo ficou famoso no picadeiro e também na TV, onde contracenava com o filho Pururuca.*
Cortina — Varredura	(sobe *bg*) — 14" — 38 palavras (...)
M. Lins – Off – Imagens do ônibus acidentado "Acidente grave"	*Um ônibus que atravessava uma passagem de nível, em Belo Horizonte é atingido por um trem carregado de minério. O acidente aconteceu por volta das 3 horas da tarde. O veí-*

	culo ficou bastante destruído e 12 pessoas saíram feridas. (11" — 39 palavras)
Cortina — varredura	(sobe *bg*)

Às vezes, não se consegue um resultado melhor na construção do período, justamente por se ignorar certas recomendações. Foi o caso da nota — *perfil* sobre a morte de Jofre Soares, em que a intercalação afetou o ritmo. Uma pequena mudança na redação poderia reparar essa falha, eliminando a intercalação indesejada: "...Morreu na madrugada de hoje, em São Paulo, aos 77 anos, o ator Jofre Soares...".

O formato, todavia, não teve sua incidência restrita a essa seção. Outras *notas* — sobretudo as internacionais — se distribuíram ao longo de todos os blocos do programa. Nessas matérias, cedidas por agências internacionais de notícias, o som ambiente das imagens *em off* contribuía para conferir um clima de maior realismo à narração do locutor.

Valéria Grillo – off – Arafat e seguranças	*O líder palestino, Iasser Arafat, é obrigado a mudar de planos para se encontrar com o ex-premiê de Israel, Shimon Peres* (som ambiente em bg).
Faixa de Gaza – Arafat desce de helicóptero Arafat e Peres conversam amistosamente	*Arafat foi impedido pelas autoridades israelenses de sobrevoar o território de helicóptero para ir até a Cisjordânia. O líder teve que ir de carro até a Faixa de Gaza, mas não deixou de se reunir com Peres para conversar sobre a continuidade do processo de paz no Oriente Médio.* (dia 22, 24" — 69 palavras)

À luz dos manuais de telejornalismo, o texto acima incorre no erro de repetir a voz passiva, por si só já desaconselhável por ser "um meio de desacelerar o ritmo". (Rede Manchete de Televisão. *Manual de Repórteres e Editores*, op. cit., p. 12.) Será que, assim, não se diria a mesma coisa de um modo mais claro e mais rápido?: "As autoridades israelenses impediram Arafat de sobrevoar o território de helicóptero para ir até a Cisjordânia".

De qualquer modo, pela pretensão de constituírem um resumo do que de mais importante aconteceu no dia, as notas — nacionais e internacionais — compuseram uma ampla diversidade temática.

Notícias

Com 1198 segundos (19 minutos 58 segundos) e um tempo médio de 48 segundos, as 25 notícias divulgadas pelo *Jornal da Cultura* preencheram um espaço de 14,6% do conteúdo do telejornal. Quanto ao caráter geográfico das matérias, o formato apresentou uma tendência diferente da que se verificou nas *notas*. A quantidade de notícias internacionais (17 — 906" ou 15 minutos e 6 segundos) foi duas vezes maior do que a das nacionais (8 — 292" ou 4 minutos e 52 segundos). Na comparação do tempo das duas categorias, a diferença avulta ainda mais (75% contra 25%).

Entre as notícias nacionais, três se referem à violência em São Paulo: FIESP lança campanha "Reage São Paulo" (dia 19, 38"); comerciários paulistas confeccionam origamis pela paz (dia 22, 29"); autoridades estaduais e federais se reúnem para encontrar soluções para combater a violência (dia 23, 38"). O esporte, direta ou indiretamente, foi o assunto central de outras três notícias: convocação da seleção brasileira (dia 20, 33"); Campeonato Brasileiro de Futebol (dia 21, 28") e o casamento de Romário (dia 24, 44"). As duas notícias nacionais restantes se relacionavam com temas completamente distintos: os resultados da balança comercial brasileira (dia 22, 51") e a campanha da Associação dos Farmacêuticos contra a caligrafia ilegível de alguns médicos (dia 22, 31").

As notícias sobre os crimes de abuso sexual contra crianças, na Bélgica, integraram quatro edições do *JC* — só não participaram do noticiários nos dias 23 e 24. Somados os tempos, essas notícias gastaram um tempo de 310 segundos (6 minutos e 30 segundos). No dia 20, aliás, o acontecimento consumiu mais de 2 minutos (126"), mais até do que o tempo de algumas reportagens, apenas com imagens e informações fornecidas pelas agências de notícias.

A guerra na Chechência foi o segundo destaque (162") do *Jornal da Cultura* no formato, com inserções nos dias 20 (43"), 21 (61") e

22 (58"). Outro fato que mereceu atenção especial foi a situação de imigrantes africanos ilegais na França, duas vezes mencionado: na ação da polícia francesa em uma igreja (dia 23, 61") e nas reações políticas contra a atitude do governo francês (dia 24, 55").

As demais notícias focalizaram acidentes e conflitos — a queda de avião russo na Iugoslávia (dia 19, 40"), acidente no aeroporto da Turquia (dia 21, 43"), o atropelamento de torcedor em *rallye* na Finlândia (dia 24, 29") —, eventos esportivos — estréia de Ronaldinho no Barcelona (dia 20, 52") e treino de Fórmula 1 para o Grande Prêmio da Bélgica (dia 24, duas vezes, 24") —, fatos políticos — a tumultuada sessão do Parlamento peruano que aprovou emenda permitindo a reeleição de Fujimori (dia 24, 58") — ou excentricidades — a campanha para diminuir a sujeira de cães nas ruas de Londres (dia 23, 72").

Indicadores

Com uma duração média de 67,5 segundos, as 20 inserções do formato indicador corresponderam a um tempo total de 1 349 segundos (22 minutos 29 segundos), 16,4% das matérias que o *Jornal da Cultura* divulgou durante a semana pesquisada.

As informações sobre previsão do tempo, tal como no *Tj* e no *JN*, foram as únicas presentes em todas as seis edições, perfazendo a soma de 398 segundos e uma média de 66,3 segundos. Logo depois, com quatro inserções, vieram os indicadores do mercado financeiro (ausentes apenas no dias 19 e 24) com um total 175 segundos e tempo médio de 43,8 segundos. Nesse formato, incluíram-se também a chamada (dia 23 e repetida quase sem alterações no dia 24) para a série de reportagens sobre Aids (170" nas duas apresentações) que o telejornal iria apresentar na segunda-feira seguinte, com a participação do correspondente Lucas Mendes, diretamente de Nova York.

As outras matérias classificadas como *indicadores* assim foram definidas em razão da natureza de jornalismo de serviço que aparentavam ter. Pelo aspecto puramente formal, poderiam ser caracterizadas como notas, notícias ou reportagens. Três tinham a aparência de nota, tanto que integraram a seção resumo do dia: Idec testa 11 desinfetantes (dia 21, 41"), Idec testa a qualidade do leite no Brasil (dia 22, 41") e os números relativos ao rodízio de carros na capital paulista.

Tabela 21
Classificação por formatos do *Jornal da Cultura*
(Por número N, tempo total T e tempo médio M em segundos)

Dia	19		20		21		22		23		24		TOTAL	
Formato	N	T	N	T	N	T	N	T	N	T	N	T	N	T
Nota	12	240	13	308	12	290	10	245	8	202	3	49	58	1334
T. Médio	20		23,7		24,2		24,5		25,3		16,3		23	
Notícia	3	204	5	206	4	175	4	172	3	171	6	210	25	1198
T. Médio	68		53,2		43,8		43		57		35		48	
Reportagem	5	628	4	739	4	704	6	711	6	642	8	880	33	4274
T. Médio	125,6		184,8		176		118,5		102		110		129,5	
Indicador	2	110	2	109	4	242	5	434	5	317	2	137	20	1349
T. Médio	55		54,5		60,5		86,8		63,4		68,5		67,5	
Outro	—	—	—	—	—	—	1	22	—	—	—	—	1	22
T. Médio							22						22	
Crônica	—	—	—	—	1	40	—	—	—	—	—	—	1	40
T. Médio					40								40	
Total	22	1182	24	1442	25	1451	26	1584	22	1302	19	1276	138	8217
Média	53,7		59,2		58		60,9		59,2		67,2		59,5	

M. Lins – off – Imagens
Carros, faixas, guardas
"Rodízio de carros"

O rodízio obrigatório de carros entra na 3ª semana, na região metropolitana de São Paulo. A adesão é de mais de 95 por cento e o número de multas já caiu 30 por cento. Em relação ao início da campanha. Mesmo assim, 84 mil motoristas infratores terão que pagar 100 reais de multa. Amanhã, não devem circular os de placa final 3 e 4. (19" — 65 palavras)

Cortina-varredura   (sobe *bg*)

À semelhança estrutural de uma notícia, dois indicadores se manifestaram: um também a respeito do rodízio de carros em São Paulo,

dia 23 (52") e outro relativo à pesquisa eleitoral em São Paulo, realizada pelo *DataFolha*, cujos resultados o *Jornal da Cultura* revelou na edição do dia 22 (85").
Os indicadores assumiram a forma de reportagem nas três matérias restantes. Uma delas traz orientação de médicos especialistas sobre as medidas de prevenção que se deve tomar em relação aos defeitos congênitos (dia 22, 230"). Por descuidos na edição, a orientação ficou prejudicada pelo uso de uma linguagem muito técnica, pouco acessível ao telespectador. Veja o exemplo:

Médico Antônio Moron   *O fumo altera o desenvolvimento da placenta... do aporte de nutrientes, de oxigênio, dificultando o crescimento do bebê... Deve-se evitar a realização de regimes que podem levar a carências nutricionais, particularmente do ácido fólico. Isso pode colocar essa mulher em risco para malformações.* (19" — 44 palavras)

Duas se referem especificamente a questões econômicas de interesse de grande parte dos telespectadores: a ampliação para o pagamento do seguro desemprego (dia 21, 92") e a regulamentação da Contribuição Provisória sobre Movimentação Financeira — CPMF (dia 23, 70").
A necessidade de prover a audiência com uma informação precisa, que não dê margem a interpretações equivocadas, procedimento muito próprio do jornalismo de serviço, requer que a orientação falada se complemente com a escrita, em uma demonstração de como muitas vezes a redundância é imprescindível. Nota-se claramente essa preocupação na matéria sobre a regulamentação do CPMF. Vê-se na tela (indicações sublinhadas à esquerda) o que se ouve da leitura do locutor.

Valéria Grillo (V)   *Já está no Congresso o projeto que regulamenta a CPMF, chamado imposto da saúde. A proposta deve ser votada primeiro na Câmara, onde tem aprovação garantida pelos parlamentares. Junto com o projeto, o governo mandou um pedido de urgência-urgentíssima para a tramitação.*

V. Grillo – off – O que diz projeto – valor da taxa 0,20% sobre todas as operações financeiras	*O projeto do governo cria uma contribuição de 0,20 por cento sobre as operações financeiras, mas estabeleceu algumas exceções.*
O que diz o projeto – O que está isento – As Contas da União, Estados e Municípios- Transações. Em contas de um mesmo titular – Saques do FGTS, PIS, PASEP e seguro desemprego	*Estão isentos todos lançamentos em contas da União, Estados e Municípios, transações entre contas correntes e poupanças de um mesmo titular e saques do Fundo de Garantia por Tempo de Serviço,* PIS, PASEP *e seguro-desemprego.*
Poupanças não movimentadas durante 90 dias – Aposentadoria até 10 salários mínimos	*Também estão isentas as contas de poupança que não forem movimentadas em prazo igual ou superior a 90 dias; aposentadorias até 10 salários mínimos e salários equivalentes a 3 mínimos.*
Salário até 3 mínimos que diz o projeto – Cobrança começa 3 meses depois da sanção e dura 13 meses	*A* CPMF, *Contribuição Provisória sobre Movimentação Financeira, tem prazo de 3 meses para entrar em vigor, a partir da sanção presidencial e deverá ser cobrada durante 13 meses para ajudar a cobrir o déficit no setor de saúde.* (52" — 121 palavras)

Reportagens

Se em número (33) perderam para as *notas*, em duração (4274" ou 71 minutos e 14 segundos) as reportagens exerceram uma liderança absoluta entre os formatos jornalísticos utilizados no *Jornal da Cultura*. Com uma média de mais de 2 minutos (129,5"), responderam por 52% do conteúdo integral das seis edições do programa. Indício significativo, do total de reportagens, trinta integraram o conjunto do noticiário nacional (3730", 62 minutos e 10 segundos), enquanto apenas três (544", 9 minutos e 4 segundos) ligavam-se à cobertura internacional.

O nome do presidente dos Estados Unidos, Bill Clinton, esteve envolvido nas três reportagens internacionais. Na que se referia à classificação da nicotina como droga — a matéria mais longa de todas que o *JC* apresentou (dia 21,278" ou 4 minutos e 38 segundos) —, Clinton se sobressai pela medida saudada pelos profissionais da saúde, mas duramente combatida pela poderosa indústria de cigarros e pelos adversários políticos. O fato retornou à pauta do telejornal em matéria sobre as repercussões políticas, econômicas e judiciais da medida (dia 22, 140").

Tabela 22
Porcentual por formatos no *Jornal da Cultura*
(% relativa ao tempo T, em segundos, de cada formato)

Dia Formato	19 T %	20 T %	21 T %	22 T %	23 T %	24 T %	TOTAL T %
Nota	240 20,3	308 21,7	290 20,0	245 15,5	202 15,5	49 3,8	1334 16,2
Notícia	204 17,3	266 18,7	175 12,1	172 10,9	171 13,1	210 16,5	1198 14,6
Reportagem	628 53,1	739 52,0	704 48,5	711 44,9	612 47,0	880 68,9	4274 52,0
Indicador	110 9,3	109 7,7	242 16,7	434 27,4	317 24,3	137 10,7	1349 16,4
Crônica	— —	— —	40 2,8	— —	— —	— —	40 0,5
Outro	— —	— —	— —	22 1,4	— —	— —	22 0,3
Total	1182 100	1422 100	1451 100	1584 100	1302 100	1276 100	8217 100

Em posição mais confortável, Bill Clinton protagonizou uma outra reportagem sobre a comemoração de seu aniversário. Com direito ao *happy birthday*, bolo e velinhas e ao lado da família e de artistas de peso, como Steve Wonder e Wooppy Goldberg, o presidente parecia antecipar a festa pela sua reeleição futura (dia 19, 126").

Na única reportagem sobre esporte, particularmente o futebol, ficou clara a necessidade de adequação do telejornal ao seu horário de transmissão à edição no sábado dia 24 (70"). A matéria falava a respeito dos jogos marcados para a tarde daquele sábado. Ao ressaltar a partida entre Palmeiras e Goiás, salientou, em rápidas sonoras, a presença de três estrelas do clube paulista: os artilheiros Djalminha e Luizão e do técnico Vanderley Luxemburgo.

Entre as reportagens nacionais, cinco tratavam da onda de violência que assustava os paulistas (645" ou 10 minutos e 45 segundos, correspondente a 15,1% do tempo destinado ao formato). O *Jornal da Cultura* preferiu, contudo, valorizar mais no seu noticiário as iniciativas em busca da solução do problema, do que simplesmente continuar divulgando novos casos de violência (já presentes nas notas e notícias). Somente em uma oportunidade, em que a força do factual se impunha, a reportagem referiu-se a uma manifestação de violência, assim mesmo, felizmente, sem vítimas: o caso da bomba encontrada em um banheiro na Bienal do Livro, em São Paulo (dia 22, 94").

Justamente com o sentido de fugir um pouco de uma atitude meramente mórbida, o *JC* destacou os bons resultados da campanha de desarmamento na cidade de Francisco Morato (dia 19, 98"), o levantamento estatístico da Secretaria de Segurança Pública do Estado de São Paulo mostrando o mapa da violência na capital (dia 20, 201"), a reunião que o governador Mário Covas promoveu para informar representantes da sociedade civil a respeito do problema (dia 22, 160") e a pesquisa que a Associação Comercial patrocinaria para identificar, com a população, as principais causas da violência (dia 23, 92").

Outro veio farto explorado pelo *Jornal da Cultura* dizia respeito aos assuntos políticos e econômicos. As oito reportagens integrantes desse conjunto tiveram uma duração de 965 segundos (16 minutos 5 segundos), equivalentes a 22,6% do tempo total das reportagens e a 11,7% do conteúdo integral das seis edições do *JC* pesquisadas.

O acordo entre o governo federal e o de Alagoas para salvar as finanças do estado (dia 19, 97") e a escolha da Semp-Toshiba como empresa do ano, pela revista *Exame* (dia 21, 166") foram os temas das duas reportagens econômicas. Das seis sobre política nacional, o *JC* dedicou 216 segundos (3 minutos e 36 segundos) da edição do dia 20 para mostrar a satisfação do PFL — Partido da Frente Liberal — diante da perspectiva de eleger seus candidatos nas duas importantes prefeituras do país, Rio de Janeiro e São Paulo. Outro fato político tema de reportagem foi o impasse nas negociações entre o governo e a liderança do MST — Movimento dos Sem-terra — a respeito do processo de reforma agrária (dia 23, 77").

Uma personalidade, porém, se ressaltou no cenário político: o presidente Fernando Henrique Cardoso participou, como personagem central, de quatro reportagens. Duas referiam-se à visita que fez à Amazônia, para lançar projetos de desenvolvimento regional (dia 22, 81") e exibir seu carisma entre tropas e tribos instaladas na selva amazônica (dia 23, 65"). O presidente ainda esteve na inauguração da Usina Hidrelétrica de Rosana (dia 19, 164") e, de volta a Brasília, esclareceu aos repórteres o mal-entendido causado por uma declaração que descontentou o ex-presidente Itamar Franco (dia 21, 99").

Entretanto, os traços mais peculiares do perfil do *Jornal da Cultura* se definiram mesmo, com cristalina nitidez, nas dezesseis reportagens sobre artes, educação e saúde. Os 1943 segundos (32 minutos e 13 segundos) que ocuparam, representaram 45,5% do tempo utilizado pelo formato e 23,6% de todas as matérias nas seis edições do telejornal.

O viés artístico norteou, por exemplo, as reportagens relativas à recuperação do pianista João Carlos Martins (dia 23, 171"), ao carnaval fora de época em Brasília (dia 22, 111") e ao show de rock no estádio do Pacaembu (dia 24, 203"). Predominou também nas matérias a respeito do Ateliê de Artes no ABC paulista (150") e da apresentação do grupo francês de teatro, Decodex, no Festival de Artes Cênicas, com um texto muito pessoal do repórter Cunha Júnior (57"), integrantes da edição do dia 23 e repetidas, com modificações irrelevantes no *Jornal da Cultura* de sábado, dia 24.

Mílton Jung (V)	*Circo, teatro, dança e música num único espetáculo. Isso tudo é Decodex, do grupo francês DCA. O repórter Cunha Júnior acompanhou agora há pouco a apresentação no Teatro Municipal de São Paulo.* (14" — 32 palavras)
Rep. Cunha Júnior – off – Dança do grupo francês	*Decodex é uma grande aventura capitaneada pelo coreógrafo francês Phillipe Decouflé e sua companhia DCA. Aliás, eles não definem seus papéis. Todos são coreógrafos, encenadores, dramaturgos, dançarinos, artistas de circo (música do balé em bg). A intenção de Decouflé é*

reiventar o mundo, usando várias referências, como histórias em quadrinhos, grafite e mídia. (sobe e desce bg de música). Decodex tem só mais uma apresentação amanhã aqui em São Paulo, no Teatro Municipal. Cunha Júnior para o Jornal da Cultura. (9" — 21 palavras)

A reprise das duas matérias veiculadas na sexta-feira decorreu, provavelmente, das limitações circunstanciais a que se submeteu o *JC*, na edição de sábado, em virtude da hora em que o programa vai ao ar, meio-dia. A falta de matérias pela pequena produção jornalística pode ser a explicação para a repetição (também no sábado dia 24) da chamada para a série de reportagens sobre Aids realizadas pelo repórter Lucas Mendes, em Nova York, com exibição programada para a semana posterior.

Concedeu-se uma espaço privilegiado à Bienal do Livro em São Paulo. Além de outras reportagens incluídas entre as educativas, o evento apareceu com destaque nas matérias sobre jovens escritoras (dia 20, 134") e na cobertura ao vivo do encerramento da Bienal, no sábado dia 24 (107").

A propósito da edição de sábado, supõe-se que o pouco tempo disponível para a realização de matérias — apenas a madrugada e a manhã — e uma natural redução de ocorrência de fatos noticiáveis no fim de semana, contribuíram para reduzir o número de matérias exclusivas do telejornal. Com evidente diminuição de notas factuais, abriu-se espaço para três *reportagens de gaveta*. Uma salientava o excepcional índice de longevidade entre os habitantes da cidade de Veranópolis, no Rio Grande do Sul (134"), outra enaltecia as propriedades do método montessoriano aplicado em algumas escolas de São Paulo (85"), enquanto a terceira versava sobre as medidas contra o tabagismo no Brasil (90").

Essa mesma perspectiva, própria do jornalismo de serviço, o formato deixou transparecer em edições anteriores. Ora o *JC* chamou atenção para outro problema de saúde pública provocado pelo uso do amianto (dia 21, 161"), ora realçou as qualidades da proposta pedagógica construtivista (dia 20, 188").

Valéria Grillo (V)	*Se estivesse vivo, o psicólogo suíço Jean Piaget faria 100 anos este mês. As pesquisas dele sobre a forma como as crianças aprendem iniciaram o que se chama hoje de construtivismo, um caminho diferente para a alfabetização.* (14" — 37 palavras) (...)
Rep. V – Teresa Cristina de Barros – São Paulo Rep. Off. Crianças em aula de escola que adota construtivismo	*Nesta linha de ensino, o estudante que está sendo alfabetizado é um agente ativo. Ele vai construindo o próprio conhecimento. Em vez de cartilha, jogos lúdicos. A criança trabalha a linguagem. Pinta, recorta, monta o quebra-cabeça das frases (som amb., em bg). Partindo de textos, letra de uma música ou de uma história, os alunos vão decifrando os mistérios da escrita. A primeira palavra escrita pelos alunos numa sala construtivista é o próprio nome.* (30" — 74 palavras)

Na reportagem, é possível observar uma característica importante do estilo editorial do telejornal: o espaço dado ao depoimento dos entrevistados nas *sonoras*. Felizmente, não se cumpre o mandamento de cortar a entrevista de quem fala de 15 segundos.

Professora Iara Nascimento do do método tracicional	*"Eu ainda uso a cartilha, porque eu acho um método seguro para mim, tá? Eu me vejo ainda dentro do método tradicional. Porque o método construtivista ele tá aí, é muito forte... só sei que eu acho que nós precisamos ainda assim algum respaldo. Eu me sinto ainda muito crua ainda para tá pondo totalmente em prática dentro da sala de aula."* (20" — 60 palavras)

No dia 19, o *Jornal da Cultura* destacou as potencialidades que a informática propiciava aos deficientes visuais (143") e, em uma outra referência à Bienal do Livro, exibiu uma reportagem a respeito das possibilidades de se ter um negócio próprio (dia 22, 125").

Essa última matéria, tal como na relativa à prevenção de defeitos congênitos, possui muito dos atributos dos *indicadores*. Sua não-inclusão nesse formato resultou mesmo da interpretação de nossa avaliação, em que notamos a ausência de indícios mais consistentes, como números e orientações expressas típicas dos indicadores.

Síntese comparativa

Pelo critério do tempo total que consumiu no noticiário da semana, a reportagem alcançou o maior porcentual entre todos os formatos nos três telejornais: 52% no *JC*, 50,3% no *Tj Brasil* e 43,2% no *Jornal Nacional*. Obteve também os melhores índices de tempo médio por inserção — 129,5 segundos no *Jornal da Cultura*, 119,4 segundos no *JN* e 103,6 segundos no *Tj*. Quanto ao número de incidências na semana, liderou no *Telejornal Brasil* (55 vezes), mas foi superada pelas notas (58 contra 33) no *JC* pelos indicadores (34 contra 29) no *Jornal Nacional*.

Pelo grande número de vezes que apareceu nas seis edições, os *indicadores* conquistaram o segundo lugar em tempo total e porcentual (30,3%) entre os formatos do *JN*. Tiveram uma participação expressiva também no *Jornal da Cultura* (16,4%), mas bastante restrita no *Tj Brasil* (7%).

O telejornal do SBT, no entanto, ganhou realce por ser o único a apresentar o formato entrevista, cujas três incidências na semana representaram 7,6% do tempo total do noticiário.

No *JC*, a *nota* despontou como destaque, ocupando 16,2% do tempo de todas as edições. Por outro lado, teve uma participação bem mais baixa tanto no *Tj* (3,1%) quanto no *Jornal Nacional* (4,8%).

Dos formatos do gênero informativo, somente a *notícia* manteve uma presença mais equilibrada nos três programas: 14,8% no *Tj*, 15% no *JN* e 14,3% no *Jornal da Cultura*.

Já no caso do gênero opinativo, quem se sobressaiu foi o *Telejornal Brasil*. Os formatos juntos atingiram 17,2%. Grande parte se deveu às quarenta inserções de editoriais que corresponderam a um índice de 11,6%, ao qual se somaram os comentários (4%) e a crônica com 1,6%.

Inexistentes no *JC*, os formatos opinativos — comentários, crônica e editorial — se manifestaram discretamente no *Jornal Nacional*, se limitando a ocupar 6,7% de todo o noticiário divulgado nas seis edições.

De quem é a voz dos falantes

> Sou um gigolô das palavras [...]
> Só uso as que conheço, as desconhecidas são
> perigosas e potencialmente traiçoeiras.
>
> Luis Fernando Veríssimo

Como tão bem descreveu o compositor Chico Buarque de Holanda em sua canção *A voz do dono e o dono da voz*, na mídia o que sempre prevalece é a voz do patrão. Aliás, por um bom tempo, Chico foi vítima dessa forma de escravidão imposta por uma gravadora de discos. Mas, em seu âmbito restrito, interessa a este livro identificar qual a voz que dá sustentação às palavras nos telejornais. Ou melhor dizendo, quantos são, quem são e qual a importância relativa dos falantes de cada um dos programas estudados. A unidade de comparação é o tempo medido em segundos e o porcentual correspondente.

No *Telejornal Brasil*, a voz do âncora preponderou, de segunda a sexta-feira com Boris Casoy e no sábado, dia 24, com Hermano Henning. O índice médio na semana foi de 46%. Na edição do dia 23, atingiu-se o valor máximo de 51,9% equivalente a 995 segundos (16 minutos e 35 segundos"). Os repórteres vieram em segundo lugar, com 33,5%, seguidos pelas *sonoras* nas reportagens (10,6%).

Os entrevistados que participaram das três inserções características do formato *entrevista* ficaram com 6% do tempo, enquanto aos comentaristas, por intermédio de sua única representante no telejornal, Salette Lemos, couberam 3,6% (409") do bolo das palavras.

265

Para fechar as contas, uma ínfima parte de 0,3% restou para o que se denominou de outros (trechos de músicas do Iron Maden, na reportagem sobre o show de rock no Pacaembu, no sábado, dia 24).

Tabela 23
A palavra entre os falantes no *Tj Brasil*
(Em T de tempo em segundos e % correspondente)

Dia	Âncora T	Âncora %	Repórter T	Repórter %	Coment. T	Coment. %	Entrev. T	Entrev. %	Sonoras T	Sonoras %	Outros T	Outros %	TOTAL T	TOTAL %
19	845	42,5	638	32,1	53	2,7	185	9,3	268	13,4	—	—	1989	100
20	774	42,5	666	36,6	72	3,9	—	—	299	16,4	—	—	1821	100
21	808	46,3	509	29,2	66	3,8	181	10,4	179	10,3	—	—	1743	100
22	941	50,6	642	34,5	73	3,9	—	—	202	10,9	—	—	1858	100
23	995	51,9	685	35,7	61	3,2	—	—	176	9,2	—	—	1917	100
24	832	42,3	642	32,6	84	4,3	312	15,9	67	3,4	30	1,5	1967	100
Total	5195	46,0	3782	33,5	409	3,6	678	6,0	1191	10,6	30	1,5	11295	100

E como se distribuiu o tempo das palavras entre as funções assumidas pelo âncora no *Tj Brasil*? O apresentador liderou com uma média de 71,5% para um tempo total de 3 715 segundos (61 minutos e 55 segundos). No papel de editorialista, particularidade funcional do âncora do *Tj*, Boris Casoy consumiu, na semana, 1 318 segundos (21 minutos e 58 segundos) correspondentes a 25,4% da fala do âncora e a 11,7% de todas as falas do telejornal em todo o período pesquisado. Finalmente, como entrevistador, outra inovação na ancoragem telejornalística brasileira, o tempo gasto nas perguntas e outras intervenções durante a realização da entrevista chegou a pouco mais de 2 minutos e meio (162") e a 3,1%.

Cabe ainda observar que no dia de descanso semanal do editor-chefe e âncora titular do programa, Boris Casoy, o perfil dos falantes e do próprio estilo editorial do noticiário modifica-se visivelmente. A ausência do editorialista, tarefa exclusiva de Boris, faz subir o tempo do apresentador Hermano Henning para 90,1% e só não chegou a ser maior por causa da participação de Casoy como entrevistador. Parece até que eram dois telejornais diferentes. No sábado, dia 24, o *Tj* sem a voz do dono (editor-chefe) se transformou em um telejornal essencialmente informativo, sem o forte teor opinativo que o marcou nas edições de segunda a sexta-feira.

Tabela 24
A palavra entre os falantes do âncora no *Tj Brasil*
(Em **T** de tempo em segundos e % correspondente)

Dia Âncora	19		20		21		22		23		24		TOTAL	
	T	%	T	%	T	%	T	%	T	%	T	%	T	%
Apresent.	509	60,2	496	64,1	530	65,6	686	72,9	744	74,8	7530	90,1	3715	71,5
Entrev.	34	4,1	—	—	46	5,7	—	—	—	—	82	9,9	162	3,1
Editorial	302	35,7	278	35,9	232	28,7	255	27,1	251	25,2	—	—	1318	25,4
Total	845	100	774	100	808	100	941	100	995	100	832	100	5195	100

Jornal Nacional

Uma realidade distinta se encontrou no *Jornal Nacional*. Primeiro, as figuras do editorialista e do entrevistador simplesmente não existem. Por outro lado, mesmo como uma intervenção acanhadíssima (45", 05%), o telejornal dispôs de um cronista, Arnaldo Jabor, para colher da grossa camada das notícias o detalhe que só uma sensibilidade mais aguçada é capaz de perceber. Antes pouco do que nada.

Daí em diante, as diferenças entre os falantes nos dois telejornais passam a ser somente numéricas. O rótulo *outros* — vinhetas trechos de música, som direto de gravações da reportagem sobre matança de animais na Amazônia, palavras e números escritos dos *indicadores do mercado financeiro* — tem uma participação pouco maior (180", 2,2%) do que no *Tj*. O mesmo acontece com o tempo reservado aos comentaristas (375", 4,7%) — Lílian Witte Fibe, Joelmir Beting e Galvão Bueno —, ausentes na edição de sábado (dia em que, por sinal, Fátima Bernardes substituiu Witte Fibe na apresentação do *JN*). Tendência inversa se manifestou em relação às sonoras. Em média, elas ocuparam a metade do tempo (5,9%, 471 segundos) que lhes foi concedido no *Tj* (10,6% para 1191"). A insignificância dessa categoria de falantes, muitas vezes populares personagens de notícias, alcançou a sua medida extrema na edição do dia 22, com parcos 20 segundos.

Maior uniformidade se registrou no tempo referente aos apresentadores (3931", 65 minutos e 31 segundos) e dos repórteres (3036", 50 minutos e 36 segundos) os falantes que obtiveram os maiores índices porcentuais (48,9% e 37,8%). Apenas na edição do dia 20, verificou-se uma disparidade: o tempo dos repórteres caiu para 21% (286") e os dos apresentadores cresceu para 57,3% (781").

Tabela 25
A palavra entre os falantes no *Jornal Nacional*
(Em T de tempo em segundos e % correspondente)

Dia	Apres. T	%	Repórter T	%	Coment. T	%	Sonoras T	%	Outros T	%	Cron. T	%	TOTAL T	%
19	586	46,2	515	40,6	76	6,0	65	5,1	26	2,1	—	—	1268	100
20	781	57,3	286	21,0	129	9,5	144	10,6	22	1,6	—	—	1362	100
21	570	42,7	564	42,2	83	6,2	101	7,6	18	1,3	—	—	1336	100
22	760	54,8	533	38,5	41	3,0	20	1,4	32	2,3	—	—	1386	100
23	614	44,1	594	42,7	46	3,3	74	5,3	18	1,3	45	3,2	1391	100
24	620	47,9	544	42,0	—	—	67	5,2	64	4,9	—	—	1295	100
Total	3931	48,9	3036	37,8	375	4,7	471	5,9	180	2,2	45	0,5	8038	100

O *Jornal Nacional* tem uma peculiaridade interessante, no que se refere aos falantes apresentadores. Além de dois apresentadores principais (2655", 67,5%), Wiiliam Bonner e Lilian Witte Fibe, na época da pesquisa, utilizou também apresentadores especializados (1276", 32,5%) — Carlos Magno — para a previsão do tempo, e Fernando Vanucci e Galvão Bueno — para o noticiário esportivo. Com isso, a palavra se diluiu em várias vozes e não se sujeitou ao monopólio do âncora, como no *Tj Brasil*.

A perda do privilégio de ouvir o dono da voz (Boris Casoy) talvez tenha sido compensada pelo dinamismo que variedade de tons, timbres e rostos proporciona, até mesmo pela impressão de maior sentido de equipe e menor centralização que se pode ter.

Tabela 26
A palavra entre os apresentadores no JN
(Em T de tempo em segundos e % correspondente)

Dia	19		20		21		22		23		24		TOTAL	
Apresent.	T	%	T	%	T	%	T	%	T	%	T	%	T	%
Ap. Princ.	428	73	415	53,1	406	71,2	580	76,3	410	66,8	385	62,1	2655	67,5
Ap. Esp.	158	27	366	46,9	164	28,8	180	23,7	204	33,2	235	37,9	1276	32,5
Total	586	100	781	100	570	100	760	100	614	100	620	100	3931	100

Jornal da Cultura

Exclusivamente informativo ao contrário dos outros dois telejornais, o *Jornal da Cultura* não contou com a intervenção de comentaristas, editorialistas ou cronistas, nas seis edições examinadas. Por isso mesmo, privilegiou a fala dos locutores (53% para 4352" ou 72 minutos 32 segundos) e repórteres (31,4% para 2580" ou 43 minutos e 30 segundos).

Tal como no *JN*, a ancoragem do *JC* se distribuiu entre dois apresentadores. De terça a sexta-feira, Mílton Jung e Valéria Grillo,

Heródoto Barbeiro e Valéria Grillo no sábado e os dois atuais editores-executivos do telejornal, Jung e Maria Lins, na edição de segunda-feira, dia 19.

Tabela 27
A palavra entre os falantes no Jornal da Cultura
(Em T de tempo e % correspondente)

Dia	Apresent. T	%	Repórter T	%	Sonoras T	%	Outros T	%	TOTAL T	%
19	602	50,9	375	31,7	186	15,8	19	1,6	1182	100
20	838	58,9	354	24,9	223	15,7	7	0,5	1422	100
21	869	59,9	442	30,5	134	9,2	6	0,4	1451	100
22	765	48,3	515	32,5	304	19,1	—	—	1584	100
23	800	61,4	357	27,4	140	10,8	5	0,4	1302	100
24	478	37,5	537	42,1	231	18,1	30	2,3	1276	100
Total	4352	53,0	2580	31,4	1218	14,8	67	0,8	8217	100

A divisão da fala se complementou com os insignificantes 67 segundos (0,8%) próprios das inserções classificadas como *outros* e o expressivo índice de 14,8% alcançado pelas *sonoras*, o maior entre os três telejornais. Sinal de maior prestígio desfrutado pela fala dos personagens das notícias, entre eles autoridades, especialistas e sobretudo populares anônimos, as *sonoras* se destacaram no *Jornal da Cultura* também por disporem de um tempo maior do que os castradores 15 segundos a que os manuais se referem como tempo máximo a que elas devem se submeter.

Conclusão

> Se mais vale uma imagem que mil palavras,
> mil e uma palavras são usadas no esforço de controlar e
> ordenar o material visual.
>
> Luís Gleiser

Página após página, notícia atrás de notícia, viagens sem fim. Começo a desconfiar que o trabalho acabou. A primeira idéia que me vem à mente é a de que livro bom é o livro pronto. Com as imperfeições próprias de qualquer ação humana, mas também com as qualidades que só a dedicação, o estudo, a reflexão permanente conseguem produzir.

Nesse longos anos, porque minutos e dias parecem uma eternidade, passei, como seria de esperar, por algumas atribulações. A que mais me perturbou foi a saída de Boris Casoy do SBT para a TV Record. Por alguns momentos, receei que um dos telejornais de meu estudo estava se transformando em coisa morta, relíquia do passado. Mas para minha alegria e felicidade do telejornalismo brasileiro, Boris transplantou, com pequenas modificações, o modelo do telejornal que editava. O que antes era *Telejornal Brasil* hoje é *Jornal da Record*. Para o bem de todos, estava assegurada a sobrevivência de parte de meu objeto de pesquisa. A tranqüilidade foi tanta que posso confessar que pouco me importei com o melancólico final do *Tj*, em dezembro de 1997.

Fechados os parênteses, retorno às conclusões e nessa hora vem logo a preocupação implícita na introdução. Até que ponto este livro vai contribuir para o avanço teórico e o exercício da prática telejornalística? Ao rever tudo o que escrevi, encontro as evidências dessa contribuição. Como serão assimiladas ainda não sei.

Mas, deixando essa reflexão de lado, é chegado o momento de confrontar o que as hipóteses de trabalho estabeleciam com o que se constatou na análise comparativa dos telejornais. Já relatados no corpo do trabalho, os resultados da pesquisa evidenciaram alguns pontos discutidos na fundamentação teórica da pesquisa.

Sem exceção, todas as matérias divulgadas nas seis edições dos três telejornais utilizaram-se da expressão verbal. Nenhuma informação foi transmitida apenas por imagens. O telejornalismo ideal que o editor-chefe do *Jornal Nacional*, Mário Marona, definiu, baseado apenas na capacidade informativa da imagem, ficou muito longe da realidade. O que se detectou mesmo foi a função insubstituível da palavra, comentando, explicando, esclarecendo a informação visual ou até mesmo comandando o processo de composição jornalística na TV.

Essa constatação, admitida previamente pelo próprio Marona, confirmou o que, entre outros, afirmaram Eduardo Coutinho — a impossibilidade de uma imagem muda —, Muniz Sodré — o verbo impõe seu poder ao elemento visual —, Fraga Rocco — a linguagem televisual não é auto-explicativa — e Luís Gleiser — a base de áudio ancora a mensagem jornalística na TV.

Em todos os telejornais, não se perceberam também indícios da existência de uma hierarquia fixa de códigos na linguagem telejornalística. Ao contrário, portanto, do que alguns manuais e profissionais de telejornalismo sublinham, o poder quase absoluto da imagem, o que se nota é uma relação própria de um casamento estável, em que cada parceiro mantém sua independência e, em determinadas situações, um dos dois toma a frente com base em sua competência específica.

Fica valendo, então, o que Santaella e Boris Casoy, em depoimento ao autor, reiteraram: a precedência de um código sobre outro se dá em decorrência de situações circunstanciais. Ganha força também a frase que Armando Nogueira lapidou para registrar sua revisão de concepção de telejornalismo: "uma boa imagem vale mais associada a uma boa palavra".

Na realidade, raras foram as ocasiões em que os telejornais aplicaram irrestritamente a linguagem televisiva, pela combinação de todos seus elementos expressivos. Um exemplo disso, registrado no corpo do trabalho, notou-se na notícia do enterro de duas meninas belgas vítimas de abuso sexual. Texto, efeitos sonoros e música se ajustaram com harmonia às imagens. A adequação de elementos atingiu tanta perfeição que, no *Jornal Nacional* sobretudo, o telespectador parecia estar diante de uma obra-prima — no âmbito daquele estilo de telejornalismo que concede à emoção uma importância vital no espetáculo jornalístico.

Não bastasse isso, o levantamento empírico permitiu verificar que, se algumas matérias primaram pela expressividade das imagens, em outras, o relato verbal se impôs, aproximando muito o telejornalismo de uma "rádio ilustrada", conforme Michel Chion, ou do "rádio na TV", de acordo com Heródoto Barbeiro. Essa preponderância quase absoluta da palavra ocorreu invariavelmente nos formatos opinativos: editoriais, crônicas, comentários. Nesses casos, sem o concurso de imagens, e emissão das mensagens só dependeu da presença dos autores das matérias na tela do vídeo, lendo um texto previamente redigido ou, excepcionalmente, improvisando a intervenção verbal.

Pela observação comparativa do *status* dos falantes, pôde-se também visualizar com clareza as peculiaridades do estilo editorial dos noticiários. Revelou o caráter personalista do *Tj Brasil*, pela presença de Boris Casoy, em diferentes papéis, ocupando, como falante, a metade do tempo total das seis edições do programa durante a semana.

Em contraposição ao personalismo do *Tj* em que o "dono" monopolizou a fala, a palavra passou por mais bocas no *Jornal da Cultura* e no *Jornal Nacional*. No telejornal da Globo, a bola ou melhor a palavra encontrou um ambiente de equipe ainda maior. Além dos apresentadores principais, William Bonner e Lilian Witte Fibe, locutores especializados participaram do noticiário — Carlos Magno, na previsão do tempo, Galvão Bueno e Fernando Vannuci, nas informações esportivas. A palavra recebeu toques especiais do cronista Arnaldo Jabor, do comentarista Joelmir Beting e até mesmo no texto de alguns repórteres, caso de Marcos Uchôa, na cobertura do treino do Grande Prêmio da Bélgica.

A configuração dos formatos identificada no estudo comparativo possibilitou também a descrição do perfil editorial dos telejornais. Se houve uniformidade nos três telejornais no tempo consumido pelas notícias e reportagens, as evidências detectadas mostraram as particularidades de cada noticiário: o predomínio dos *indicadores* no *Jornal*

Nacional; a maciça incidência de *notas* e de matérias especiais determinando os traços do *Jornal da Cultura*; a flagrante incidência do gênero opinativo no *Telejornal Brasil*, acanhada no *JN* e nula no *JC*. O *Tj Brasil* se destacou também por ser o único dos noticiários a se dedicar ao formato informativo da entrevista.

Ainda quanto aos formatos, constatou-se que, embora equivalentes aos dos jornais impressos, as especificidades da prática jornalística na televisão conferiu-lhes um sentido próprio. Isso fez com que em algumas poucas ocasiões a definição do formato dependesse de uma interpretação mais subjetiva do pesquisador.

Essa intervenção ora considerou a forma de expressão subjacente na matéria como no caso da crônica, ora a intencionalidade do texto, a exemplo de algumas reportagens que foram consideradas como indicadores pelo claro propósito de passar uma informação que servisse de orientação para tomada de decisões do telespectador.

Uma hipótese não pôde ser comprovada, a de que os gêneros jornalísticos no telejornalismo coincidiam com os dos jornais impressos, e os formatos divergiam. Nos telejornais, só foi possível mesmo identificar os gêneros informativo e opinativo. Supõe-se que os outros dois gêneros, o diversional e o interpretativo, talvez não se adaptem à modalidade dos telejornais e se afinem mais com outras espécies de produções jornalísticas veiculadas pela TV: os documentários e os programas de variedades.

De todo o resultado que se colheu, porém, uma conclusão logo se avulta. Antes de começar essa pesquisa, em várias leituras sobre telejornalismo no Brasil, encontrei uma crítica ao conteúdo dos noticiários. Dizia-se que os telejornais eram repetitivos e que bastaria ver apenas um para se saber o que os outros estariam divulgando.

Ao final deste livro, a primeira constatação que faço desmente essa suposição. Apesar da freqüente coincidência de matérias, a perspectiva editorial de cada informativo contribui para alargar o entendimento de um determinado fato e da realidade de um modo em geral.

Em seu estilo ágil, frenético, o *Jornal Nacional*, por exemplo, privilegiou a divulgação de matérias enquadradas como *indicadores*, em que se salienta o propósito de se oferecer um jornalismo de serviço. Nessa vertente, o telejornal se harmoniza com os interesses e necessidades do telespectador-cidadão.

O *Jornal da Cultura*, por sua vez, além de se dedicar a um resumo dos fatos, se notabilizou pelas matérias especiais relativas a assuntos das áreas de educação, cultura e saúde, pouco comuns nos telejornais do horário nobre. Fatos e temas que nunca ou raramente são lembrados pela imprensa, receberam na TV Cultura o tratamento que merecem: prevenção de defeitos congênitos, as potencialidades da pedagogia construtivista, o uso da informática pelos deficientes visuais.

Centralizado na personalidade de seu editor-chefe, o *Telejornal Brasil* não se contentou apenas em informar. Deu ênfase ao gênero opinativo, por meio, sobretudo, dos comentários pessoais de Boris Casoy e, por outra singularidade, abriu espaço para ouvir políticos de diferentes tendências nas entrevistas que apresentou.

Ao que parece até então, o telejornalismo brasileiro tem poucos defeitos. Será que é isso mesmo? Não. E uma primeira deficiência aflora justamente do que, inicialmente, se considerou como positivo: o fato de os três telejornais se complementarem.

Ora, se o telespectador precisa assistir aos três noticiários para ter uma informação mais satisfatória, cada um dos telejornais está, portanto, oferecendo um noticiário muito limitado. Ideal seria que combinassem o jornalismo de serviço, com as matérias especiais, as entrevistas e o jornalismo opinativo. Mas não é assim que acontece.

Outra falha grave transpareceu pela flagrante tendência autorefencial dos programas. Se no *Tj* decorreu de fatores circunstanciais relacionados à inauguração das novas instalações da emissora no Complexo Anhangüera, no *Jornal Nacional* assumiu ares de pura autopromoção. A não ser no dia 21, nas demais cinco emissões do programa, a TV Globo foi parte essencial do conteúdo de onze matérias jornalísticas, quase 20% do total de 54 que o telejornal divulgou com exclusividade. Isso sem considerar as reportagens sobre o treino de Fórmula 1, competição da qual a Globo detém exclusividade de transmissão.

O *JN* cometeu ainda outro pecado grave ao valorizar matérias forjadas, como as do médico acusado de assédio sexual e a do menino que comprou um televisor, guardando moedas do troco da padaria. Se na reportagem do menino, a crítica se justifica pelo caráter propagandístico favorável ao Real, no caso do médico, qualquer telespectador mais atento percebe a parcialidade da cobertura. Pela condenação sem julgamento, muitas vezes de forma explícita, teve-se até a impressão de que se tratava de uma desavença pessoal entre o médico e profissionais da emissora.

Esse comportamento ético questionável aconteceu também na série de reportagens que o repórter Marcelo Rezende fez a respeito da matança de animais na Amazônia. Está certo que as imagens gravadas pelos próprios caçadores e exibidas pelo *JN* deixaram qualquer pessoa mais sensível perplexa e revoltada com as cenas de crueldade. Mas isso seria suficiente para qualificar os caçadores de assassinos sem lhes dar o direito de defesa? A nobre intenção de denunciar ilegalidades não ficaria assim também comprometida por uma atitude tão autoritária?

O *Tj Brasil* também não se livrou das críticas. Elogiável em princípio, as opiniões de Boris Casoy se repetiram exaustivamente ao longo do noticiário. Muitas vezes, aliás, traduziam posições sem amparo em dados da realidade ou em uma reflexão mais cuidadosa. Nessas horas, o tom bombástico escondia a falta de consistência da opinião manifestada. Além disso, por serem de tal forma pessoais, nelas só prevalecia um ponto de vista. Melhor seria que, do modo que aconteceu na economia com Salette Lemos, o programa dispusesse de especialistas em outras áreas. Do jeito que foi, o *Telejornal Brasil* só mostrou uma cara, a de seu editor e tamanho personalismo não se compatibiliza com um jornalismo mais pluralista.

Ao *Jornal da Cultura* os questionamentos são de outra natureza. Afora a indesculpável repetição na edição de sábado de matérias já divulgadas na sexta-feira, observa-se no telejornal um nítido direcionamento do noticiário para um público mais elitizado. A prioridade concedida às matérias sobre educação e cultura se dá em detrimento de uma cobertura mais voltada para um público mais heterogêneo.

Talvez pelo descompromisso com os índices de audiência, o *JC* demonstra pouco importar em atender uma camada mais ampla da população. Isso explica, por exemplo, o uso de uma linguagem menos acessível em que palavras como *pedófilo* parecem ser de uso cotidiano. Pergunta-se, então, de que adianta transmitir um noticiário tão qualificado se o público que presumivelmente o vê compõe-se justamente de telespectadores já dotados de um bom nível cultural. E a massa dos deserdados, para onde vai? Para o *JN* e o *Tj*?

Dos três telejornais, o *JC* pelo menos tem a virtude de querer transmitir uma informação de boa qualidade, sem se sujeitar ao constrangimento de se tornar um permanente espetáculo da realidade.

Feitos esses comentários, ainda fica a sugestão para quem puder praticá-lo: assista aos três telejornais. Certamente, no final da noite, o telespectador vai ter um visão da realidade bem mais completa e complexa. Em minha situação particular, se pudesse faria isso todos os dias. E o faria por dois motivos: por gostar muito de televisão, independentemente da natureza da programação, e por apreciar de modo especial os programas jornalísticos, com os quais convivo como estudioso e, antes de tudo, como aficionado. Aliás, são essas as razões fundamentais que me motivam a continuar estudando telejornalismo.

Bibliografia

ADORNO, THEODOR W. (1973). "A Televisão e os Padrões de Cultura de Massa". In: ROZEMBERG, B. & WHITE, D. (org.). *Cultura de Massa*. São Paulo, Cultrix. p. 415-34.

_____ (1977). "A Indústria Cultural". In: COHN, Gabriel (org.). *Comunicação e Indústria Cultural*. 3ª ed. São Paulo, Nacional/ Edusp, p. 287-95.

ALMEIDA FILHO, HAMILTON *et al.* (1976). *O Ópio do Povo*. Extra Realidade. Coleção Livro-Reportagem. Ano1. nº 1. São Paulo, Símbolo.

ARNT, RICARDO (1991). "A desordem do Mundo e a Ordem do Jornal". In: NOVAES, ADAUTO. *Rede Imaginária*. São Paulo, Cia. das Letras/Secretaria Municipal de Cultura. p. 170-8.

ARONCHI DE SOUZA, JOSÉ CARLOS (1997). *Gêneros na Televisão Brasileira — Um Estudo da Programação* — Dissertação de Mestrado apresentada à Universidade Metodista de São Paulo — São Bernardo do Campo.

AVANCINI, WALTER. (1988). "Estética na Televisão". In: MACEDO, CLÁUDIA, FALCÃO, ÂNGELA e MENDES ALMEIDA, C. JOSÉ. *TV ao Vivo — Depoimentos*. São Paulo, Brasiliense. p. 157-71.

ÁVILA, CARLOS R. AMÉNDOLA (1982). *A Teleinvasão*. São Paulo, Cortez/ UNIMEP.

BAGGALEY, JON P. & DUK, STEVE W. (1979). *Análisis del Mensaje Televisivo*. Barcelona, Gustavo Gilli.

BAHIA, JUAREZ (1990). *Jornal, História e Técnica; as técnicas do Jornalismo*. 4ª ed. São Paulo, Ática.

BARBEIRO, HERÓDOTO (1994). "O Radiojornalismo Renovado". In: REZENDE, SIDNEY e KAPLAN, SHEILA (org.). *Jornalismo Eletrônico ao Vivo.* Petrópolis, Vozes, p. 9-16.

BARBOSA LIMA, FERNANDO (1985). "Nossas Câmeras são os seus olhos". In: BARBOSA LIMA, FERNANDO, PRIOLLI, GABRIEL e MACHADO, ARLINDO. *Televisão & Vídeo.* Rio de Janeiro, Zahar. p. 7-16.

BARCELOS, CACO (1994). "Repórter: Profissão Perigo". In: REZENDE, SIDNEY e KAPLAN, SHEILA (org.). *Jornalismo Eletrônico ao Vivo.* Petrópolis, Vozes. p. 17-31.

BARROS FILHO, CLÓVIS (1995). *Ética na Comunicação: Da Informação ao Receptor.* São Paulo, Moderna.

BARTHES, ROLAND (1970). *Crítica e Verdade.* São Paulo, Perspectiva/Fundo de Cultura.

_____ (1978). "A Mensagem Fotográfica". In: LIMA, LUÍS COSTA (org.). *Teoria da Cultura de Massa.* Rio de Janeiro, Paz e Terra. p. 303-16.

BELTRÃO, LUÍS (1967). *Jornalismo pela Televisão e pelo Rádio — Perspectiva.* Revista da Escola de Comunicações Culturais. São Paulo, USP.

BIAL, PEDRO (1996). *Crônicas de Repórter — O correspondente Internacional conta tudo o que não se diz "no ar".* Rio de Janeiro, Objetiva.

BOCCANERA, SÍLIO (1997). *Jogo Duplo.* São Paulo, Moderna.

BORIN, JAIR (1991). "Rádios e TVs crescem com o festival de concessões". In: *Comunicação & Sociedade* — Rádio. Ano X. n° 18. Dezembro de 1991. p. 19-24.

BOSI, ALFREDO (1987). "Plural, mas não Caótico". In: BOSI, ALFREDO (org.). *Cultura Brasileira — Temas e Situações.* São Paulo, Ática.

BUCCI, EUGÊNIO (1996). *Brasil em tempo de TV.* São Paulo, Boitempo Editorial.

_____. Sim, o 'Jornal Nacional' mudou. E daí? *O Estado de S. Paulo*, São Paulo, 6 abr. 1996, p. D-3.

_____. Despencada Saudável. In: *Veja.* Ano 30. n° 17. p. 41.

BURNET, LAGO (1991). *A Língua Envergonhada.* 3ª ed. Rio de Janeiro, Nova Fronteira.

BRESSER, DEBORAH (1996). O Povo Acusa — "A imagem dos telejornais". In: *Imprensa.* São Paulo. Ano IX, n° 106, p. 24-8, jun. 1996.

_____. "Do Tédio ao Pânico". In: *Imprensa*, São Paulo, Ano IX, n° 97. p. 20-9, out. de 1996.

CAMACHO, MARCELO, SANCHES, NEUZA e LEITE, VIRGÍNIA (1998). "Boa
— noite" — Lílian Witte Fibe, a pessoa certa no lugar errado, sai do
Jornal Nacional. In: *Veja*. São Paulo, Ano 31, n° 6, p. 79-80, 11/02/98.

CAMPOS, VANESSA (1996). "Troca de apresentadores evidencial projetos de
Evandro Carlos de Andrade". *Folha de S. Paulo*. São Paulo, 21 abr.
1996, TV Folha. p. 6.

CÂMARA JR., J. MATTOSO (1983). *Manual de Expressão Oral e Escrita*.
Petrópolis, Vozes.

CAPARELLI, SÉRGIO (1982). *Televisão e Capitalismo no Brasil*. Porto Alegre, L&PM.

CARVALHO, ELIZABETH (1979-80). "Telejornalismo; a década da tranqüilidade". In: KHEL, Maria Rita et alii. *Anos 70; Televisão*. Rio de Janeiro,
Empresa Gráfica.

CASOY, BORIS (1994). "O Carisma do Âncora". In: REZENDE, SIDNEY e
KAPLAN, SHEILA (org.). *Jornalismo Eletrônico ao Vivo*. Petrópolis,
Vozes. p. 33-41.

_____ (1997). Entrevista sobre *O lugar da palavra no telejornalismo*.
São Paulo, 19 de outubro de 1997.

CASTRO, DANIEL e PADIGLIONE, CRISTINA (1997). "Fim do 'Tj Brasil'
anuncia o novo SBT de Sílvio Santos". *Folha de S. Paulo*. São Paulo,
31 dez. 1997, p. 4-1.

CASTRO, TARSO de (1984). "Os Meios de Comunicação e a Campanha das
Diretas". In: *Geraes*, Belo Horizonte, Departamento de Comunicação
Social-UFMG — ABEPEC-(41): 5-6, maio-94.

CAZENEUVE, JEAN (1977). *El Hombre Telespectador*. Barcelona, Gustavo
Gilli.

CHION, MICHEL (1993). *La audiovisión — Introducción a un análisis conjunto de la imagen y el sonido*. Barcelona, Paidós.

CLARK, WALTER e BARBOSA LIMA, FERNANDO (1988). "Um Pouco de História e de Reflexão sobre a Televisão Brasileira". In: MACEDO, FALCÃO
e MENDES DE ALMEIDA (org.). *TV ao Vivo — Depoimentos*. São Paulo,
Brasiliense. p. 25-43.

COMUNICAÇÃO (s/d). *Manual de Repórteres e Editores* — Rede Manchete.
Rio de Janeiro: Departamento de Jornalismo de Bloch Editores, n° 29,
p. 9-17.

CORRÊA, VILLAS-BÔAS (1994). "A Política Interpretada". In: REZENDE,
SIDNEY e KAPLAN, SHEILA (org.). *Jornalismo Eletrônico ao Vivo*. Petrópolis, Vozes. p. 123-37.

COUTINHO, EDUARDO (1991). "A Astúcia". In: NOVAES, ADAUTO (org.) *Rede Imaginária.* São Paulo, Cia. das Letras/ Secretaria Municipal de Cultura.

CRESCITELLI, MERCEDES FÁTIMA DE CANHA (1995). "Vale a pena ouvir de novo: a repetição lingüística como fator de envolvimento na telenovela". In: *Comunicação & Sociedade,* São Bernardo do Campo. Ano XIII, nº 24, p. 85-98.

CUNHA, ALBERTINO AOR DA (1990). *Telejornalismo.* São Paulo, Atlas.

DEBRAY, RÉGIS (1993). *Curso de Midiologia Geral.* Petrópolis, Vozes.

DINES, ALBERTO (1974). *O Papel do Jornal.* Rio de Janeiro, Artenova.

DINES, ALBERTO (1997). "Aposta no retrocesso: a onda contra o *Jornal Nacional*". In: *Observatório da Imprensa.* Http://www2.uol.com.br.observatório, 5/2/97.

ECA, USP (1978). *Anais do I Simpósio de Rádio e TV — Ensino e atividades Profissionais.* São Paulo, ECA-USP.

ECO, UMBERTO (1973). *Apocalípticos e Integrados.* São Paulo, Perspectiva.

EDITORA ABRIL (1990). *Manual de Estilo da Editora Abril: como escrever bem para nossas Revistas.* Rio de Janeiro, Nova Fronteira.

ENZENSBERGER, H. M. (1974). *Elementos para uma teoria de los medios de comunicación.* 2ª ed. Barcelona, Anagrama.

ERBOLATO, MÁRIO (1985). *Técnicas de Codificação em Jornalismo.* Petrópolis, Vozes.

ESQUENAZI, ROSE (1993). *No túnel do Tempo: Uma Memória Afetiva da Televisão Brasileira.* Porto Alegre, Artes e Ofícios.

FALGETANO (1997). A propósito — "A Rede Cultura serve como modelo para a rede educativa nacional, mas não tem como controlar as inserções locais da retransmissoras mistas". In: *Tela Viva — Educativas,* HTTP://www. Telaviva, 4 maio 1997, p. 1-3.

FANG, IRVING E. (1972). *Television News.* 2ª ed. New York, Hastings House Publishers.

FAUSTO NETO, ANTONIO (1995). *O Impeachment da Televisão: Como se cassa um presidente.* Rio de Janeiro, Diadorim.

FERNANDES JÚNIOR, FLORESTAN (1979). "A Notícia Colorida". *Folha de S. Paulo*, Folhetim — Anos 70 — Televisão, 18 nov. de 1979, p. 5.

FERRAZ, SÍLVIO (1996). "Fábrica de Sonhos". In: *Veja,* São Paulo, 21 ago. 1996, p.110.

FERREIRA, PAULO CÉSAR (s/d). "Telejornalismo no Brasil". In: *Cardernos Bloch Comunicação.* Rio de Janeiro, n° 13, p. 9-12.

FILHO, EDVALDO (1997). "Jornalistas discutem ética da imprensa". *Correio da Bahia.* Salvador, 29 out. 1997, p. 3.

FISKE, JOHN (1987). "Britsh Cultural Studies and Television". In: ALLEN, ROBERT. *Channels of Discourse.* Chapel Hil, University of North Carolina Press.

FOLHA DE S. PAULO (1998). Novos jornais estréiam no SBT. São Paulo, 8 de mar. 1998, TV Folha, p. 5.

FOLHA DE S. PAULO. (1997). Ibope — Os cinco programas mais vistos em São Paulo, de 20/1/97 a 26/197. São Paulo, 16 fev. 1997, TV Folha, p. 2.

FOLHA DE S. PAULO (1997). Pesquisa do Datafolha confirma: A TV Cultura é o melhor jeito de fazer televisão. São Paulo, 20 nov. 1997, p. 4-7.

FOLHA DE S. PAULO (1997). Um grande Telejornal é feito com pluralismo, independência, seriedade e Boris Casoy. São Paulo, 20 jan. 1997, p. 2-9.

FRAGA ROCCO, Maria Thereza (1989). *Linguagem Autoritária: Televisão e Persuasão.* São Paulo, Brasiliense.

_____ (1991). "As Palavras na TV: um exercício autoritário?". In: NOVAES, ADAUTO (org.). *A Rede Imaginária.* São Paulo, Cia. das Letras/ Secretaria Municipal de Cultura.

FURTADO, RUBENS (1988). "Programação 1 — Da Rede Tupi à Rede Manchete, uma visão histórica". In: MACEDO, CLÁUDIA, FALCÃO, ÂNGELA e MENDES DE ALMEIDA, CÂNDIDO JOSÉ (orgs.). *TV ao Vivo — Depoimentos.* São Paulo, Brasiliense, p. 57-69.

GHIVELDER, ZEVI (1994). "Telejornal em Rede". In: REZENDE E KAPLAN (org.). *Jornalismo Eletrônico ao Vivo.* Petrópolis, Vozes. p. 149-60.

GLEISER, LUIZ (1983). *Além da Notícia: O Jornal Nacional e a Televisão Brasileira.* Dissertação de mestrado apresentada à Coordenação de Pós-Graduação da Escola de Comunicação da Universidade Federal do Rio de Janeiro.

GIACOMANTONIO, MARCELO (1981). *Os Meios Audiovisuais.* São Paulo, Martins Fontes.

GREEN, MAURY (1973). *Periodismo en TV.* Buenos Aires, Troquel.

GRILLO, CRISTINA (1996) "Mudanças têm caráter editorial". *Folha de S. Paulo,* São Paulo, 17 mar. 1996, TV folha, p. 7.

HALL, MARK (1971). *Broadcast Journalism.* New York, Hasting House Publisher.

HAMBURGER, ESTHER (1996). "Cid Moreira é o símbolo da vênus platinada". *Folha de S. Paulo*. São Paulo, 1º abr. 1996, p.4-4.

HERZ, DANIEL (1987). *A História Secreta da Rede Globo*. Porto Alegre, Tchê.

HOINEFF, NÉLSON (1996). *A Nova Televisão: Desmassificação e o Impasse das grandes Redes*. Rio de Janeiro, Relume Dumará.

IBOPE Internacional Brasil (1997). *20 proramas de maior audiência-12/8 a 8/7 1996*.

IMPRENSA (1995). Alberico de Souza Cruz. São Paulo, Ano VIII, nº 92, p. 41-48, maio de 1995.

IMPRENSA (1995). Encarte Especial, II Seminário Internacioanal de Telejornalismo, São Paulo, p. 1-22.

IMPRENSA (1997). O Espetáculo do Telejornalismo — IV Seminário Internacional de Telejornalismo. São Paulo. Ano XI, nº 122, p. 47-63, novembro de 1997.

JABOR, ARNALDO (1997). "Diadema nunca mais" é o melhor filme brasileiro". *Folha de S. Paulo,* 8 abr. 1997, p. 4-8.

JORDÃO, FERNANDO PACHECO (1997). "TV: Sai o governo, entra o cidadão" — In: *Observatório da Imprensa*. Http://www.uol.com.br/observtório, 20/4/97.

_____ (1979). *O Dossiê Herzog*. 2ª ed. São Paulo, Global.

JACKOBSON, ROMAN (1995). *Lingüística e Comunicação*. 20ª ed. São Paulo, Cultrix.

JUNG, MÍLTON. Âncora do *Jornal da Cultura* (1997). Entrevista sobre a *História do Jornal da Cultura*. São Paulo, 15 de outubro de 1997.

KAPLAN, SHEILA e REZENDE, SIDNEY (1994). *Jornalismo Eletrônico ao Vivo*. Petrópolis, Vozes.

KAPLUN, MÁRIO (1980). *Producción de programas de rádio*. Quito, Ciespal.

KATZ, Elihu et al. (1974). "Utilization of Mass Communication by the individual". In: BLUMLER, Jay et al. *The Uses of Mass Communication*. Beverly Hills, Sage Publications.

KEHL, MARIA RITA (1991). "Imaginar e Pensar". In: NOVAES, ADAUTO (org.). *A Rede Imaginária*. São Paulo, Cia. das Letras/ Secretaria Municipal de Cultura.

LAGE, NÍLSON (1986). *Linguagem Jornalística*. 2ª ed. São Paulo, Ática.

LEANDRO, PAULO ROBERTO e COSTA, DEMÉTRIO (1977). "No novo Telejornalismo, jornalista é peça fundamental". In: *Cadernos Proal*. São Paulo (2): 86-89.

LEAL FILHO, LAURINDO (1988). *Atrás das Câmeras — Relações entre Cultura, Estado e Televisão*. São Paulo, Summus.

LIMA, JOÃO GABRIEL e VALLADARES, RICARDO. Crime cultural — A melhor emissora do país agoniza em silêncio, sem gritos de protesto. *Veja*. São Paulo, 20 nov. 1996, p. 162.

LINS DA SILVA, CARLOS EDUARDO (1981). Pérolos do "Jornal Nacional". In: *Boletim. Intercom*. São Paulo, 4 (34): 50-51, nov./dez. 1981.

_____ (1983). *Muito além do Jardim Botânico*. Tese de doutorado apresentada à Escola de Comunicação e Artes da USP.

LOPES, TIMÓTEO (1997). "Informação acima de tudo". In: *NET — Guia de Programação*. São Paulo, Ano IV, nº 41, p. 6-7.

LUFT, CELSO PEDRO (1994). *Língua e Liberdade*. 3ª ed. São Paulo, Ática.

MACHADO, ARLINDO (1993). "Telejornal em Tempo de Guerra". In: *Ensaios sobre a Contemporaneidade*. São Paulo, Book on Disk 1.

MACIEL, PEDRO (1993). *Guia para falar (e aparecer bem) na televisão*. Porto Alegre, Sagra-DC Luzzato.

_____ (1995). *Jornalismo de Televisão*. Porto Alegra, Sagra — DC Luzzato.

MAIA, ELEONORA MOTTA (1991). *No Reino da fala — A linguagem e seus sons*. São Paulo, Ática.

MAIA, PAULO. "Um novo Telejornalismo e os limites da censura". *Jornal do Brasil*. Rio de Janeiro, 4 nov. 1979.

MARCONDES FILHO, Ciro (1993). *Jornalismo Fin-de-siècle*. São Paulo, Scritta.

_____ (1994). *Televisão*. São Paulo, Scipione.

MARONA, MÁRIO. Editor-chefe do *Jornal Nacional* (1997). Entrevista sobre *O lugar da palavra no telejornalismo*. Rio de Janeiro, 17 de novembro de 1997.

MARQUES DE MELO, JOSÉ (1982). Brasil: "Imprensa e Capitalismo Dependente". In: *Cadernos Intercom*. Ano 1, nº 3, *Comunicação Latino-Americana: Reforma/Revolução*. São Paulo, Cortez Editora/Intercom, agosto de 1982, p. 70-9.

_____ (1984). Campanhas pelas diretas: conspiração do silêncio. In: *Boletim Intercom*. 7(46): 5-7, jan./fev. 1984.

_____ (1985). *A opinião no Jornalismo Brasileiro*. Petrópolis, Vozes.

_____ (coord.) (1996a). "Mutações na Imprensa Paulista (da informação cotidiana ao serviço público)". In: *Coleção de Relatos de Pesquisa — Série: Indústrias Culturais*. São Bernardo do Campo, Instituto Metodista de Ensino Superior, Programa de Pós-Graduação em Comunicação Social.

_____ (1996 b). Imprensa Regional de São Paulo — Perfil 96, São Bernardo do Campo — UMESP.

_____ (1997a). A Globo e o interesse social. *O Tempo*. Belo Horizonte, 13 abr. 1997, p. 7.

_____ (1997b). *Classificação das Unidades*.

Comunicacionais, Disciplina: Gêneros da Comunicação de Massa. São Bernardo do Campo, UMESP, CECOM. PósCom.

MCLUHAN, MARSHALL (1974). *Os meios de comunicação como extensões do homem*. São Paulo, Cultrix.

MASAGÃO, MARCELO (1991). "Tuiuiús, pardais e abelhas-africanas". In: NOVAES, ADAUTO (org.). *Rede Imaginária — Televisão e Democracia*. São Paulo, Cia. Das Letras/Secretaria Municipal de Cultura, p. 286-94.

MATTOS. SÉRGIO (1982). "O Impacto da Revolução de 1964 no desenvolvimento da Televisão". In: *Cadernos Intercom*. Ano 1, n° 2. *Televisão, Poder e Classes Trabalhadoras*, São Paulo, Cortez Editora/ Intercom, p. 29-43.

MCLUHAN, MARSHALL (1974). *Os meios de comunicação como extensões do homem*. São Paulo, Cultrix.

MELLO E SOUZA, CLÁUDIO (1984). *JN — 15 anos de história*. Rio de Janeiro, Rede Globo de Televisão.

MENDES, LUCAS (1997). *Conexão Manhattan: Crônicas da Big Apple*. Rio de Janeiro, Campus.

METZ, CHRISTIAN (1972). *A significação no Cinema*. São Paulo, Perspectiva/Edusp.

MICELLI, SÉGIO (1991). "O dia seguinte". In: NOVAES, ADAUTO (org.). *Rede Imaginária — Televisão e Democracia*. São Paulo, Cia. Das Letras/Secretaria Municipal de Cultura, p. 196-202.

MING, CELSO (1994). "Além do Economês". In: REZENDE, SIDNEY e KAPLAN, SHEILA. (orgs.). *Jornalismo Eletrônico ao Vivo*. Petrópolis, Vozes. p. 61-71.

MOREIRA, SÔNIA VIRGÍNIA (1995). "A Legislação dos Meios Eletrônicos (TV e Rádio) nos Estados Unidos e no Braasil". In: *Comunicação & Sociedade*: Televisão. Ano XIII. nº 24, p. 27-49.

MORIN, EDGAR (1967). *Cultura de Massa no Século XX — O Espírito do Tempo*. Rio de Janeiro, Forense.

NASCIMENTO, MARCO, BARBOSA, SÍLVIO HENRIQUE, SPARTACUS, Ibsen (1997). *Manual de Redação da TV Cultura*. São Paulo, TV Cultura.

NEPOMUCENO, ERIC (1991). "A Construção da Notícia". In: NOVAES, ADAUTO (org.). *A Rede Imaginária*. São Paulo: Cia. das Letras/ Secretaria Municipal de Cultura. p. 205-12.

NOGUEIRA, ARMANDO (1988). "Telejornalismo I — A Experiência da Rede Globo". In: MACEDO, CLÁUDIA, FALCÃO, ÂNGELA e MENDES DE ALMEIDA, JOSÉ (org.). *TV ao Vivo — Depoimentos*. São Paulo, Brasiliense. p. 81-92.

_____ (1997). Entrevista sobre *O Lugar da palavra no Telejornalismo*, agosto de 1997.

NOVAES, ADAUTO (1991). *A Rede Imaginária*. São Paulo, Cia. das Letras/ Secretaria Municipal de Cultura.

O ESTADO DE S. PAULO (1990). *Manual de Redação e Estilo*. São Paulo, O Estado de S. Paulo.

O GLOBO (1992). *Manual de Redação e Estilo*. Rio de Janeiro, O Globo.

OUTSUKA, LENITA (1997). "O gato da Ana e da Marina". In: *Imprensa*, São Paulo, Ano X, nº 114, p. 12-17, março de 1997.

PADIGLIONE, CRISTINA.(1997). "Telejornal é superficial". *Folha de S. Paulo*, São Paulo, 25 set. 1997, p. 5-1.

PAILLET, MARC (1986). *Jornalismo: O Quarto Poder*. São Paulo, Brasiliense.

PASSARINHO, SANDRA (1994). "A Paixão da Reportagem". In: REZENDE, SIDNEY e KAPLAN, SHEILA (org.). *Jornalismo Eletrônico ao Vivo*. Petrópolis, Vozes. p. 83-94.

PATERNOSTRO, VERA IRIS (1987). *O Texto na TV — Manual de Telejornalismo*. São Paulo, Brasiliense.

PEIXOTO, NÉLSON BRISSAC (1991). "As Imagens de TV têm tempo?". In: NOVAES, ADAUTO. *A Rede Imaginária*. São Paulo, Cia. da Letras/Secretaria Municipal de Cultura, p. 73-84.

PEREIRA, CARLOS ALBERTO & MIRANDA, RICARDO (1983). *O Nacional e o Popular na Cultura Brasileira; Televisão*. São Paulo, Brasiliense.

PIGNATARI, DÉCIO (1984). *Signagem da Televisão*. 2ª ed. São Paulo, Brasiliense.

_____ (1991). "Simbologia do Consumo". In: NOVAES, ADAUTO (org.). *A Rede Imaginária*. São Paulo: Cia. da Letras /Secretaria Municipal de Cultura, p. 140-45.

PINTO, TÃO GOMES (1999). "Paulo Henrique e as dificuldades do jornalismo nas redes". In: *Imprensa.: Ano* XII., nº 137: p. 44-5. São Paulo, fevereiro de 1999.

PONTUAL, JORGE FAURE (1994). Reportagem e Documentário em "Globo Repórter". In: REZENDE, SIDNEY e KAPLAN, SHEILA. *Jornalismo Eletrônico ao Vivo*. Petrópolis, Vozes. p. 95-105.

PORCHAT, MARIA ELISA (1986). *Manual de Radiojornalismo (Jovem Pan)*. São Paulo, Brasiliense.

PRADO, EMÍLIO (1989). *Estrutura da Informação Radiofônica*. São Paulo, Summus.

PRADO, FLÁVIO (1996). *Ponto Eletrônico*. São Paulo, Publisher Brasil.

PRADO, JOÃO RODOLFO (1973). Dimensão do Real-ficção no Telejornalismo. *Cadernos de Jornalismo e Comunicação*. Rio de Janeiro, *Jornal do Brasil*.

PRETTI, DINO (1991). "A linguagem da TV: o impasse entre o falado e o escrito". In: NOVAES, ADAUTO (org.) *A Rede Imaginária*. São Paulo. Cia. das Letras/Secretaria Municipal de Cultura. p. 232-9.

PRIOLLI, GABRIEL (1985). "A Tela Pequena no Brasil Grande". In: BARBOSA LIMA, FERNANDO, PRIOLLI, GABRIEL e MACHADO, ARLINDO. *Televisão e Vídeo*. Rio de Janeiro, Zahar. p. 20-43.

RAOUL, JOSÉ SILVEIRA (1975). "Desenvolvimento da Televisão no Brasil". *O Estado de S. Paulo*, 4 de outubro, p. 5 (Suplemento do Centenário).

RAMIRO BELTRÁN, LUIZ (1981). Adeus a Aristóteles: Comunicação Horizontal — Comunicação & Sociedade, p 5-35.

REDE GLOBO DE TELEVISÃO (1985). *Manual de Redação da Central Globo de Telejornalismo*. Rio de Janeiro, Rede Globo.

_____ (1997b). JN — História do Programa. http://www.redeglobo.com.br.

_____ (1997). TV Globo, http://www.redeglobo, 2/8/97.

REIMÃO, SANDRA (coord.) (1997). *Em Instantes — Nota sobre a programação na TV Brasileira (1965-1995)*. São Paulo, Faculdades Salesianas/ Cabral Editora.

REQUENA, JESÚS GONZÁLEZ (1995). *El Discurso Televisivo: Espetáculo de la Posmodernidad*. Madrid, Ediciones Cátedra.

REZENDE, GUILHERME JORGE DE (1985). *O Tele-espetáculo da notícia-Análise Morfológica e de Conteúdo de uma semana (7 a 13 de janeiro de 1982) do "Jornal Nacional" da Rede Globo de Televisão*. Dissertação de Mestrado apresentada à Escola de Comunicações e Artes da Universidade de São Paulo.

_____ (1986). "Telejornalismo como Espetáculo". In: *Cadernos de Jornalismo e Editoração-20 — Jornalismo Eletrônico e Editoração*. São Paulo, ECA/USP — COMARTE, p. 45-63.

_____ (1994). "O Espetáculo da realidade-ficção no noticiário sobre a morte da atriz Daniela Perez". In: VERTENTES, n°. 9, p. 7-16, São João del-Rei, FUNREI, junho de 1997.

_____ (1995). *A Palavra no Telejornalismo Brasileiro: da exigência do estilo coloquial à miséria vocabular*. São João del-Rei, FUNREI.

SÁ, LEONARDO (1991). "O Sentido do Som". In: NOVAES, ADAUTO (org.) *A Rede. Imaginária*. São Paulo Cia. das Letras/ Secretaria Municipal de Cultura, p.123-39.

SADER, EMIR (1996). "Em defesa da TV Cultura". *Folha de S. Paulo*. 5 dez. 1996, p. 1-3.

SBT (1997). SBT — Dados do Mercado, http://www.sbt.com.br, 4/5/97, p. 1-3.

SAMPAIO, WALTER (1971). *Jornalismo Audiovisual: Rádio, TV Cinema*. Petrópolis, Vozes.

SANTAELLA, LÚCIA (1992). *Cultura das Mídias*. São Paulo, Razão Social.

SODRÉ, MUNIZ (1977). *O Monopólio da Fala*. Petrópolis, Vozes.

SODRÉ, MUNIZ e FERRARI, MARIA HELENA. (1987). *O Texto nos Meios de Comunicação — Técnica de Redação*. 4ª ed. Rio de Janeiro, Francisco Alves.

SQUIRRA, SEBASTIÃO (1990). *Aprender Telejornalismo — Produção e Técnica*. São Paulo, Brasiliense.

_____ (1993). *Boris Casoy: O âncora no Telejornalismo Brasileiro*. Petrópolis, Vozes.

TEIXEIRA COELHO (1991). "O Imaginário da Morte". In: NOVAES, ADAUTO (org.). *Rede Imaginária — Televisão e Democracia*. São Paulo, Cia. Das Letras/Secretaria Municipal de Cultura, p. 109-22.

TEODORO, GONTIJO (1980). *Jornalismo na TV*. Rio de Janeiro, Tecnoprint.

TILBURG, JOÃO LUÍS VAN. (1994). "Televisão e Audiência". In: FAUSTO NETO, ANTÔNIO, BRAGA, JOSÉ LUÍS e PORTO, SÉRGIO DAYRELL. *Brasil — Comunicação, Cultura e Política*. Rio de Janeiro, Diadorim/Compós, p. 242-59.

TRAMONTINA, CARLOS (1996). *Entrevista: a arte e as histórias dos maiores entrevistadores da Televisão Brasileira*. São Paulo, Globo.

TUBAU, IVÁN (1993). *Periodismo Oral — Hablar y escribir para radio y televisión*. Barcelona, Ediciones Paidós.

TV CULTURA (1997). "Jornal da Cultura". Http://www.TVcultura.com.br., s/d, s./p.

TYRREL, ROBERT (1972). *The work of the television journalist*. New York, Hasting House Publishers.

UNIVERSIDADE METODISTA DE SÃO PAULO (1997-98). Curso de Pós-Graduação Stricto Sensu e Lato Sensu. São Paulo. n° 3.

VEJA (1969). O País numa Rede. *Veja*. set. 1969, (52): 68.

VEJA (1998). Show de variedades das 8. *Veja*. Ano 31, n° 39, p. 46-48, 30 set. 1998.

VIEIRA, GERALDINHO (1991). *Complexo de Clarck Kent: são super-homens os jornalistas?* São Paulo, Summus.

WARREN, CARL (1975). *Generos Periodisticos Informativos*. Barcelona, A.T.E.

WATTS, HARRIS (1990). *On Camera: O curso de Produção de filme e vídeo da BBC*. São Paulo, Summus.

YORKE, IVOR (1994). *Periodismo en Televisión*. México, Noriega Editores.

GUILHERME JORGE DE REZENDE

Mestre em ciências da comunicação pela Universidade de São Paulo, USP, e doutor em comunicação social pela Universidade Metodista de São Paulo, Umesp, recebeu em 1999 o prêmio Intercom, na categoria jornalismo, e o diploma de honra ao mérito do XXI Congresso Brasileiro de Ciências da Comunicação, Sociedade Brasileira de Estudos Interdisciplinares da Comunicação, Intercom.

É professor do Departamento de Letras, Artes e Cultura na Fundação de Ensino Superior de São João del Rei.

Publicou vários artigos em revistas especializadas e apresentou trabalhos em congressos no país e no exterior.

LEIA TAMBÉM

A REDE
Como nossas vidas serão transformadas pelos novos meios de comunicação
Juan Luis Cebrián

Este livro aborda os riscos e esperanças da moderna navegação no ciberespaço. O autor é um dos mais conceituados jornalistas europeus da atualidade. Analisa o impacto em nossas vidas da chamada sociedade digital, bem como suas conseqüências sobre nossas relações familiares, comportamento psicológico, organização política, mundo dos negócios, enfim, o nosso cotidiano de trabalho e lazer. REF. 10672.

...E A TELEVISÃO SE FEZ
Ellis Cashmore

Análise do impacto que a TV causou sobre nossa cultura. São analisados o aumento da violência, a redução do hábito de leitura e a alienação política. A TV é vista como uma das forças básicas em nossa sociedade e um dos pilares da sociedade de consumo. Em estilo agradável e acessível, o livro apresenta conclusões surpreendentes e provocantes. REF. 10629.

JORNALISMO, ÉTICA E LIBERDADE
Francisco José Karam

O autor defende uma ética universal específica para o jornalista, que faça parte do processo interior do profissional, e se reflita no trabalho cotidiano e na relação com a totalidade social. Analisa princípios como verdade, objetividade e exatidão, e temas como cláusula de consciência, interesse público e privacidade, métodos lícitos e ilícitos na obtenção de informação. REF. 10597.

PUBLICIDADE E VENDAS NA INTERNET
Técnicas e estratégias para marcar presença na rede mundial
J. B. Pinho

A expansão da Internet transformou-a num fenômeno de dimensões globais, marcado pela maciça presença de organizações, instituições e empresas comerciais, industriais e de serviços. Discute de maneira prática os procedimentos para promover a presença – em suas diversas formas – e as vendas de pequenas, médias e grandes empresas na rede. Obra indispensável a todos que queiram compreender a natureza, o papel e as funções das ferramentas proporcionadas por esta nova e fascinante mídia. REF. 10746.

IMPRESSO NA
sumago gráfica editorial ltda
rua itauna, 789 vila maria
02111-031 são paulo sp
tel e fax 11 **2955 5636**
sumago@sumago.com.br

------ dobre aqui ------

CARTA-RESPOSTA
NÃO É NECESSÁRIO SELAR

O SELO SERÁ PAGO POR

AC AVENIDA DUQUE DE CAXIAS
01214-999 São Paulo/SP

------ dobre aqui ------

summus editorial
CADASTRO PARA MALA-DIRETA

Recorte ou reproduza esta ficha de cadastro, envie completamente preenchida por correio ou fax, e receba informações atualizadas sobre nossos livros.

Nome: _____ Empresa: _____
Endereço: ☐ Res. ☐ Coml. _____ Bairro: _____
CEP: _____ - _____ Cidade: _____ Estado: _____ Tel.: ( ) _____
Fax: ( ) _____ E-mail: _____ Data de nascimento: _____
Profissão: _____ Professor? ☐ Sim ☐ Não Disciplina: _____

1. Você compra livros:
- ☐ Livrarias
- ☐ Feiras
- ☐ Telefone
- ☐ Correios
- ☐ Internet
- ☐ Outros. Especificar: _____

2. Onde você comprou este livro? _____

3. Você busca informações para adquirir livros:
- ☐ Jornais
- ☐ Amigos
- ☐ Revistas
- ☐ Internet
- ☐ Professores
- ☐ Outros. Especificar: _____

4. Áreas de interesse:
- ☐ Educação
- ☐ Administração, RH
- ☐ Psicologia
- ☐ Comunicação
- ☐ Corpo, Movimento, Saúde
- ☐ Literatura, Poesia, Ensaios
- ☐ Comportamento
- ☐ Viagens, Hobby, Lazer
- ☐ PNL (Programação Neurolingüística)

5. Nestas áreas, alguma sugestão para novos títulos? _____

6. Gostaria de receber o catálogo da editora? ☐ Sim ☐ Não

7. Gostaria de receber o Informativo Summus? ☐ Sim ☐ Não

Indique um amigo que gostaria de receber a nossa mala-direta

Nome: _____ Empresa: _____
Endereço: ☐ Res. ☐ Coml. _____ Bairro: _____
CEP: _____ - _____ Cidade: _____ Estado: _____ Tel.: ( ) _____
Fax: ( ) _____ E-mail: _____ Data de nascimento: _____
Profissão: _____ Professor? ☐ Sim ☐ Não Disciplina: _____

summus editorial
Rua Itapicuru, 613 – 7º andar 05006-000 São Paulo - SP Brasil Tel.: (11) 3872 3322 Fax: (11) 3872 7476
Internet: http://www.summus.com.br   e-mail: summus@summus.com.br